AF546705

cLV

ABENTEUER FAMILIENJAHRE

Stephan & Elisabeth Weise

Falls nicht anders vermerkt, sind die Bibelstellen der Elberfelder Übersetzung 2003, Edition CSV Hückeswagen, entnommen.

1. Auflage 2023
2. Auflage 2024

© 2023 by CLV · Christliche Literatur-Verbreitung e.V.
Ravensberger Bleiche 6 · 33649 Bielefeld
www.clv.de

Satz und Umschlag: Ertelier (Ljubow Ertel, Bulgarien)
Druck und Bindung: FINIDR, s.r.o., Český Těšín, Tschechien

Artikel-Nr. 256692
ISBN 978-3-86699-692-2

In Liebe unseren Eltern

und unseren Kindern gewidmet

INHALTSVERZEICHNIS

Familie ist wie …

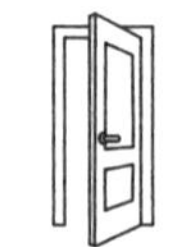

Familie und ...

ZU BEGINN – WARUM FAMILIE?

Ich bitte nicht, dass du sie aus der Welt wegnehmest, sondern dass du sie bewahrest vor dem Bösen.

Johannes 17,15

Wir sind mit unseren fünf Kindern auf der Rückfahrt von einer christlichen Konferenz, auf der seit dem letzten Tag ein böser Magen-Darm-Virus grassiert. Unsere Tochter hat es schon in der Nacht erwischt, blass und mit geschlossenen Augen sitzt sie auf der Rücksitzbank. Plötzlich ruft unser Sohn: »Mir wird auf einmal ganz komisch!«, und noch bevor das Auto zum Stehen kommt, hat sich schon sein Mittagessen über ihn und den Kindersitz ergossen. Das nächste Kind macht aus Sympathie gleich mit, diesmal immerhin außerhalb des Autos. Da stehen wir nun mitten im Wald in der Kälte am Straßenrand und ausgerechnet heute ist die Notfallpackung Feuchttücher, die wir eigentlich immer dabeihaben, nicht aufzufinden ... Sternstunden des Familienlebens. Es sind Momente wie diese, in denen man sich fragt, wieso man sich eigentlich Kinder gewünscht hat. Wäre das Leben ohne eine Familie nicht deutlich angenehmer?

Unbestritten: Kinder zu haben, lässt das Leben zu einem Abenteuer werden. Doch es ist in vielerlei Hinsicht ein lohnendes Abenteuer. Warum? Zuerst ist die Familie eines der wirksamsten Instrumente, das Gott verwendet, um uns in das Bild seines Sohnes umzugestalten. Rund um die Uhr in einer engen Gemeinschaft mit anderen Menschen zu leben, füreinander verantwortlich zu sein und das gesamte Leben zu teilen, ist eine große Herausforderung. Familie formt unseren Charakter, sie zeigt uns unsere Abhängigkeit von Gott, lehrt uns Nachsicht, Demut und Flexibilität. Gott schleift an unseren Ecken und Kanten gerade durch die unterschiedlichen Charaktere, die er in eine Familie platziert. Vor wie viel Eigenbrötelei und Egoismus wurden wir allein durch den Umstand bewahrt, dass wir geheiratet und Kinder bekommen haben!

Außerdem ist Familie der Ort, an dem die meisten Menschen zum Glauben kommen, oft in sehr jungen Jahren. In einer aktuellen Umfrage unter im Dienst aktiven Christen gaben 43 % an, sich vor dem 12. Lebensjahr bekehrt zu haben, und 75 % der Befragten sagten, dass die eigenen Eltern oder andere enge Familienmitglieder dafür entscheidend waren.[1] Unsere Familien haben für die Verbreitung des Evangeliums auf dieser Welt also eine ganz zentrale Bedeutung.

Familie ist außerdem der Bereich, in dem Gott uns größtes irdisches Glück schenkt: Die Ehe und der Auftrag, Kinder zu bekommen, gehören zu den wenigen Dingen, die wir aus dem Paradies mitnehmen konnten. Trotz aller »Sternstunden am Straßenrand«, auf die wir gerne verzichten würden: Wie viel Schönes haben wir alle mit unseren Familien schon erlebt! Wie viel Trost, Wärme und Freude hat Gott in diese engsten menschlichen Beziehungen hineingelegt, so unvollkommen sie auch sind!

Charakterschule, Missionsstation, Gottesgeschenk: Familie erfüllt einen wichtigen Zweck in Gottes Plan. Sie ist keine Randnotiz, kein notwendiges Übel, sondern eine geniale Erfindung unseres Schöpfers. In der Bibel sehen wir seinen Gefallen daran, mit Familien Geschichte zu schreiben: Er beginnt die Menschheitsgeschichte mit einem Ehepaar, das zu einer Familie wird. Er verschont bei der Sintflut keine Einzelpersonen, sondern eine Familie. Er beruft Abraham und macht ihn zum »Vater der Glaubenden« (vgl. Römer 4). Und er lässt seinen eigenen Sohn in einer ganz normalen Familie

1 https://ministry-to-children.com/childrens-ministry-statistics/(abgerufen am 10.05.2023).

zusammen mit mehreren Geschwistern auf die Welt kommen. Familien sind wichtig für Gott, und gläubige Familien sind es ganz besonders! Kein Wunder, dass es der Feind ganz besonders auf sie abgesehen hat! Schon der fromme Hiob und sein Haus waren ihm ein Dorn im Auge. Doch der Satan konnte diese Familie nicht antasten, solange der Allmächtige es ihm nicht erlaubte. »Hast nicht du selbst ihn und sein Haus und alles, was er hat, ringsum eingezäunt?«, beschwerte er sich deshalb bei Gott (Hiob 1,10).

Was für ein Trost: Die Familien der Gläubigen erleben zwar besondere Angriffe, aber sie stehen auch unter Gottes besonderem Schutz. Bis heute. Trotz aller Anfeindungen, trotz aller Versuche, Ehe und Familie zu behindern und umzudefinieren, steht dieses Modell unter dem Segen des Schöpfers. Gerade in unseren Tagen, in denen es auf vielerlei Weise schlechtgemacht und bekämpft wird.

Je dunkler es ist, desto heller leuchtet selbst ein schwaches Licht. Dieses Buch möchte Mut machen, Familie in unserer heutigen Zeit bewusst nach Gottes Gedanken zu leben.

Im ersten Teil soll es um die verschiedenen Funktionen gehen, die eine christliche Familie hat. Sie ist wie ein Haus, das Stabilität und Wohnlichkeit gibt. Wie ein Gewächshaus, in dem zarte Pflanzen stark werden, wie ein Museum, in dem wertvolle Erinnerungen aus der Vergangenheit für die Zukunft gesammelt werden. Familie gleicht einer Tür, die man öffnen und schließen kann, sie ist wie ein Tisch, an dem es Gemeinschaft und Nahrung gibt. Familie ist ein Zufluchtsort für stürmische Zeiten, wie ein Staffellauf, bei dem die Staffel des Glaubens von einer Generation an die nächste weitergereicht wird. Anhand dieser Bilder wollen wir uns klarmachen, wie Gott uns durch unsere Familien segnet und was für ein wertvolles Gut wir anvertraut bekommen haben.

Der zweite Teil des Buches behandelt Elemente eines gesunden Familienlebens. Wie können wir unseren Alltag weise gestalten? Wie können wir in unserer verrückten Welt als christliche Familie leben und überleben? Es geht um unseren Dienst für Gott, um Ehe, Erziehung, Freizeit und Urlaub. Wir wollen die Familienandacht unter die Lupe nehmen und uns anschauen, welche Rolle Bücher, Musik, Hobbys und Medien in unseren Familien spielen.

»Das klingt sehr herausfordernd«, denkt mancher Leser vielleicht, »wir kämpfen schon jetzt mit unserem Alltag. Wie sollen wir da noch Kraft für diese vielen unterschiedlichen Themen finden?« Doch das Schöne an Familie ist gerade, dass sie nicht perfekt sein muss, ja, von ihrem Wesen her nicht perfekt sein kann, denn das erste Kind wurde *nach* dem Sündenfall und *außerhalb* des Paradieses geboren. Eine Familie ist schon immer eine Gemeinschaft von Sündern gewesen. Niemand kann dem Anspruch, den Gott an ihn als Vater oder Mutter, als Ehemann oder Ehefrau stellt, gerecht werden. Eine perfekte Familie hat es nie gegeben. Aber es gibt die

Chance, trotz aller Unvollkommenheit in diesem Bereich Gottes Segen zu erleben.

Weil es keine idealen Familien gibt, hat auch jeder von uns negative Erfahrungen mit diesem Thema gemacht, einige sogar sehr massiv. Wir alle sind in der einen oder anderen Weise gebrochene Menschen. Und gerade im engen, täglichen Zusammenleben mit unseren Lieben spüren wir unsere eigene Begrenztheit und Unzulänglichkeit besonders deutlich. Aber unsere persönliche Geschichte, unsere Verletzungen, Schwächen und auch Sünden dürfen uns nicht davon abhalten, kleine Schritte in die richtige Richtung zu tun und wenigstens im Kleinen etwas von dem großen Ideal umzusetzen, das Gott uns in seinem Wort gegeben hat.

Ein Teil der Gedanken zu diesem Thema stammt nicht von uns, sondern ist dem Buch »What is a Family?« von Edith Schaeffer entnommen. Dieser ehemalige Klassiker, erschienen im Jahr 1975 (die deutsche Übersetzung »Lebensraum Familie« ist längst vergriffen)[2], hat damals viele Christen dazu ermutigt, das Familienleben bewusst nach biblischen Prinzipien zu gestalten. Das Konzept »Familie« war nämlich im Rahmen der 68er-Bewegung grundsätzlich

2 Jedoch kann eine PDF-Datei dieses Buches weiterhin käuflich erworben werden unter https://maisonbible.fr/de/69287-lebensraum-familie-pdf-9782826097198.html (abgerufen am 04.07.2023).

infrage gestellt worden und Sexualität in der öffentlichen Meinung zum ersten Mal nicht mehr an die Ehe gebunden. Überall entstanden Kommunen, und die Ablösung des biblischen Modells durch »zeitgemäße« Formen des Zusammenlebens wurde lautstark gefordert. Wie sollten die Gläubigen auf diese Herausforderung reagieren?

Die Amerikaner Edith und Francis Schaeffer waren mit ihren vier Kindern Gottes Ruf in die Schweiz gefolgt und hatten in einem kleinen Alpendörfchen eine missionarische Arbeit unter Studenten aufgebaut. Hunderte frustrierte, entwurzelte und verzweifelt nach Wahrheit suchende junge Menschen kamen im Lauf der Jahre zu ihnen. Die alternativen Lebensformen, die ihnen in den schönsten Farben ausgemalt worden waren, hatten nicht das gehalten, was sie versprochen hatten, und die Sehnsucht nach echten, tragfähigen Antworten war groß. »L'Abri« (auf Deutsch so viel wie »Schutzraum«, »Obdach«) entstand.[3]

Hier konnten die jungen Leute mit Francis Schaeffer über ihre theologischen und philosophischen Fragen diskutieren und die Bibel kennenlernen. Doch sie erlebten auch hautnah, wie christliche Ehe, Familie und Gemeinschaft im wirklichen Leben funktionieren. Kochen, Gartenarbeit und Wäsche gehörten genauso selbst-

3 Die Geschichte von L'Abri wird erzählt in: Schaeffer, Edith: *L'Abri. Gottes Wirklichkeit heute erlebt*, Romanel-sur-Lausanne/Schweiz: Das Haus der Bibel, 2021 (Erstauflage: 1969).

verständlich zum Tagesablauf wie Gebet, Studium und Diskussion. Dazu viel Zeit für Wanderungen in der atemberaubenden Schönheit der Schweizer Berge und lange Abende am knisternden Kaminfeuer.

Vor diesem Hintergrund und mit diesen Erfahrungen beschreibt Edith Schaeffer in »What is a Family?«, welche Funktion Familie hat und warum es sich lohnt, in diesem Bereich nach den Gedanken des Schöpfers zu leben. Sie zeigt, wie reich und lebendig ein Familienleben ist, das sich an biblischen Prinzipien orientiert. Wir hoffen, dass wertvolle Gedanken dieses Klassikers, der naturgemäß in Sprache und Stil für heutige Leser etwas ungewohnt ist, im neuen Gewand in unsere Zeit sprechen. Insbesondere die Kapitel über Familie als Tür, Staffellauf, Museum und Zufluchtsort sind an »What is a Family?« angelehnt.

Die Situation gläubiger Familien heute ist anders als vor 50 Jahren, als jenes Buch erschien, aber die Angriffe sind nicht weniger bedrohlich. Von flächendeckender U3-Betreuung, »Ehe für alle«, »Patchwork« als verklärter Normalität, 100 000 Abtreibungen pro Jahr und Gender-Mainstreaming im Kindergarten war damals noch keine Rede. Vieles von dem, was zu dieser Zeit von wenigen gefordert und ausprobiert wurde, ist heute in der breiten Bevölkerung angekommen. Und der Abwärtstrend geht weiter: Aktuell möchte die Politik gesellschaftlichen Veränderungen Rechnung tragen und weitere Formen des Zusammenlebens mit der Ehe, die ja den besonderen Schutz des Grundgesetzes genießt, gleichstellen. Doch damit werden neue Realitäten geschaffen. Familie als Verantwortungsgemeinschaft, Legalisierung von Leihmutterschaft, Vier-Elternschaft, Mit-Mutterschaft und viele weitere Ideen werden diskutiert. Alles erscheint attraktiv und förderungswürdig, was nicht nach der klassischen Vater-Mutter-Kind-Familie riecht. Wie viele entwurzelte und verletzte Menschen diese Entwicklung hervorbringen und welche Auswirkungen sie auf unzählige Einzelschicksale und die Gesellschaft im Ganzen haben wird, lässt sich nur schaudernd erahnen.

Doch so verstörend das alles auch ist: Wir brauchen uns von diesen Trends nicht entmutigen zu lassen. Gott hat uns mit unseren Familien überreich beschenkt. Und er hat er uns in seinem Wort alles mitgeteilt, was wir wissen müssen, um in diesem Bereich zu seiner Ehre leben zu können. Seine Prinzipien bewähren sich. Dazu ist unser himmlischer Vater nur ein Gebet weit entfernt und immer bereit, Antworten auf die vielen Fragen zu geben, die sich uns Eltern täglich stellen. Deshalb haben wir allen Grund, das »Abenteuer Familie« zuversichtlich zu wagen – mit Freude, Überzeugung und ganzer Hingabe!

1. TEIL

Ein Haus – das ist ein Bild von Geborgenheit,

Schutz und Zuflucht.

Von Stabilität und Dauer, von Heimat, Zugehörigkeit

und Nach-Hause-Kommen.

Jeder Mensch hat ein tiefes Bedürfnis nach einem Ort,

den er sein Zuhause nennen kann.

Ein solcher Ort will Familie sein.

(Seite 23)

FAMILIE IST WIE EIN HAUS

Kapitel 1

Durch Glauben baute Noah … eine Arche zur Rettung seines Hauses …

Hebräer 11,7 (nach Schlachter 2000)

Wer in seiner Bibel mithilfe einer Konkordanz oder eines Programms nach dem Begriff »Familie« sucht, wird feststellen, dass er nur eine Handvoll Einträge findet. Hat die Bibel zu diesem wichtigen Thema nicht mehr zu sagen? Ist Familie nicht wichtig für Gott?

Doch, ganz bestimmt! Gott ist ja der Erfinder von Familie, er hat das erste Menschenpaar geschaffen und ihm den Auftrag gegeben, Kinder zu bekommen. Sein Wort ist voll von diesem Thema und erzählt uns viele Familiengeschichten, manche über mehrere Generationen hinweg. Die Bibel idealisiert Familie nicht. Im Gegenteil – sie schildert offen die ganze Bandbreite an Problemen, mit denen Familien damals wie heute kämpfen: rebellische Kinder, nachlässige Eltern, missratene Söhne, schwierige Töchter, Streit, Lieblingskinder, Verbitterung, Neid, Ehebruch. Da ist ein Ehepaar, das durch das Verhalten seines erwachsenen Sohnes aller Lebensfreude beraubt wird, und ein Vater, der von seinem eigenen Sohn mit dem Tod bedroht wird.

Aber wir finden auch ermutigende Familienszenen: Geschwister, die zusammen Geburtstag feiern und einen Vater haben, der um ihr geistliches Wohl besorgt ist. Ein Ehepaar, das in einer extrem schwierigen Zeit, inmitten einer heidnischen Kultur, drei Führungspersönlichkeiten für das Volk Gottes erzieht. Eine Familie, die jedes Jahr zum Haus des HERRN geht, obwohl es dann immer Spannungen gibt. Brüder, die zusammen Jesus nachfolgen. Geschichten von Familien, die nicht perfekt waren, in denen aber doch etwas von Gottes Treue und seiner Liebe aufleuchtet. Neben diesen Geschichten finden wir in der Bibel auch viele direkte Gebote, wie wir uns als Eltern und Kinder innerhalb der Familie verhalten sollen.

Für »Familie« wird in der Bibel oft das Wort »Haus« verwendet. Von den Ältesten einer Gemeinde wird erwartet, dass sie »dem eigenen Haus wohl vorstehen« (1. Timotheus 3,4). Damit ist nicht gemeint, dass diese Männer ihre Einfahrt in Schuss halten und ab und zu für einen neuen Anstrich der Wände sorgen sollen – obwohl das natürlich nicht verkehrt ist. Nein, sie sollen gut für Frau und Kinder sorgen und der Familie geistlich vorangehen. Ebenfalls im ersten Timotheusbrief ermahnt der Apostel die Christen, sich um ihre alt gewordenen Eltern zu kümmern, und verwendet auch hier den Begriff »Haus«: »Wenn aber eine Witwe Kinder oder Enkel hat, so mögen sie zuerst lernen, dem eigenen Haus gegenüber fromm zu sein und den Eltern Gleiches zu vergelten; denn dies ist angenehm vor Gott« (1. Timotheus 5,4). Auch im Alten Testament meint »Haus« oft »Familie«, zum Beispiel ging Noah in die Arche mit seinem »ganzen Haus« (1. Mose 7,1), was natürlich einfach meint, dass er seine Frau, seine Söhne und Schwiegertöchter mit in die Arche genommen hat. Oft ist mit »Haus« neben der Kernfamilie auch eine mehr oder weniger große Dienerschaft mitgemeint. Das konnte dann eine ziemlich große Anzahl Menschen sein, die als Großfamilie eine Lebens- und Wirtschaftsgemeinschaft bildeten.

EIN STABILES HAUS

Eine Familie als Haus – was für ein schönes Bild! Stell Dir einen stürmischen, regnerischen Abend vor, Du kämpfst Dich frierend und allein in der Dämmerung einen Weg entlang. Und plötzlich siehst du ein hell erleuchtetes Haus. Aus den Fenstern strahlt warmes Licht, aus dem Schornstein steigt Rauch auf, durch das Küchenfenster siehst Du Vater, Mutter und die Kinder beim Abendessen am Tisch sitzen. »Wie gut geht es den Menschen, die hier leben!«, denkst Du. »Was gäbe ich darum, jetzt bei ihnen drinnen zu sein!«

Ein Haus – das ist ein Bild von Geborgenheit, Schutz und Zuflucht. Von Stabilität und Dauer, von Heimat, Zugehörigkeit und Nach-Hause-Kommen. Jeder Mensch hat ein tiefes Bedürfnis nach einem Ort, den er sein Zuhause nennen kann. Das mag eine kleine Wohnung in einem Hochhaus in der Großstadt, ein Chalet in den Alpen oder eine Hütte im Dschungel sein. Jeder sehnt sich nach einem Platz, wo er hingehört. Nach einem Ort, zu dem er nach Hause kommen und von wo aus er wieder zu neuen Unternehmungen aufbrechen kann. Ein solcher Ort will Familie sein. Es ist eine Gnade Gottes, dass er uns nicht als Einzelkämpfer in diese gefallene Welt gesetzt hat. Sondern dass wir – im Normalfall – Eltern hatten, die liebevoll für uns sorgten, und dass auch die meisten von uns wieder eigene Familien gründen dürfen. Familie ist kein Überbleibsel einer patriarchalischen Gesellschaft, kein System, das Menschen grundsätzlich unterdrückt und einengt, sondern eine gute Gabe des Schöpfers. Auch wenn diese Gabe oft verzerrt und missbraucht wird. Ja, es gibt furchtbare Häuser, in die man keinen Fuß setzen möchte. Trotzdem bleibt bestehen, dass Familie ein Segen ist. Denn ohne diese verbindliche zwischenmenschliche Beziehung könnte menschliches Leben jenseits von Eden auf Dauer nicht existieren.

Wie kann man ein Haus so stabil bauen, dass es Sturm und Regen standhält? Dazu reicht es nicht, einfach ein paar Materialien nach eigenem Ermessen aufeinanderzustapeln. Wer ein Haus bauen will, der muss die Prinzipien der Statik beachten.

Genauso ist es auch mit unserem Familienhaus. Gott hat die dafür notwendigen Prinzipien in seinem Wort festgehalten. Nur dessen Haus wird sicher stehen, der nicht nach eigenen Vorstellungen gebaut, sondern sich an die göttliche Ordnung gehalten hat:

- Der Mann soll seine Frau lieben, sie ehren und seiner Familie als Haupt geistlich vorstehen (vgl. Epheser 5,22-33; Kolosser 3,19; 1. Korinther 11,3).
- Die Frau soll sich ihrem Mann unterordnen, ihn lieben und achten (vgl. Epheser 5,22-24+33; Titus 2,4).
- Die Kinder werden aufgefordert, ihren Eltern zu gehorchen und sie zu ehren (vgl. Epheser 6,1-3; Kolosser 3,20).
- Den Eltern wird gesagt, dass sie ihre Kinder lieben, sie in der Zucht und Ermahnung des Herrn erziehen und sie nicht zum Zorn reizen sollen (vgl. Epheser 6,4; Titus 2,4).
- Die Frau soll »häusliche Arbeiten« zu einer Priorität machen (vgl. Titus 2,5; 1. Timotheus 5,14; Sprüche 31,10-31).

Keiner von uns wird das perfekt umsetzen, aber wer sich grundsätzlich nach dieser Bauanweisung richtet, wird erleben, dass sie von jemandem gegeben wurde, der weiß, was er sagt. Nämlich vom Erfinder der Familie selbst.

Es erfordert heute viel Mut, sein Familienhaus nach diesen biblischen Grundsätzen zu bauen. Hört und liest man doch überall, dass das biblische Menschenbild überholt sei und wir inzwischen viel besser wüssten, was gut für uns ist.

»Ich aber und mein Haus, wir wollen dem HERRN dienen!«, bekannte der alt gewordene Josua öffentlich (Josua 24,15). Ob die Leute in seiner Umgebung dem HERRN folgen wollten oder nicht, spielte für ihn keine Rolle: Er hatte sich zusammen mit den Seinen für Gottes Seite entschieden. Der Wunsch, Gottes Gebote ernst zu nehmen und ihm zu dienen, selbst wenn niemand sonst das tut, bleibt die beste Basis für eine Familie, das sicherste Fundament für ein Haus. Auch in unserer Zeit.

EIN GEMÜTLICHES HAUS

Unsere Familienhäuser sollen aber nicht nur stabil, sondern auch wohnlich und einladend sein. Während die Regeln der Statik für alle gleich sind, ist bei der Ausgestaltung der Details eine große Bandbreite möglich. Zwei Reihenhäuser gleichen einander im

Rohbau sehr, aber werden doch ganz unterschiedlich aussehen, wenn sie erst einmal fertig eingerichtet sind.

Auch christliche Familien können sich in der praktischen Umsetzung der biblischen Grundsätze voneinander unterscheiden. Stile und Geschmäcker sind nun einmal verschieden! Wir müssen nicht alles genau gleich machen, denn Gott schätzt Individualität. Trotzdem dürfen wir voneinander lernen und das Gute, das sich bei anderen bewährt hat, in unserer Familie nachahmen.

Im vorletzten Jahr wurde unser Haus durch einen Anbau erweitert. Während wir in der Planungsphase über verschiedene Details nachdachten, haben wir oft beim Spazierengehen auf andere Häuser geachtet: »Schau mal, diese Gaubenform ist aber besonders hübsch.« »So ein Unterstand für die Mülltonnen ist wirklich eine praktische Idee.« »Sehr nett, wie diese Leute das Problem mit den Kellerfenstern gelöst haben.«

Wie im normalen Leben können wir uns auch im geistlichen Leben Gutes von anderen abschauen. Wir können auf Bewährtes zurückgreifen und in der Ausgestaltung der biblischen Prinzipien von anderen profitieren.

»Wir leben aber in einer sehr speziellen Situation.« »Bei unseren Kindern ist das ganz anders!« Solche Sätze hört man oft. Ja, manche Bauplätze erfordern wirklich individuelle Lösungen. Aber die meisten Probleme, mit denen wir kämpfen, hatten andere Bauherren auch schon. Wo immer sich Eltern ehrlich austauschen, wird deutlich, dass alle doch mehr oder weniger mit denselben Herausforderungen konfrontiert sind. Deshalb sollten wir so demütig sein, Rat und Hilfe von anderen anzunehmen, deren Häuser schon länger stehen als unseres.

In den vergangenen Jahren kamen wir in unserer Familie immer mal wieder an einen Punkt, an dem wir irgendwie feststeckten. Wir wussten nicht, wie wir mit diesem oder jenem erzieherischen Problem umgehen sollten, oder kämpften mit einer praktischen Herausforderung. Wir haben es oft erlebt, dass uns Gott dann durch ein Zitat aus einem Buch, einen Satz aus einer Predigt oder den Tipp einer anderen Familie eine konkrete Lösung schenkte, sodass wir mit neuer Motivation weitermachen konnten.

Lasst keine Gelegenheit aus, Eltern von älteren Kindern nach ihren Erfahrungen zu fragen. »Was hat sich bei euch bewährt?« »Wie seid ihr mit diesem Problem umgegangen?« »Was würdet ihr im Nachhinein anders machen?« Wer Fragen stellt, zeigt, dass er lernbereit ist und weiterkommen möchte.

»Man lernt entweder durch eigene Fehler oder durch die Fehler anderer«, sagt man. Der zweite Weg ist eindeutig der leichtere!

Damit wir von den Erfahrungen anderer profitieren können, werden in diesem Buch eine Reihe vorbildlicher Eltern aus der Vergangenheit zu Wort kommen. In ihren Zitaten und Erinnerungen öffnen sie uns die Tür zu ihren Familienhäusern und laden uns ein, ihren Glauben nachzuahmen. Außerdem haben wir uns in befreundeten Familien umgehört und werden nach jedem Kapitel unter der Überschrift »Zum Umsetzen« bewährte Ideen aus ihrem Alltag weitergeben. Nicht jeder Tipp wird für jede Familie passend sein, aber sicher lohnt es sich, manches einfach einmal auszuprobieren. Ein paar neue Abläufe und ein bisschen frischer Wind tun jeder Familie gut!

GOTTES GNADE ZU UNSERER ARBEIT

Aus uns selbst heraus werden wir es niemals schaffen, ein stabiles und zugleich gemütliches Familienhaus zu bauen. Eine Ahnung von der Größe der Aufgabe und unserer eigenen Unzulänglichkeit haben wir vielleicht schon in dem denkwürdigen Moment bekommen, als im Kreißsaal das erste Familienfoto geknipst wurde. Und selbst wenn es noch ein paar Monate länger dauerte – spätestens, als uns das süße Kleinkind seinen ganzen Trotz entgegenschrie und wir die Nerven verloren, merkten wir: Wir schaffen es nicht allein. Eine Mutter oder ein Vater zu sein, so wie Gott sich das vorstellt, bringt uns an unsere natürlichen Grenzen. Ein Familienhaus zu bauen, in dem unsere Kinder geliebt, behütet und nach biblischen Vorstellungen erzogen werden – dazu brauchen wir Hilfe von oben. So vieles steht nicht in unserer Macht und entzieht sich unserer Kontrolle. Es stimmt: »Wenn der HERR das Haus nicht baut, vergeblich arbeiten daran die Bauleute …« (Psalm 127,1).

Egal ob wir an die moralische Entwicklung unserer Gesellschaft denken, an unsere eigenen Charakterschwächen oder an unsere Kinder, an deren harte Herzen wir manchmal kaum herankommen: Wenn unsere Mühe nicht von Gottes Segen begleitet ist, dann muss sie vergeblich bleiben. Wenn Gott keine Gnade zu unserem schwachen Tun gibt, dann können wir aufgeben. Die Aufgabe ist zu groß für uns.

Viele Familien müssen mit schwierigen Startbedingungen oder komplizierten Lebensumständen zurechtkommen. Bei manchen hat eigene oder fremde Schuld vieles kaputtgemacht . Narben sind da und schmerzen. Wie wohltuend ist es dann, um Gottes Gnade zu wissen! Um seine Kraft, die gerade in den Schwachen mächtig ist (vgl. 2. Korinther 12,9) und die eigene Unzulänglichkeit ausgleichen kann! Die gute Botschaft ist, dass Christen das Abenteuer Familie nicht allein zu meistern brauchen.

Bedeutet dieses Wissen aber, dass wir uns entspannt zurücklehnen können, da es doch Gott ist, der letztendlich alles wirken muss? Meint Abhängigkeit von Gnade, dass wir keine Verantwortung haben?

Nein, denn in dem eben zitierten Psalmvers heißt es: »... vergeblich *arbeiten* daran die Bauleute ...« Gott nimmt uns die Arbeit des Bauens nicht ab! Er gibt Segen zu unserem Tun, nicht zu unserer Faulheit. Eine Familie aufzubauen, ist nicht weniger anstrengend, als ein Haus zu errichten – und kein Haus entsteht von allein, während die Bauarbeiter Löcher in die Luft starren. Unser Einsatz ist gefragt. Auch mit Gottes Hilfe und unter seiner Gnade bleibt die Erziehung unserer Kinder und die Gestaltung des Familienalltags harte Arbeit und kostet uns viel Kraft, Mühe und Einfühlungsvermögen. Und das an jedem einzelnen Tag.

»Hüte dich vor der schlimmen Täuschung, der manche zum Opfer fallen, dass Eltern nichts für ihre Kinder tun könnten und dass man sie in Ruhe lassen und untätig auf die Gnade warten müsse«, warnte schon 1888 der englische Autor und fünffache Familienvater John Charles Ryle. »Der Teufel freut sich über solche Argumente, so wie er sich immer über alles freut, was Trägheit zu entschuldigen scheint oder dazu ermutigt, unseren eigenen Beitrag zu vernachlässigen.«[4]

Vielleicht seid Ihr schon einmal durch ein hessisches Dorf oder Städtchen spaziert. In den Ortskernen stehen oft noch wunder-

---

4 Ryle, John Charles: *Die Pflichten der Eltern. Grundregeln biblischer Erziehung*, Augustdorf: Betanien Verlag, 2017 (4. Auflage), S. 21.

schöne alte Fachwerkhäuser. Was muss es für eine Arbeit gewesen sein, diese Gebäude mit den damaligen Methoden zu errichten! Auf dem dicken Holzbalken über dem Hauseingang sind meist die Namen der Erbauer eingeschnitzt. Man liest dann beispielsweise: »Erbaut von Johann Heinrich Müller und seiner Ehefrau Maria Dorothea mit der Hilfe des Herrn anno 1782.« Ein Haus, von Menschen mit viel Mühe erbaut, aber doch in dem Bewusstsein, dass das ohne Gottes Hilfe nicht möglich gewesen wäre.

Ist es bei unseren Familienhäusern nicht genauso? Während wir unsere Kinder erziehen, ihnen aus der Bibel vorlesen, mit ihnen beten, sie mit in die Gemeinde nehmen und all die tausend Aufgaben des Familienalltags managen, wissen wir: »An Gottes Segen ist alles gelegen.« Ohne seine Gnade muss unsere ganze Mühe fruchtlos bleiben. Aber dieses Wissen führt uns nicht zur Untätigkeit, sondern lässt uns fleißig bauen und unser Bestes geben. Damit wir stabile und fröhliche Familien haben, zur Ehre dessen, der sich diese Lebensform ausgedacht hat. »Denn jedes Haus wird von jemand gebaut; der aber alles gebaut hat, ist Gott« (Hebräer 3,4 [nach Schlachter 2000]).

ERINNERUNG AN EIN ELTERNHAUS,

das nur aus drei Räumen bestand,
in dem aber Gottes Gegenwart spürbar war:

Unser Haus hatte drei Räume; der eine war der Wirkungsbereich meiner Mutter, wobei er Küche, Wohn- und Esszimmer zugleich war. Dort standen auch zwei große Betten mit Vorhängen. Das zweite Zimmer am anderen Ende des Hauses war die Werkstatt meines Vaters, in der fünf oder sechs Strumpfwirkstühle standen. Eine dritte Stube, die zwischen den beiden lag, war klein. Sie hatte nur Platz für ein Bett, einen kleinen Tisch und einen Stuhl. Ein schmales Fensterchen ließ nur wenig Licht herein. Dies war das Heiligtum der Hütte.

Hierher sahen wir unseren Vater sich mehrmals täglich, gewöhnlich nach jeder Mahlzeit, zurückziehen. Wir hörten, wie er die Tür verriegelte, und obwohl nie darüber gesprochen wurde, errieten wir Kinder, dass unser Vater dort für uns betete. Ab und zu hörten wir den ernsten Ton der bewegten Stimme, die betete, als ob es um unser Leben ginge.

Wir lernten es, nur auf den Zehen an dem Zimmerchen vorüberzuschleichen, um ihn nicht zu stören. Die übrigen Menschen wuss-

ten es wohl nicht, woher die Strahlen von Glück und Freundlichkeit, das liebevolle Lächeln in des Vaters Züge kam; wir aber wussten es: Es war die Nähe Gottes, in deren Bewusstsein er stets lebte. Nirgends kann ich die Nähe Gottes mehr empfinden, mehr sein direktes Wirken auf den Menschen fühlen, als es damals in unserer ärmlichen Hütte der Fall war.

Die Gedanken des Sohnes würden immer wieder zu diesen Szenen der frühen Kindheit heimkehren und das Echo der Gebete und des Rufens hören. Jeder Zweifel würde schwinden bei dem Gedanken: Er ging mit Gott um – warum dürfte ich es nicht auch tun?[5]

Aus den Erinnerungen von John Paton (1824–1907) an sein Elternhaus. Er war der erste Missionar, der die Einwohner der Neuen Hebriden, einer Inselkette im Südpazifik, mit dem Evangelium erreichte.

5 Paton, John: *John Paton. Missionar unter Südseekannibalen*, Bielefeld: CLV, 2023 (1. überarbeitete Auflage), S. 12.

ZUM WEITERDENKEN

- Wie hängen unser menschlicher Einsatz und Gottes Gnade in Bezug auf ein gelungenes Familienleben zusammen?
- Welche grundlegenden Anweisungen für Familien finden wir in der Bibel? An welchen Punkten müssen wir umdenken und uns wieder bewusst an die göttliche »Bauordnung« halten?
- Von welchen christlichen Familien in unserer Umgebung oder aus der Vergangenheit wollen wir lernen?

ZUM UMSETZEN

- »Wir sind viele Jahre lang auf eine christliche Familienfreizeit gefahren. Der Austausch mit anderen gläubigen Eltern über Alltags- und Erziehungsfragen hat uns immer sehr motiviert und geholfen.«

- »Bei aller Organisation und Planung möchte ich im Vertrauen wachsen. Hinter dem Unternehmen ›Heimunterricht‹ steht die Überzeugung, dass Gott uns unsere Kinder auf Zeit anvertraut hat. Wir haben uns dafür entschieden, uns während ihrer ersten Lebensetappe in sie zu investieren. Bei allem Eifer und Fleiß bin ich mir bewusst, dass sein Segen reich macht und eigene Anstrengung nichts hinzufügt (Sprüche 10,4+22). In dieser Haltung der ›aktiven Passivität‹ wünsche ich zu wachsen.«[6]
- »Wenn ich irgendwo eine ältere Mutter treffe, deren Kinder gut geraten sind, frage ich sie, wie sie mit ihren Kindern den Alltag gestaltet hat und welche Prinzipien ihr wichtig waren.«
- »Einmal im Jahr setzen wir uns als Ehepaar zusammen und sprechen über unsere Familie und jedes einzelne Kind. Wo stehen wir? Was läuft gut? Was läuft nicht so gut? Was wollen wir verändern?«
- »Weil ich weiß, dass es letztendlich auf Gottes Wirken ankommt, bin ich sehr froh zu wissen, dass eine gläubige Freundin jeden Tag namentlich für alle unsere Kinder betet.«

---

6 Strebel, Hanniel: *Wenn Vater und Sohn zusammen lernen. Lernerlebnisse mit Kindern, Band 6*, Langerwehe: Folgen Verlag, 2016, S. 72. (Familie Strebel lebt in der Schweiz; dort ist – im Gegensatz zu Deutschland – Heimunterricht [»Homeschooling«] erlaubt.)

FAMILIE IST WIE EIN GEWÄCHSHAUS

Kapitel 2

Wachst aber in der Gnade und Erkenntnis unseres Herrn und Heilandes Jesus Christus!

2. Petrus 3,18

BESCHÜTZT

Die kleinen Sämlinge strecken suchend ihre Köpfchen dem Licht entgegen, während sich ihre zarten Wurzeln hungrig nach Nährstoffen immer tiefer in die Erde senken. Es ist erst Ende März, aber hier im Gewächshaus ist es gemütlich und warm. Das Glas schützt die kleinen Pflanzen vor dem Wind und der Kälte draußen, sodass sie gut gedeihen. Hier drinnen haben sie alles, was sie brauchen, um sich optimal zu entwickeln. Jeder Tag bringt neues Wachstum. Und jeden Tag kann man ein bisschen mehr von der großen, fruchtbaren Pflanze erahnen, die jedes der kleinen Gewächse eines Tages sein wird.

Eine Familie hat dieselbe Funktion wie ein Gewächshaus. Sie ist der Ort, wo Kinder zu Beginn ihres Lebens alles an Wärme, Nahrung und Licht bekommen, was sie brauchen, um gesund heranwachsen zu können. Sie ist der ideale Schutzraum, in dem Sprösslinge in guter Erde Wurzeln schlagen und vor der Gottlosigkeit und Bosheit dieser Welt wenigstens ein Stück weit bewahrt werden.

Uns allen ist bewusst, dass um uns her ein immer rauerer Wind weht. Eine Lehrerin ändert ihr Geschlecht während der Sommerferien. Bereits im Grundschulalter zeigen sich Kinder erotische Videoclips. Verpflichtende Schullektüre ist voller Okkultismus und Magie. Wir merken deutlich, dass wir unsere Kinder gegen den Zeitgeist erziehen, mitten in einer Gesellschaft, die sich weiter und weiter von Gottes Maßstäben entfernt. Doch eine christliche Familie muss nicht notwendigerweise in einer christlichen Gesellschaft leben, um den Glauben an die nächste Generation weitergeben zu können. Erinnern wir uns an die ersten Christen. Sie lebten inmitten einer Welt voll von unvorstellbarer Grausamkeit, einem alles beherrschenden Kaiserkult und erschreckender sexueller Perversion. Trotzdem haben diese Männer und Frauen ihre Kinder für Jesus erzogen. Entscheidend dabei war, dass sie sich gerade in ihrem Familienleben deutlich von ihrer Umgebung unterschieden. Antike Autoren beschreiben voller Erstaunen, wie anders die Christen waren: Die Männer blieben ihren Ehefrauen treu und achteten sie, Kinder wurden nicht abgetrieben oder ausgesetzt, sondern ihre Eltern kümmerten sich vorbildlich um sie. In den Familien der Gläubigen herrschte ein absolutes Kontrastprogramm zum Rest der Gesellschaft. In diesem Schutzraum konnte eine neue Generation von Nachfolgern Christi heranwachsen.

Leider geht der Trend in unserer Gesellschaft dahin, die Kinder immer früher aus dieser natürlichen Geborgenheit zu nehmen und sie immer länger außerhalb der Familie zu betreuen. Diese Tendenz hat sich in den letzten zehn Jahren deutlich verstärkt. In vielen Städten muss man sich verteidigen, wenn man sein Kind nicht mit einem Jahr in der Kita anmeldet. »Lernt euer Kind denn auch genug, wenn es den ganzen Tag nur zu Hause ist?« Kaum jemand stellt diese Entwicklung infrage. Und was alle machen, kann ja nicht schaden. Oder?

Die kleinen Pflanzen im Gewächshaus wachsen erstaunlich schnell und sind nach ein paar Wochen schon sehr groß. Man könnte meinen, dass es bereits Zeit fürs Auspflanzen wäre. Doch der Schein trügt. Würde der Gärtner die kleinen Gewächse von jetzt auf gleich ins Freie setzen, würden sie durch Wind, Sonne und plötzliche Temperaturschwankungen Schaden nehmen. Sie müssen noch einige Wochen drinnen bleiben, um weiterzuwachsen und stärker zu werden. Bevor es dann endgültig nach draußen geht, härtet ein Gärtner seine Jungpflanzen ab: Er stellt die Töpfe bei schönem Wetter für einige Stunden nach draußen. Wird es windig und kalt, holt er sie wieder herein. So werden die empfindlichen Pflanzen widerstandsfähig, bis sie für immer ins Freiland gesetzt werden.

Genauso sollten wir es auch mit unseren Kindern tun. Ja, irgendwann sind sie alt genug, um für ein paar Stunden die heile Umgebung »Familie« zu verlassen. Doch so, wie ein Gärtner diesen Zeitraum vorsichtig abpasst und seine Pflänzchen genau beobachtet, ob sie schon stark genug sind, so sollten auch wir Eltern uns gut überlegen, wie viel Zeit außer Haus wir unseren Kindern zumuten. Und wir müssen sorgfältig darüber wachen, wie sie mit dem, was ihnen draußen begegnet, zurechtkommen.

Es gibt keinen festgelegten Tag im Frühling, an dem in Deutschland alle Jungpflanzen nach draußen gesetzt werden. Im milden Rheinland ist das früher als in der zugigen Rhön. So gibt es auch für christliche Eltern keine grundsätzliche Regel, was in welchem Alter geht und was nicht. Jedes Kind, jede Familie und jedes Umfeld ist anders. Der eine Kindergarten macht einen guten Eindruck, während man bei einem anderen nur die Hände über dem Kopf zusammenschlagen kann. Und während das eine Kind sich in der Spielgruppe einfach nur austobt und die Abwechslung genießt, bringt das andere Schimpfworte und schlechte Verhaltensweisen mit nach Hause. Gebet, Beobachtung und Abwägen sind wichtig.

In jedem Fall aber kostet es Kraft, in diesem Punkt gegen den gesellschaftlichen Strom zu schwimmen. Es anders zu machen als die Mehrheit, die meint, dass ein Kind schon früh in die Hände von »Experten« gehörte, weil es sonst nicht genügend »Bildung« bekäme. Mut ist nötig, um sein Kind wieder aus dem Kindergarten herauszunehmen, wenn man merkt, dass die kleine Seele Schaden nimmt – und noch mehr Mut ist nötig, um es gar nicht erst anzumelden. Die »goldenen Jahre« der Kleinkindzeit sind so kostbar und Kinderherzen so leicht formbar, dass wir sorgsam über alle Einflüsse in diesem Stadium wachen müssen. Und das umso mehr, je mehr wir um die zahlreichen Bemühungen wissen, Kinder in diesem prägsamen Alter gezielt mit unbiblischen Vorstellungen zu beeinflussen. Nicht umsonst haben alle diktatorischen Regime versucht, die »Lufthoheit über den Kinderbetten« zu erobern und Kinder so früh wie möglich aus ihren Familien zu lösen.

»Ein Kind ist wie ein Fass – es riecht immer nach dem, womit es zuerst gefüllt wurde«, soll Martin Luther gesagt haben. Ob Mose der große Führer des Volkes Gottes geworden wäre, wenn er seine frühe Prägung nicht durch seine glaubensstarken Eltern Amram und Jokebed, sondern durch die Tochter des Pharaos bekommen hätte? Ob Samuel ein Mann des Gebets geworden wäre, wenn er seine Kinderstube nicht bei seiner Mutter Hanna, sondern bei Elis gottlosen Söhnen gehabt hätte? Diese Männer Gottes haben den

»Geruch« ihres Elternhauses und die frühe Prägung durch ihre gläubigen Mütter nie verloren.

Diese biblischen Beispiele machen uns bewusst, dass Gott uns Eltern in die natürliche Position gesetzt und uns das wunderbare Privileg gegeben hat, unsere Kinder als Erste zu lehren und am stärksten zu prägen. Nutzen wir bewusst die kurzen, wertvollen Jahre, die wir dafür haben, und wachen wir sorgsam über die äußeren Einflüsse, die wir ihren zarten Seelen in dieser Zeit zumuten! Der Zeitpunkt, an dem unsere Kinder endgültig »ausgepflanzt« werden und wir Eltern nicht mehr so wie früher für sie da sein können, kommt noch früh genug. Lassen wir uns vom Zeitgeist nicht verwirren! Sorgen wir dafür, dass unsere Familien ihre wichtigste Funktion behalten – nämlich ein warmes, schützendes Gewächshaus für unsere kleinen Schätze zu sein!

GESTÄRKT

Die Aufgabe eines Gewächshauses ist nicht nur der Schutz vor der ungemütlichen Witterung draußen, sondern auch die Vorbereitung für das Auspflanzen. Der Gärtner sorgt dafür, dass seine Schützlinge stark und gerade wachsen, jeden Tag gießt er sie, entfernt welke Blätter und bekämpft Schädlinge. Er nutzt die Zeit, denn er weiß, dass die ihm anvertrauten Pflänzchen nicht für immer in der optimalen Umgebung des Gewächshauses bleiben können, wo sie irgendwann aus Mangel an Platz verkümmern würden.

Genauso ist es auch mit unseren Kindern. Wir Eltern müssen uns bewusst sein, dass wir sie nicht für immer an uns binden können. Irgendwann werden sie das Elternhaus verlassen und ohne unsere ständige Hilfe in der Welt zurechtkommen müssen.

»Wie Pfeile in der Hand eines Helden, so sind die Söhne der Jugend«, schreibt Salomo in Psalm 127,4. Pfeile sind nicht dazu da, im Köcher zu verstauben, sondern ihre Bestimmung ist es, abgeschossen zu werden. Genauso ist es auch unsere Aufgabe, unsere Kinder im »Gewächshaus Familie« nicht nur zu beschützen, sondern sie mit zunehmendem Alter auch stark zu machen für die raue Welt, die draußen auf sie wartet. Unser Ziel ist ja, dass unsere Kinder einmal ihren Platz in der Welt einnehmen und dort für den Herrn fruchtbar sind.

Bei kleinen Kindern beginnt dieses Starkmachen damit, dass wir ihre Fragen ernst nehmen. Fragen wie:

- »Wer hat Gott gemacht?«
- »Wie kann Gott mein Gebet hören, wenn gleichzeitig so viele andere Menschen zu ihm beten?«
- »Meine Freundin möchte immer ›Mutter-Mutter-Kind‹ spielen. Geht das?«

- »Wieso glauben nicht mehr Menschen dasselbe wie wir?«
- »Warum kann ich Gott nicht sehen?«
- »Ich habe dafür gebetet, dass mein Kaninchen gesund wird, und jetzt ist es trotzdem gestorben. Warum hat Jesus nicht geholfen?«
- »Unsere Lehrerin hat gesagt, dass die Arche Noah nur eine schöne Geschichte ist, denn so viel Wasser gäbe es gar nicht, dass sogar die höchsten Berge davon bedeckt werden könnten. Was kann ich da antworten?«

Wenn unsere Kinder mit solchen Fragen zu uns kommen, dann sind das sensible Momente, die wir unbedingt nutzen müssen! Wie schlimm, wenn Eltern sie nur mit einem »Das musst du einfach glauben«, »Ich habe jetzt keine Zeit« oder »Das ist halt so« abtun! Hier kann schon ein kleiner Same des Zweifels in ein Kinderherz gesät werden. Wie wichtig ist es, dass Papa oder Mama zum Beispiel wie folgt antworten: »Darüber habe ich auch schon oft nachgedacht. Komm, wir nehmen uns heute Abend etwas Zeit zu zweit und ich zeige dir anhand meiner Bibel, was ich dazu denke«!

Gerade weil die Welt draußen immer gottloser wird, wird die Vorbereitung für das Auspflanzen immer wichtiger. Unterschätzen wir nicht, wie stark die Angriffe auf den christlichen Glauben heute sind und wie massiv der Atheismus überall beworben wird! Es ist tragisch, wenn junge Erwachsene ihren Glauben über Bord werfen, weil sie sich erst nach dem Auszug aus dem Elternhaus in der Ausbildung oder im Studium mit anderen Weltanschauungen auseinandersetzen. Weil wir unsere Kinder auf diese Situation vorbereiten müssen, ist es wichtig, dass wir schon heute mit ihnen die vielen halbwahren und auch komplett falschen Botschaften besprechen, die überall gepredigt werden.

Zwar wird nicht jeder von uns ein Spezialist in Sachen Evolution werden können, aber alle Eltern sollten wenigstens die gängigen Argumente kennen, die gegen eine zufällige Entwicklung des Lebens über Millionen von Jahren sprechen. Außerdem sollten wir wissen, an welche Bücher, Vorträge und Spezialisten wir unsere Kinder verweisen können, wenn wir die Fragen unseres Nachwuchses nicht mehr selbst beantworten können. Dasselbe gilt für die Glaubwürdigkeit der Bibel und die Sicherheit ihrer Überlieferung. Auch im Thema Gender-Mainstreaming müssen wir bewandert sein. Es reicht nicht, den Fragen unserer Kinder nur verschämt auszuweichen und zu sagen: »Die Bibel sagt das aber anders!« Nein, wir müssen bereit sein, uns intensiv mit diesen Themen auseinanderzusetzen.

Gut möglich, dass wir uns persönlich nicht besonders für Apologetik und aktuelle Trends interessieren. Vielleicht konnten wir selbst einfach immer glauben, ohne jemals tiefergehende Zweifel erlebt zu haben. Wahrscheinlich haben wir auch in unserer eigenen Kindheit und Jugend die Kluft zwischen »Familie« und »Welt«, zwischen »drinnen« und »draußen« noch nicht so stark wahrgenommen. Unterschätzen wir aber nicht, wie stark unsere Kinder feindlichen Angriffen ausgesetzt sind! Sie werden heute viel stärker als wir früher mit scheinbar wissenschaftlichen, aber antichristlichen Ideen konfrontiert. Daher müssen wir diese Themen in unseren Familien besprechen und unsere Kinder für die Auseinandersetzung mit diesen Themen zurüsten.

»An die Wunder der Bibel glaubt ja heute niemand mehr, und dass Adam und Eva nie gelebt haben, ist längst bewiesen.« Allein so ein beiläufiger Satz eines Lehrers kann ein Kind, das darauf nicht vorbereitet ist, sehr durcheinanderbringen. Doch unser Glaube ist eine Reaktion auf Wahrheit. Christentum fördert klares Denken und verhindert es nicht. Nur, weil die Mehrheit etwas sagt, muss es noch nicht richtig sein. Das muss unseren Kindern bewusst sein, damit sie nicht ihren Glauben bei dem ersten Lehrer oder Professor, der ihnen etwas anderes sagt als wir, enttäuscht aufgeben.

Es ist nur gesund, wenn unsere Kinder sich darin üben, für kurze Zeit außerhalb des Gewächshauses zurechtzukommen und auch bei rauerem Klima standhaft zu bleiben. Diese Erfahrungen sind wichtig und bereiten sie auf das Leben vor. Umso mehr können wir sie danach »drinnen« wieder pflegen und ermutigen.

»Gestern war doch Sonntag. Welches Kind war im Kindergottesdienst?«, fragte die Lehrerin zu Beginn der Stunde. Ein kleiner

Junge hob schüchtern die Hand und musste sich hinstellen. »Seht euch doch mal den Werner an! Er geht auf eine sozialistische Schule und glaubt noch an einen solchen Quatsch!«, regte sich die Lehrerin auf und animierte die Mitschüler, laut über Werner zu lachen und mit den Fingern auf ihn zu zeigen.[7]

Diese Erfahrung machte der Missionsarzt Werner Wigger während seiner Kindheit in der ehemaligen DDR. Viele Kinder gläubiger Eltern haben damals Ähnliches erlebt. Wir sind sehr dankbar, dass unseren Kindern bislang solche drastischen Erfahrungen erspart geblieben sind. Aber auch sie müssen verstehen, dass Christsein etwas mit Gegen-den-Strom-Schwimmen zu tun hat. In der Welt herrscht nicht dasselbe kuschelige Klima wie im Gewächshaus! Und in genau dieser Welt werden sie sich einmal bewähren müssen.

> **»*Ein Mensch, der den Versuchungen und Prüfungen, die uns alle erwarten, aus dem Weg ginge, würde zu einer schwächlichen Treibhauspflanze heranwachsen; niemals würde sich bei ihm ein kräftiger, männlicher Charakter entwickeln.*«**
>
> Charles Haddon Spurgeon[8]

7 Wigger, Werner; Kaul, Albrecht: *Wunder inbegriffen: Dr. med. Werner Wigger – Ein Leben voller Risiken und Nebenwirkungen*, Gießen: Brunnen, 2015, S. 3.

8 Spurgeon, Charles Haddon: *Seid stark im Herrn. Predigten für junge Leute*, Bielefeld: Christlicher Missions-Verlag, 2018, S. 83.

Versuchen wir deshalb nicht, unsere Kinder vor allen geistlichen Herausforderungen zu beschützen, sondern geben wir ihnen die Gelegenheit, »im Freiland« Erfahrungen zu sammeln und sich bewusst als Christen zu erkennen zu geben. Gegenwind gehört zum Starkwerden dazu!

Wie das praktisch aussehen kann? Man könnte seinem Kind vorschlagen, beim nächsten Kindergeburtstag eine christliche Geschichte vorzulesen, die allen Freunden zeigt, dass die Familie an Jesus Christus glaubt. Oder es dazu ermutigen, vor der Klasse ein Referat zum Thema »Schöpfung« zu halten. Oder dem Freund, der sich immer über Gott lustig macht, ein passendes Buch zusammen mit einem persönlichen Brief zu schenken. Oder die Schulfreunde zur Jungschar einzuladen. Solche Erlebnisse, die immer mit Herzklopfen und Überwindung verbunden sein werden, sind wichtig und glaubensstärkend.

Lassen wir unsere Kinder notwendige Lebens- und Glaubenserfahrungen machen! Sie müssen sich darin üben, stundenweise außerhalb des Gewächshauses zu stehen und – umgeben von unseren Gebeten – Kälte und Ungemütlichkeit auszuhalten. Nur dann werden sie auch stark genug sein, den Stürmen der Welt zu trotzen, wenn sie einmal das Elternhaus verlassen haben.

AUSZUG AUS EINEM BRIEF,

den ein Vater seinem 16-jährigen Sohn mitgab, als dieser in einer anderen Stadt eine kaufmännische Lehre begann:

Lieber Johannes!

Ich habe die Welt länger gesehen als Du. Es ist nicht alles Gold, lieber Sohn, was glänzt, und ich habe manchen Stern vom Himmel fallen sehen. Darum will ich Dir Rat geben und Dir sagen, was ich gefunden habe und was die Zeit mich gelehrt hat.

Halte Dich für zu gut, Böses zu tun. Hänge Dein Herz an keine vergänglichen Dinge.

Die Wahrheit richtet sich nicht nach uns, lieber Sohn, sondern wir müssen uns nach ihr richten. Was Du sehen kannst, das sieh, und gebrauche Deine Augen, aber für das Unsichtbare und Ewige halte Dich an Gottes Wort.

Bleibe dem Glauben Deiner Väter treu. In uns wohnt der Richter, der nicht trügt und an dessen Stimme uns mehr gelegen sein soll als an dem Beifall der ganzen Welt. Nimm es Dir vor, Sohn, nichts gegen seine Stimme zu tun, und frage ihn um Rat bei allem, was Du vorhast.

Tu das Gute und kümmere Dich nicht, was daraus werden wird. Sorge für Deinen Körper, doch nicht so, als ob er Deine Seele wäre. Gehorche der Obrigkeit und lass die anderen über sie streiten. Schmeichle niemandem und lass Dir nicht schmeicheln. Tue keinem Mädchen ein Leid an und denke daran, dass Deine Mutter auch einmal ein Mädchen gewesen ist.

Sage nicht alles, was Du weißt, aber wisse immer, was Du sagst. Sitz nicht da, wo die Spötter sitzen, denn sie sind die elendsten unter allen Menschen. Habe immer etwas Gutes im Sinn.

Wenn ich gestorben bin, so stehe Deiner Mutter bei und ehre sie, solange sie lebt. Und sinne täglich nach über Tod und Leben, damit Du es findest. Sei mutig und fröhlich und gehe nicht aus dieser Welt, ohne Deine Liebe und Ehrfurcht für den Stifter des Christentums durch irgendetwas öffentlich bezeugt zu haben.

Dein treuer Vater[9]

Geschrieben 1799 vom Dichter Matthias Claudius (1740–1815),
bekannt bis heute durch das Abendlied »Der Mond ist aufgegangen«,
an seinen Sohn Johannes.

9 Deutlich gekürzt und an den heutigen Sprachgebrauch angepasst. Der vollständige Brief ist zu finden unter http://www.christoph-moder.de/texte/lebensregeln-claudius.html (abgerufen am 26.05.2023).

ZUM WEITERDENKEN

- Überfordern wir unsere kleinen Kinder, indem wir sie zu früh und zu lange außerhalb des Schutzraums Familie sein lassen – und das nur, weil es bequemer für uns ist?
- Mit welcher antichristlichen Meinung oder Weltanschauung werden unsere Schulkinder im Moment am stärksten konfrontiert? Welches Thema ist für sie aktuell? (Sexualität? Evolution? Esoterik? Liberale Theologie? Gender-Mainstreaming?) Was tun wir konkret, um unsere Kinder auf diesem Feld zu unterstützen und sie stark zu machen?
- Wo schotten wir aus übermäßiger Angst unsere Kinder zu stark ab und lassen sie in einer christlichen Blase aufwachsen, sodass sie es nicht lernen, gegen den Strom zu schwimmen und ihren Glauben vor Andersdenkenden zu bezeugen?

ZUM UMSETZEN

Beschützen

- »In unserer Gemeinde gibt es einige Kinder, die keinen Kindergarten besuchen. Diese Kinder treffen sich reihum an einem Vormittag in der Woche bei einer Familie zu einer Art ›Ersatzkindergarten‹. Dort können sie zusammen spielen, Freundschaften knüpfen, und wir Mütter haben auch einmal ein paar freie Stunden. Diese Einrichtung ist ein echter Gewinn für alle.«
- »Unsere Kinder waren an vier Tagen in der Woche für eine überschaubare Anzahl von Stunden im Kindergarten, was eine große Entlastung für mich war. Es war mir wichtig, im Anschluss Zeit zu haben, um in Ruhe zuzuhören, was sie dort alles erlebt haben, und einen guten Kontakt zu den Erzieherinnen zu pflegen.«
- »Wir haben vier Kinder im Abstand von jeweils zwei bzw. drei Jahren, und ich war als Vollzeit-Mama, Hausfrau und Ehefrau mit Überzeugung und Freude zu Hause. Keines unserer Kinder ging in den Kindergarten, was wir niemals bereut haben. Die Kinder haben die Zeit zum gemeinsamen Spielen, Basteln, Vorlesen und vielen kleinen Unternehmungen genossen und haben früh gelernt, allein oder gemeinsam mit Kaufladen, Puppenhaus, Autos, Lego und Playmobil ausführlich und konzentriert zu spielen und dabei ihrer Fantasie freien Lauf zu lassen.«

- »Ich merke, dass es meinen Kindern leichter fällt, zu Hause zu ihrem Glauben zu stehen, als woanders. Es ist daher immer unser Ziel, dass sich die Kinder mit ihren Freunden bei uns treffen und nicht woanders – auch wenn das für mich mehr Unruhe und Arbeit bedeutet. Außerdem weiß ich dann, was die Kinder machen, und lerne ihre Freunde kennen.«
- »Wir verbieten unseren Kindern vieles, wichtig ist uns aber, ihnen coole Alternativen zu bieten. Wir wollen nicht, dass sie uns, unser Leben und das Christsein als langweilig und beschränkend erleben – denn Christus ist nicht langweilig und setzt uns in manchen Bereichen weniger Grenzen als wir vielleicht meinen.«
- »Unsere Tochter kam einmal, als sie ca. sieben Jahre alt war, ganz verstört von einem Kindergeburtstag nach Hause. Keiner hatte sich um die Kinder gekümmert, der Fernseher lief, es gab Streit in der Familie, Zigarettenqualm und laute Musik überall. Trotzdem hatte sie nicht den Mut, ›Nein‹ zu sagen, als sie gefragt wurde, ob sie als Einzige noch länger bleiben könnte. Seitdem waren wir vorsichtiger, unsere Kinder, solange sie noch in der Grundschule sind, zu einer Familie zu lassen, die wir noch nicht kennen.«

Stärken

- »Das Buch *Darf die Evolution infrage gestellt werden?*[10] gibt kindgerechte, gut verständliche Einwände gegen die Evolutionstheorie. Es hat unseren Kindern sehr geholfen, als sie in der fünften und sechsten Klasse in der weiterführenden Schule zum ersten Mal mit diesem Thema konfrontiert wurden.«
- »Unser Sohn hat in der achten Klasse ein Referat über die fehlenden Zwischenformen zwischen Affen und Mensch gehalten. Wir haben ihm Vorträge von einem gläubigen Biologen und weiteres Material zu diesem Thema besorgt. Seinen Vortrag hat er mit einem kurzen persönlichen Zeugnis abgeschlossen. Unser Sohn war sehr aufgeregt und wir haben als ganze Familie mitgezittert und mitgebetet. Die anschließende positive Reaktion des Lehrers und eines Klassenkameraden war für ihn eine wichtige und glaubensstärkende Erfahrung.«
- »Die Studiengemeinschaft Wort und Wissen veröffentlicht gutes Material, das Antworten aus christlicher Sicht auf naturwissenschaftliche Fragen gibt. Manchmal schauen wir als Familie einen Film aus ihrem YouTube-Kanal, wenn eines unserer Kinder in der Schule mit dem entsprechenden Thema konfrontiert wurde.«

10 Wiens, Johann: *Darf die Evolution infrage gestellt werden?*, Hannover: Kinderlesebund Verlag, 2018.

- »Wir passen auf, welche geistliche Kost unsere Kinder bekommen, und thematisieren ungute geistliche Strömungen. In unserer Stadt gibt es sehr viele unterschiedliche Gemeinden, und unsere Kinder kommen über ihre Klassenkameraden mit unterschiedlichen theologischen Sichtweisen in Kontakt. Darüber reden wir in unserer Familie oft.«
- »Das Buch *Gespräche, die du mit deinem Kind führen solltest. Mit Kindern über Ehe, Scheidung, Homosexualität und Gender-Identität sprechen*[11] ist für Eltern von Vor- und Grundschulkindern eine gute Hilfe, aktuelle Themen zu Hause zu besprechen.«
- »Es ist uns sehr wichtig, dass unsere Kinder auch nicht-gläubige Freunde haben. Aber wir achten sorgsam darauf, wer wen beeinflusst.«
- »Wir sprechen viel mit unseren Kindern über wichtige Themen wie geistliches Wachstum und Charakterveränderung, Partnerwahl, Berufswahl, Treffen von Entscheidungen, Umgang mit dem Nächsten, Gott ehren usw.«
- »Als unser Sohn in die Pubertät kam, gab es in unserer Gemeinde noch einige andere Jungs im selben Alter, die viel zusammen unternommen haben. Wir haben uns als Eltern zusammengesetzt, um für unsere Jungen zu beten, dass sie Jesus treu

11 Both, Mirjam: *Gespräche, die du mit deinem Kind führen solltest. Mit Kindern über Ehe, Scheidung, Homosexualität und Gender-Identität sprechen*, Lychen: Daniel-Verlag, 2022.

bleiben und gut durch diese Zeit kommen. Es war uns wichtig, dass wir einander respektieren – auch, wenn wir unterschiedliche Regeln haben –, und dass wir uns nicht gegeneinander ausspielen lassen.«

FAMILIE IST WIE EIN MUSEUM DER ERINNERUNGEN

Kapitel 3

Und du sollst dich an den ganzen Weg erinnern, den der HERR, dein Gott, dich hat wandern lassen diese vierzig Jahre in der Wüste …

5. Mose 8,2

Schon öfter haben wir mit unseren Kindern das »Haus der Geschichte« in Bonn besucht, wo die deutsche Geschichte ab 1945 dargestellt wird. Viele interessante Exponate werden dort gezeigt, wie zum Beispiel Weltkriegstrümmer, Essensmarken, ein alter VW Käfer, ein Stück Berliner Mauer und die Turnschuhe, in denen Boris Becker Wimbledon gewann. Geschichte zum Anfassen! Bei der Einrichtung dieses Museums haben sich Historiker viele Gedanken darüber gemacht, was erinnerungswürdig ist und von den Menschen im Gedächtnis behalten werden soll. Die Erinnerung an die Vergangenheit, an die großen und kleinen Ereignisse, die das Land geformt haben, soll dazu führen, dass die Bürger es wertschätzen und sich auch in Zukunft dafür einsetzen.

Auch für eine Familie ist das gemeinsame Erinnern wichtig. Denn sie ist eine Gruppe von Menschen, die unzählige Erinnerungen teilt und dadurch auf eine einzigartige Weise miteinander verbunden ist. Es braucht Jahre, bis die Kinder groß geworden sind, eine Silberhochzeit gefeiert werden kann, aus Eltern Großeltern werden. Eine Familie ist auf Dauer angelegt, und in dieser langen Zeit kommen zahllose Erinnerungen zusammen.

> **»*Mutter führte über ihre Kinder ein Tagebuch. Eigentlich war es kein richtiges Tagebuch, denn manchmal machte sie in einem ganzen Jahr nur eine einzige Eintragung, aber wie kostbar war es für uns, als sie es am Tage ihrer Silberhochzeit uns Kindern überreichte! Es gewährte uns einen tiefen Einblick in ihr Herz.*«**
>
> Corrie ten Boom über ihre Mutter[12]

12 ten Boom, Corrie: *Ein Mann Gottes. Vater ten Boom*, Wuppertal: SCM R. Brockhaus, 1997, S. 41.

Es gibt einem Menschen eine große Sicherheit, zu wissen, wo er herkommt, und sich dieser Herkunft immer wieder zu vergewissern. Wie geborgen fühlt sich ein Kind, wenn es weiß, dass seine eigene, kurze Biografie Teil einer viel größeren Geschichte ist! Nämlich Teil der Geschichte seiner Eltern, die – im Idealfall – Höhen und Tiefen miteinander durchgestanden, das Kind von Anfang an geliebt und sich für die kleinen Meilensteine seiner Entwicklung interessiert haben. Und die diese Ereignisse heute als kostbare Erinnerungen verwahren.

»Weißt du noch, wie es war, als du dir kurz vor der Einschulung den Arm gebrochen hattest? Was für Sorgen haben wir uns alle damals um dich gemacht!«

»Es ist unglaublich, wie ähnlich du deinem Papa siehst, als er in deinem Alter war.«

»Als du klein warst, hast du dich einmal von oben bis unten mit Schuhcreme eingeschmiert. Ich bin mir sicher, wir haben noch ein Foto davon.«

»Ich habe den ersten Brief aufgehoben, den du mir in der zweiten Klasse zum Muttertag geschrieben hast. Du hast dir so viel Mühe gegeben damals.«

»Wollt ihr noch einmal die Bilder von Mamas und Papas Hochzeit sehen?«

Erinnerungen sind, wenn sie sorgsam gepflegt werden, ein kostbarer, identitätsstiftender Schatz für eine Familie. Es lohnt sich deshalb, darüber nachzudenken, welche Ereignisse von heute Ihr für später aufheben möchtet durch das Pflegen von Fotoalben, das Aufheben von Zeichnungen und von lustigen Sprüchen, die die Kinder einmal zum Besten gegeben haben. So vieles geht verloren, wenn man es nicht bewusst bewahrt! Lasst Eure Familie eine Schatzkammer an wertvollen Erinnerungen sein!

Übrigens: Gemeinsame Erinnerungen sind etwas Entscheidendes, was Patchwork-Familien fehlt. Dass man sich mit seinen Lieben hinsetzen und Fotos von früher anschauen kann, ohne den Schmerz zu empfinden, dass da andere Partner, andere Kinder zu sehen sind, zu denen womöglich kein Kontakt mehr besteht, weil man im Streit auseinandergegangen ist – was für ein unbezahlbares Gut!

ERINNERN MACHT DANKBAR

Erinnern ist etwas zutiefst Biblisches, essenziell für unser Wachstum im Glauben. So versprach der Herr seinen Jüngern, dass der Heilige Geist sie an alles erinnern würde (vgl. Johannes 14,26), Petrus wollte seine Leser »durch Erinnerung aufwecken« (vgl. 2. Petrus 1,13 und 3,1), und Paulus fragte die Thessalonicher, ob sie sich noch daran erinnerten, was er ihnen bei seinem letzten Besuch über die Endzeit erklärt hatte (vgl. 2. Thessalonicher 2,5). Bewusstes Erinnern gehört unbedingt zu unserem Glauben dazu. Wir sollen die Reinigung von unseren früheren Sünden nicht vergessen (vgl. 2. Petrus 1,9) und uns immer wieder dankbar an Jesu Erlösungswerk erinnern. Weil Gott weiß, wie vergesslich wir Menschen sind, hat er uns diese Erinnerung sogar verordnet und uns dazu das Abendmahl gegeben. Ob wir das Kreuz von Golgatha nicht schon längst aus den Augen verloren hätten, wenn er uns diese einfache Mahlzeit »zu seinem Gedächtnis« (vgl. Lukas 22,19; 1. Korinther 11,24-25) nicht aufgetragen hätte?

Auch die Feste im Alten Testament hatten den Zweck, das Volk Israel immer wieder an bestimmte Meilensteine ihrer Geschichte mit Gott zu erinnern. Diese Feste waren Feste des ganzen Volkes, hatten aber auch einen familiären Charakter. So heißt es über das Purimfest, das zur Erinnerung an die Bewahrung der Juden vor dem Völkermord unter Haman gefeiert wurde, »dass diese Tage im Andenken bleiben und gefeiert werden sollten in jedem einzelnen Geschlecht, in *jeder einzelnen Familie*« (Esther 9,28). Familie soll also ein Ort sein, wo dafür gesorgt wird, dass Gottes Taten nicht vergessen werden. »... vergiss nicht, was er dir Gutes getan hat!« (Psalm 103,2; Schlachter 2000). Was für eine schöne und wichtige Aufgabe! Wie können wir dieses Prinzip umsetzen? Manche Familien führen ein

Dank-Büchlein, in das sie Gebetserhörungen eintragen – wie Gott dafür sorgte, dass die Familie die größere Wohnung mieten konnte, der Vater seine Arbeitsstelle bekam oder die Tochter bei dem Fahrradunfall bewahrt blieb. Wie schnell geraten Gottes Führung und Hilfe sonst in Vergessenheit!

Eine andere Familie hielt lange Zeit an Silvester einen Jahresrückblick, wobei jedes Familienmitglied auf ein großes Blatt Papier ein Bild malte und darunterschrieb, welches Ereignis es darstellte – eine Schultüte für eine Einschulung, eine Wiege für die Geburt des Geschwisterchens, einen Sonnenschirm für den tollen Strand-Urlaub. Wie gerne schauten sich die Kinder immer wieder den Ordner an, in dem diese Blätter gesammelt wurden! Er war ein einzigartiges Dokument ihrer persönlichen Biografie, der Geschichte ihrer Familie und vor allem der Treue Gottes. Sie fühlten: »Unsere Eltern und wir – wir gehören zusammen, weil wir schon so viel gemeinsam erlebt haben. Wie viel Gutes hat Gott uns bereits geschenkt!« Familien, die ähnliche Traditionen haben, bestätigen diese Erfahrung: Gemeinsames Erinnern führt zur Dankbarkeit und verbindet die Familienmitglieder auf eine einzigartige Weise miteinander.

Der Zeitgeist predigt uns: »Es geht um mich und es geht um jetzt.« Doch der Gläubige lebt nicht nur im Jetzt. Er erkennt, dass seine Gegenwart Teil einer größeren Geschichte ist. Er braucht kein Sklave des Augenblicks zu sein. Durch die Erinnerung an das

Gute, das Gott ihm in der Vergangenheit geschenkt hat, schöpft er Mut und Vertrauen für die Zukunft. »Das Reifwerden eines Christen ist im tiefsten Grunde ein Dankbarwerden!«, bemerkte Friedrich von Bodelschwingh dazu.[13]

UNSER LEBEN HEUTE IST DIE ERINNERUNG VON MORGEN

Es ist wichtig, wie wir unser Leben im Jetzt führen. Aber nicht nur deshalb, weil die Gegenwart zählt, sondern auch, weil das Heute die Erinnerung von morgen ist. Jeder kennt dieses Phänomen: Ganz plötzlich und unbeabsichtigt tauchen in unseren Gedanken Erinnerungen an vergangene Ereignisse auf – an einen Satz, den jemand einmal gesagt hat, an eine liebevolle Geste, an einen bestimmten Geruch oder ein Gefühl. Jedes Kind verlässt sein Elternhaus mit einer Menge von Erinnerungen, die für seine Zukunft entscheidend sein können. Vielleicht wird dem erwachsenen Sohn angesichts einer Möglichkeit zur Sünde plötzlich die Szene in den

13 https://www.evangeliums.net/zitate/zitat_3021.html (abgerufen am 04.07.2023).

Sinn kommen, wie sein Vater ihn bei einem Spaziergang Arm in Arm ernsthaft vor den Folgen eines Ehebruchs warnte. Oder vielleicht wird ein Kind in einer schweren Situation durch eine Erinnerung an die Liebe zu Hause getröstet.

Corrie ten Boom erzählt in einem ihrer Bücher,[14] wie sie abends im KZ beim Einschlafen auf ihrer harten Pritsche immer daran denken musste, wie liebevoll ihr Vater sie als Kind ins Bett gebracht und seine Hand beim Gebet auf ihre Stirn gelegt hatte. Diese Erinnerung machte ihr bewusst, dass ihr himmlischer Vater auch in dieser schrecklichen Situation über sie wachte. Wenn wir uns bewusst machen, was Erinnerungen im Leben unserer Kinder bedeuten können – wie doppelt wichtig wird uns dann das Leben, das wir in unseren Familien heute führen!

Der Gedanke, dass wir gerade dabei sind, ein »Museum der Erinnerungen« in den Köpfen unserer Kinder einzurichten, kann allerdings auch bedrückend sein. Werden sich die Kinder immer an den Streit zwischen uns Eltern letzte Woche erinnern? An das böse Wort, das mir heute Morgen im Zorn herausgerutscht ist? An die schlechte Stimmung neulich beim Abendbrot? Die tröstliche Antwort ist: Wahrscheinlich nicht. Es gibt so etwas wie ein »gnädiges

14 ten Boom, Corrie: *Ein Mann Gottes. Vater ten Boom*, Wuppertal: SCM R. Brockhaus, 1997, S. 112-113.

Vergessen«. Wenn das Kind in grundsätzlich intakte Beziehungen eingebettet ist und wir in unserer Familie Vergebung und Versöhnung praktizieren, dann werden die meisten negativen Erfahrungen im Lauf der Zeit verblassen. Sie sind einfach nicht mehr so wichtig und verschwinden hinter der dominierenden Erinnerung an Liebe und Geborgenheit.

> »*Eine Familie hat ihre Wurzeln in der Vergangenheit und ihre Fühler in der Zukunft.*«
>
> Edith Schaeffer

Je älter man wird, desto häufiger denkt man an seine Kindheit zurück. Es ist ganz erstaunlich, an welche Details aus ihrem Elternhaus sich alte Leute noch erinnern können – gerade auch, wenn sie vielleicht schon nicht mehr wissen, was vorgestern war. Unsere Oma, inzwischen 92 Jahre alt, erzählt öfters, wie es früher in ihrer Familie zuging.

»Das hat meine Mutter mir beigebracht«, oder: »Das haben wir zu Hause immer so gemacht«, sagt sie dann.

Es ist ein eigentümlicher Gedanke: Unsere Kinder werden einmal in einer fernen Zeit – wenn der Herr uns bis dahin noch nicht zu sich geholt hat – ihren Kindern, Enkeln und Urenkeln von unserem Leben heute berichten. Wie wird diese Erzählung aussehen? In 50, 60 oder 70 Jahren – an welche Situationen aus Eurem Familienalltag werden sich Eure Kinder dann noch erinnern?

Natürlich haben wir nicht auf alles, was unsere Kinder erleben, einen Einfluss. Unsere Oma erzählt im Winter oft, dass sie beim Knirschen der Schuhe im Schnee immer an ihre Flucht aus Schlesien kurz vor Kriegsende denken muss. Das ist eine schmerzliche Erinnerung, die ihre Eltern nie beabsichtigt hatten. Ja, manches Schwere passiert einfach, es entzieht sich unserem Einfluss und begleitet uns als traurige Erinnerung durchs Leben. Aber andere Erinnerungen können wir sehr wohl planen, so ähnlich, wie Historiker ein Museum einrichten. Denn alles, was regelmäßig, immer und immer wieder auf dieselbe Art und Weise getan wurde, vergisst man nicht. Wenn man etwas zehn, hundert oder gar tausend Mal erlebt hat, bleibt es im Gedächtnis. Familiäre Traditionen und Gewohnheiten sind deshalb so wichtig. Sie schaffen Vertrauen und Geborgenheit, sie helfen, die schnell vorübergehenden Jahre zu strukturieren, und werden für unsere Kinder zu lebenslangen Erinnerungen.

RITUALE, GEWOHNHEITEN UND TRADITIONEN

Was bestimmt unser Handeln? Was prägt unser Herz – und das unserer Kinder? In der Regel leider nicht die Predigt vom Sonntag oder die Lektion der letzten Kinderstunde. Es ist eine Tatsache, dass geistliches Wissen, das wir irgendwo in unserem Kopf abgespeichert haben, uns viel weniger prägt als das, was wir jeden Tag tun. Es ist die Art, wie wir jeden Tag leben, die unser Denken bestimmt und schließlich unseren Charakter formt. Deswegen sind gute Gewohnheiten für unser persönliches geistliches Leben und für die Prägung unserer Kinder so wichtig.

> **»Im Zentrum eines geistlichen Lebens steht nicht, was du weißt, sondern wie viel von deinem Wissen zur Gewohnheit geworden ist.«**
>
> Jürgen Fischer[15]

In der Bibel finden wir viele Eltern, die gute Traditionen pflegten und uns darin ein Vorbild sind. Da ist zum Beispiel Hiob, der die Gewohnheit hatte, immer dann, wenn seine Kinder zusammen gefeiert haben, für sie zu beten und zu opfern. Oder Elkana, der Jahr für Jahr mit seiner Familie zum Haus des HERRN nach Silo zog. Oder denken wir an den Herrn Jesus. Während er mit seinen Jüngern unterwegs war, gab es jede Menge Zwischenfälle: Kranke wollten geheilt werden, und viele Menschen kamen mit ihren Sorgen und Fragen zu ihm. Aber trotzdem hatte der Herr auch feste Gewohnheiten. Dazu gehörte das Singen nach dem Essen (vgl. Matthäus 26,30), das Gebet

15 Aus dem Vortrag *Die Herausforderung – Wie der Zeitgeist unsere Familien mehr bestimmt als uns lieb ist*, https://www.youtube.com/watch?v=ClvSPSZcQrs (abgerufen am 20.06.2023).

vor der Mahlzeit (vgl. Matthäus 15,36), der Gottesdienst in der Synagoge am Sabbat (vgl. Lukas 4,16) und der Besuch bei seinen Freunden in Bethanien (vgl. Lukas 10; Johannes 12). Wir lesen außerdem, dass er es gewohnt war, sich in die Einsamkeit des Ölbergs zurückzuziehen (vgl. Lukas 22,39). Auch die regelmäßige Belehrung des Volkes gehörte zu seinen Gewohnheiten: »Und wieder kommen Volksmengen bei ihm zusammen, und *wie er gewohnt war*, lehrte er sie wiederum« (Markus 10,1). Unser Herr war immer ansprechbar und offen für die Bedürfnisse der Menschen um ihn herum. Doch das hielt ihn nicht davon ab, Dinge immer wieder, zur selben Zeit und auf dieselbe Art und Weise zu tun.

Auch in jeder Familie gibt es im Lauf einer Woche viele unvorhersehbare Ereignisse: ein krankes Kind, ungeplante Überstunden, ein Problem in der Gemeinde, unangemeldeter Besuch und vieles mehr. Aber all das darf uns nicht davon abhalten, gute Gewohnheiten in unser Leben zu integrieren. Der Herr ist darin ein Vorbild für uns.

Rituale und Gewohnheiten haben heute oft einen negativen Beigeschmack. Wir denken dabei schnell an sinnentleerte Traditionen, an stumpfsinnige Routinen, die nichts mehr mit dem Herzen zu tun haben. Doch unser Familienleben und auch unser persönliches geistliches Leben brauchen einen Rahmen. Gute, zu unserer Situation passende Gewohnheiten sind wie ein stabilisierendes Gerüst. Sie bewahren uns vor unseren eigenen Gefühlsschwankungen und geben unseren Kindern Verlässlichkeit und Geborgenheit. Wie wertvoll ist es für ein Kind zu wissen: »Bei uns zu Hause ist das immer so«!

Wenn man frisch verheiratet ist, sollte man sich deshalb viel darüber austauschen, was für Gewohnheiten es in den beiden Herkunftsfamilien gab, welche davon man beibehalten und welche Traditionen man ganz neu starten möchte. Wie wurde bei Euch früher Weihnachten gefeiert? Wie der Geburtstag? Gab es etwas Besonderes, wenn ein Kind laufen lernte? Oder den ersten Zahn verlor? Wie sah Eure Familienandacht aus? Wann habt Ihr als Familie zusammen gebetet? Wenn sich Eure Kinder später an ihre Kindheit zurückerinnern, wäre es doch großartig, wenn ihnen sofort viele lieb gewordene Gewohnheiten in den Sinn kämen. Schöne Traditionen, die Euren Alltag mit Sinn und Herzlichkeit erfüllt haben. Hier einige Beispiele:

- »Immer am letzten Schultag vor den Sommerferien ist Papa mit uns Eis essen gegangen.«
- »Jeden Herbst sind wir als ganze Familie auf eine bestimmte Glaubenskonferenz gefahren.«
- »Die Weihnachtszeit fing immer damit an, dass wir in der Woche vor dem ersten Advent mit der Mama das Weihnachtsoratorium gehört und dabei Plätzchen gebacken haben.«
- »Vor dem Einschlafen hat Papa immer meine Decke rechts und links vom Kopf fest unter das Kopfkissen gezogen, ›Gute Nacht,

schönes Fräulein!‹ gesagt und mir einen Kuss auf die Nasenspitze gegeben.«

- »Jedes Jahr im Frühling hat meine Mutter uns neue Umschläge für unsere Bibeln genäht. Den Stoff dafür durften wir uns selbst aussuchen.«

Solche Rituale machen das Leben reich und führen zu einem Wir-Gefühl, einer eigenen Familienidentität. »Andere machen es anders, aber wir machen es immer so.« Und denken wir daran: Diese Gewohnheiten sind die Erinnerungen von morgen. Während vieles vergessen wird und im Lauf der Jahre verblasst, werden diese Erinnerungen unsere Kinder durch ihr Leben begleiten – bis ins hohe Alter.

SONNIGE SONNTAGE

Eine kleine Randbemerkung: Woran werden sich Eure Kinder erinnern, wenn sie als Erwachsene an den Sonntagmorgen in Eurer Familie zurückdenken? An Stress beim Frühstück, lautes Schimpfen beim Anziehen, zu spätes Losfahren – und vor der Gemeinde steigen dann plötzlich alle mit frommen Mienen aus dem Auto? Überlegt doch als Ehepaar, wie Ihr die Abläufe des Morgens und den Rest des Tages so gestalten könnt, dass der »Tag des Herrn«

Euren Kindern als ein echter Höhepunkt der Woche im Gedächtnis bleibt. Gott möchte unseren Familien Freude schenken, gerade an seinem Tag, an dem wir ihm auf besondere Weise begegnen. »Und dort sollt ihr vor dem HERRN, eurem Gott, essen und fröhlich sein, ihr und eure Familien, über allem, was eure Hand erworben hat, womit der HERR, dein Gott, dich gesegnet hat« (5. Mose 12,7; Schlachter 2000).

Nachdem wir in unseren ersten Ehejahren so manchen frustrierenden Sonntagmorgen erlebt haben, wurde es uns wichtig, das zu ändern. Einzusehen, dass wir einfach früher aufstehen und für alles mehr Zeit einplanen mussten, war der erste Schritt. Heute hat jeweils eines unserer Kinder sonntags Frühstücksdienst und bemüht sich, den Tisch besonders hübsch zu decken. Es gibt meistens frische Brötchen und immer Nutella, was ansonsten eine Ausnahme bei uns ist. Ein anderes Kind hat die Aufgabe, während der letzten halben Stunde vor dem Frühstück Klavier zu spielen. Die Melodien der geistlichen Lieder sorgen für eine sonntägliche Stimmung bei uns allen.

Den Rest des Tages, wenn Gemeinde und Besuch uns Eltern fordern, laufen die Kinder manchmal eher nebenher. Damit sie sich trotzdem nicht vernachlässigt fühlen, ist es uns wichtig, dass später am Tag zumindest einer von uns noch Zeit und Kraft für eine besondere Aktion mit den Kindern hat, sei es ein Fußballmatch im Garten oder ein Gesellschaftsspiel. Schließlich soll der Sonntag ein

Tag sein, auf den sich auch die Kinder während der Woche freuen und den sie gerne erleben. Die Kinderbuchautorin Patricia St. John berichtet in ihrer Autobiografie: »Unvergesslich waren die Sonntage. In einer Zeit, in der viele Kinder aus christlichen Familien wegen der trübsinnigen, langweiligen Sonntage dem Glauben für immer den Rücken zukehrten, machte unsere Mutter die Sonntage zu erlebnisreichen, bunten Tagen.«[16] Ein nachahmenswertes Vorbild!

BESONDERE EREIGNISSE

Neben dem bewussten Pflegen von Traditionen gibt es noch eine andere Möglichkeit, das »Museum der Erinnerungen« für unsere Familie zu füllen. Wir erinnern uns nämlich zum einen an das, was immer gleich und vorhersehbar war, zum anderen aber auch an das Außergewöhnliche, an die verrückten Aktionen und einmaligen Erlebnisse. An das, was sich wie ein bunter Farbklecks vom Grau des Alltags abgehoben hat. Diese Highlights passieren selten von allein, sondern müssen gewollt, geplant und durchgeführt werden. Immer wieder kommt der Augenblick, in dem man vor der

16 St. John, Patricia: *Die Autobiografie. Das Leben der Autorin von »Spuren im Schnee«*, Basel: Brunnen, 2010, S. 25.

Entscheidung steht, jetzt einfach mit dem normalen Programm weiterzumachen oder durch eine besondere Aktion, die sich gerade in diesem Moment anbietet, dem familiären Museum der Erinnerungen ein besonderes Stück hinzuzufügen. Sozusagen einen bunten Farbklecks in das Alltagsgrau zu malen.

»Draußen ist gerade ein fantastischer Doppelregenbogen. Es macht nichts, wenn das Essen kalt wird. Wir holen uns jetzt alle etwas Warmes zum Anziehen, gehen in den Garten und schauen uns den Regenbogen an, bis er verschwunden ist.«

»Es wird dann zwar später als deine normale Schlafenszeit, aber du darfst heute mit zum Flughafen, um Opa zu verabschieden.«

»Es ist so ein lauer Abend heute. Wie wäre es, wenn wir alle zusammen auf dem Balkon schlafen würden? Jeder trägt einfach sein Bettzeug nach draußen. Und Papa liest noch eine spannende Geschichte vor.«

»Wir haben entschieden, dass wir diesmal auf der Fahrt in den Urlaub einen Zwischenstopp in Paris einlegen. Ein paar Stunden mehr oder weniger am Strand sind nicht so entscheidend. Aber so könnt ihr einmal den Eiffelturm sehen – das wird euch beeindrucken.«

Besonders Teenager haben einen schier unersättlichen Hunger nach besonderen Erlebnissen, und es ist gut, wenn sie dieses natürliche Bedürfnis innerhalb der Familie und nicht in zweifelhafter Gesellschaft stillen. Wenn wir mit solchen außergewöhnlichen

Aktionen immer warten, bis es uns besser passt oder die Kinder noch etwas älter sind, werden wir sie nie in Angriff nehmen! Viel zu schnell werden die Jahre kommen, wenn unsere Kinder nicht mehr zu Hause wohnen und wir nur noch wehmütig auf die Zeit und die Möglichkeiten, die wir jetzt haben, zurückblicken werden. Vergessen wir nicht: Für das Sammeln besonderer Erinnerungen steht uns nur eine sehr begrenzte Zeitspanne zur Verfügung. Die wollen wir nutzen und unseren Kindern einen Schatz an wertvollen, unvergesslichen Erinnerungen mit ins Leben geben.

»Herr, schenke den Kindern unserer Gemeinde eine abenteuerliche Kindheit!« So betet ein alter Bruder regelmäßig in der Gebetsstunde seiner Gemeinde, wie uns ein Freund erzählte. Was für ein schönes Gebet! Wie oft sehnen wir Eltern uns danach, im Wohnzimmer die Füße hochzulegen und einfach nichts zu tun! Und natürlich brauchen wir Entspannung. Doch wir müssen uns auch immer wieder sagen: Jetzt leben wir in den wichtigen, kurzen Familienjahren. Ausruhen können wir auch später noch. Jetzt ist die Zeit für Abenteuer und verrückte Aktionen. Für Tagesausflüge ans Meer, Picknicks im Wald, lustige Verkleidungsspiele, Besuche von besonderen Orten. Wie traurig wäre es, wenn unsere Kinder später an ihre Kindheit zurückdenken würden und nur leere Räume vor sich sähen! Nur eine graue Fläche mit wenig Farbe. Nein, reich und bunt darf unser Leben als gläubige Familien sein! Angefüllt mit Liebe, Freude, schönen Gewohnheiten und spannenden Höhepunkten, die für immer in Erinnerung bleiben. »Herr, schenke unseren Kindern eine abenteuerliche Kindheit!«

EINE ERINNERUNG AN EINE MUTTER,

die die Gewohnheit hatte, morgens, während sie den Mädchen die Haare kämmte, biblische Geschichten zu erzählen:

Sie erzählte uns Kindern Geschichten aus der Bibel. Von frühster Jugend an sind mir deshalb die Männer und Frauen der Bibel liebe, vertraute Gestalten. Wie treue Gefährten standen sie schon mitten in meinem Kinderleben, Elias und David, Abraham und seine Nachfahren, Daniel mitsamt seinen tapferen Freunden, Petrus, Paulus und wie sie alle heißen. Vor allem er selbst, der Schönste unter den Menschenkindern, er wurde uns unsagbar vertraut und lieb.

Wie war das am Sonntagmorgen so schön! Mama saß auf ihrem Stuhl, die Mädchen setzten sich auf ein Stühlchen vor sie hin und Mama kämmte sie sehr sorgfältig eine um die andere. Und dabei erzählte sie so spannend, dass wir alle drum herumsaßen, um mit zuzuhören. Ja, und dann machten sich die Mädchen schnell noch einmal »strubbelig«, nur damit das Erzählen weiterging.

Wie bangten wir mit Daniel in seiner Löwengrube! Wie litten wir mit Abraham auf seinem unbegreiflichen Weg zur Opferung seines Sohnes! Und dann der »Sturm auf dem Meer«! Wir hörten geradezu den Sturm heulen, der das Segel zerriss, die Ruder zerbrach und die Jünger in Todesnot brachte. Aber dann klang es so befreiend, dass alle aufatmeten: »Da hat sich der Heiland aufgerichtet und über das Meer ausgerufen: Schweig und verstumme! – Da ward es ganz still!«

Als wir am Kuban, kurz nach dem Fall Stalingrads, mitten im Sumpfgebiet, in dem es keine Deckung gab, fünfmal hintereinander einen Tieffliegerangriff erlebten, war ich völlig fertig. In großer Erschöpfung presste ich mein Gesicht auf den schlammigen Boden und hätte nur noch heulen können. Da hörte ich neben mir die Stimme meiner Mutter, so deutlich, als ob ich neben ihr im Kinderzimmer lagerte: »Schweig und verstumme! – Da ward es ganz still.« Und noch einmal konnte ich wie in Kindertagen ganz befreit aufatmen und der Kompanie die nötigen Befehle unbeschwert zurufen.[17]

Johannes Busch (1905–1956), Bruder des bekannten Evangelisten Wilhelm Busch, Pfarrer, Autor und Bundeswart des Westdeutschen Jungmännerbundes, über seine Mutter.

17 Gekürzt aus: Busch, Wilhelm: *Johannes Busch – ein Botschafter Jesu Christi*, Bielefeld: CLV, 2016, S. 28-29.

ZUM WEITERDENKEN

- Wie könnt Ihr als Familie dafür sorgen, dass all das Gute, das Gott Euch geschenkt hat, nicht in Vergessenheit gerät?
- Welche schönen Rituale und Gewohnheiten pflegt Ihr im Alltag? Welche könntet Ihr von anderen Familien übernehmen?
- Welche besonderen Highlights, die Euren Kindern vielleicht für immer in Erinnerung bleiben werden, möchtet Ihr in den nächsten Monaten möglich machen?

ZUM UMSETZEN

- »Mein Ältester schreibt zu jedem Tag einen Satz in sein Heft. Meist gibt es dazu eine Zeichnung. Dies gibt einen guten Einblick in Gedanken, Wünsche, Stimmungen. Eine gute Idee auch für uns Erwachsene!«[18]

18 Strebel, Hanniel: *Kinderreich. Lernerlebnisse mit Kindern, Band 1*, Langerwehe: Folgen Verlag, 2014, S. 35.

- »Jahresrückblick mit den Kindern. Wir notieren uns in ein kleines Büchlein: Höhe- und Tiefpunkte. Zwei bis drei Dinge aus jedem Monat des Jahres. Kontakte: Wer ist dieses Jahr bei uns zu Besuch gewesen? Rituale: Worauf freuen wir uns jedes Jahr?«[19]
- »Wir stellen jedes Jahr ein Print-Album mit den schönsten Fotos des Jahres zusammen. Über die Zeit sind nun viele Bände als schöne, immer greifbare Erinnerungen zusammengekommen. Die Kinder werden nicht müde, sich diese Bücher immer wieder anzuschauen.«
- »Ich habe mir über die Jahre viele lustige und nachdenklich stimmende Begebenheiten mit den Kindern aufgeschrieben und ihnen diese an ihrer Hochzeit überreicht. Das war ein ganz besonderer Moment.«
- »Eine unserer schönsten Familientraditionen ist das gemeinsame Picknick am letzten Schultag als Auftakt in die Ferien. Für alle gibt es dann einen Döner mit anschließendem Fußballspiel.«
- »Einmal im Jahr machen wir als Familie einen Indianertag: Jeder wird mit seinem Indianernamen angesprochen, wir sind tagsüber im Wald unterwegs, machen abends ein Lagerfeuer im Garten und übernachten dann im Zelt.«

19 Strebel, Hanniel: *Kinderreich. Lernerlebnisse mit Kindern, Band 1*, Langerwehe: Folgen Verlag, 2014, S. 64.

- »Viele unserer Ausflüge sind in einer bestimmten Jahreszeit verankert und daher auch mit wiederkehrenden Aktionen verbunden (zum Beispiel im Herbst die nächtliche Salamandersuche beim Familienwochenende im Schwarzwald oder im Sommer der Besuch des Wild- und Wanderparks).«
- »Mein Vater hatte früher die Angewohnheit, unsere Frühstückseier mit lustigen Gesichtern zu bemalen. Bis heute erinnere ich mich oft mit einem Lächeln daran.«
- »An Muttertag machen wir immer Geocaching, weil Mama das unheimlich gerne macht und sie an den anderen Tagen im Jahr nie die ganze Familie dafür begeistern kann.«
- »Wir haben einmal bei einer Wanderung als Familie in einem Heuhotel übernachtet. Wir Eltern fanden es weniger bequem, aber es ist eine unvergessliche Erinnerung.«
- »In meiner Familie früher hatten wir die Tradition, dass wir Kinder alle von Heiligabend auf den ersten Weihnachtsfeiertag im Weihnachtszimmer schlafen durften. Wir machten uns dann mit Isomatten und Bettzeug jeder in einer Ecke des Zimmers ein gemütliches Lager fertig. Papa zündete noch mal die Kerzen am Tannenbaum an und Mama spielte noch etwas auf dem Klavier. Dieses selige Einschlafen, satt, müde und glücklich, umgeben von Geschenken und dem Wissen, am nächsten Morgen direkt weiterspielen zu können, gehört sicher zu den schönsten Momenten meiner Kindheit. Wir haben diese Tra-

dition in unserer Familie fortgeführt und jetzt als Mutter sehe ich erst, wie viel Unordnung und Arbeit sie mit sich bringt. Aber ich will meinen Kindern diese schöne Erinnerung nicht vorenthalten und drücke deshalb gerne ein Auge zu.«

- »Unsere jährlichen Vater-Kind-Tage mit Übernachtung im Zelt bleiben für immer unvergessen.«

FAMILIE IST WIE EIN ZUFLUCHTSORT

Kapitel 4

**In der Furcht des HERRN
ist ein starkes Vertrauen,
und seine Kinder haben
eine Zuflucht.**

Sprüche 14,26

Es ist ein strahlend schöner Samstag im Juni. Die Rosen blühen verschwenderisch, die Sonne scheint warm und am Himmel ist keine einzige Wolke zu sehen. Der perfekte Tag für eine Hochzeit! Die Augen aller Gäste sind gespannt nach vorne gerichtet, auf die schöne Braut im weißen Kleid und den glücklich lächelnden Bräutigam. Die Wangen der beiden jungen Leute sind vor Aufregung gerötet und sie schauen sich tief in die Augen, während sie sich, begleitet von leiser Klaviermusik, versprechen, in guten wie in schlechten Tagen füreinander da zu sein. An so einem Festtag denkt jeder – und am meisten das Brautpaar selbst – an die »guten Tage«. Man malt sich ein schönes Leben voller Sonnenschein aus und ist sich sicher, dass die Liebe, die man füreinander empfindet, allen Herausforderungen gewachsen sein wird. Die meisten von uns haben seit ihrer Eheschließung Gott sei Dank auch viele »gute Tage« erlebt: Tage voller Freude, Glück und Erfolg; Tage, an denen die Kinder lieb sind, das Geld ausreicht, man gesund ist und das Leben in vollen Zügen genießen kann. Aber in jeder Ehe gibt es auch die »schlechten Tage«: Tage, an denen man innerlich und äußerlich nicht mehr viel mit dem strahlenden, verliebten Paar vom Hochzeitstag gemeinsam hat; Tage mit Migräne und Magen-Darm-Infektionen, mit Schwangerschaftsübelkeit, quengelnden Kindern, Grippe und Zahnschmerzen; Tage voller finanzieller Sorgen, Stress, Rückschläge und Traurigkeit; Tage, an denen es in der Gemeinde, in der Schule oder auf der Arbeit so viele Probleme gibt, dass man nur noch nach Hause will und sich am liebsten im Bett verkriechen möchte.

Eine Familie hat neben allem, was wir bislang festgestellt haben, auch die Funktion, ein Zufluchtsort zu sein – ein Raum, in dem Familienmitglieder, denen es körperlich oder seelisch nicht gut geht, geliebt und aufgefangen werden. Wo praktische Fürsorge und liebevolle Gesten selbstverständlich zum Leben dazugehören und von den Kindern übernommen werden.

Ein Ehepaar erlebte schwere Wochen. Immer wieder musste die junge Mutter wegen eines Problems, für das es einfach keine

Lösung zu geben schien, weinen, auch wenn sie tapfer versuchte, ihren Kummer vor den Kindern zu verbergen. Als sie eines Abends müde ins Bett ging, fand sie eine Überraschung auf ihrem Kopfkissen: kleine rührende Briefchen und einige zerdrückte Schokoladenküken, offensichtlich von Ostern aufgespart.

Was war passiert? Die Kinder hatten gemerkt, dass ihre Mama traurig war, und hatten ihr zur Aufmunterung kleine Bildchen gemalt und stärkende Bibelverse aufgeschrieben. Wie freute sich die Mutter über diese Anteilnahme! Doch wie waren ihre Kinder auf diese Idee gekommen? Nun, sie alle hatten im Laufe der Zeit, wenn es ihnen einmal nicht gut ging, ebenfalls kleine Briefchen und ein süßes Extra auf ihrem Kopfkissen oder in der Brotdose gefunden. Und jetzt taten diese Kinder einfach das für ihre Mutter, was diese bei anderer Gelegenheit für sie getan hatte.

> »*Eine Familie sollte ein Ort sein, an dem Trost so erlebt und verstanden wird, dass die Menschen bereit sind, auch andere zu trösten. Das Wort Trost sollte mit dem Wort Familie eng verwandt sein.*«
>
> Edith Schaeffer[20]

20 Schaeffer, Edith: *Lebensraum Familie*, Wuppertal/Kassel: Oncken-Verlag – Genf/Zürich/Basel: Haus der Bibel, 1976, S. 92.

Es ist eine Illusion zu meinen, dass Kinder von sich aus, quasi im luftleeren Raum, gute Ideen bekämen, wie sie anderen Gutes tun könnten. Nein, sie lernen das aus ihrer eigenen Erfahrung und anhand des elterlichen Vorbilds. Machen wir uns bewusst: Unsere Kinder werden einmal Mitleid und Trost in dem Maße weitergeben können, wie sie das in unserem Zuhause kennengelernt und selbst erlebt haben.

Wir alle wünschen uns Kinder, die mitfühlend und empathisch sind. Die verstehen, dass wenn ein Glied der Gemeinde leidet, alle anderen mitleiden. Die rücksichtsvoll sind gegenüber alten Menschen, Säuglingen und Schwächeren. Wir wünschen uns Kinder, die mit uns nachsichtig sind, wenn wir erschöpft von der Arbeit kommen oder von einem seelsorgerlichen Problem, um das wir uns kümmern, selbst sehr mitgenommen werden. Und nicht zuletzt hoffen wir, dass unsere Kinder einmal liebevoll für uns sorgen werden, wenn wir alt und hilfsbedürftig geworden sind. Aber wie bekommen Kinder ein Gespür für das, was einem anderen in seiner Lage wohltut? Wo lernen sie einen Lebensstil der Liebe und Anteilnahme? Dies geschieht in einer Familie, die ein Zufluchtsort für böse Tage ist. »Eine Familie ist der Ort, wo praktische Fürsorge so häufig sein sollte, dass es jedem selbstverständlich wird, an die Bedürfnisse anderer zu denken«, schreibt Edith Schaeffer.[21]

---

21 Schaeffer, Edith: *Lebensraum Familie*, Wuppertal/Kassel: Oncken-Verlag – Genf/Zürich/Basel: Haus der Bibel, 1976, S. 77.

LIEBEN LERNEN

»Wenn aber jemand für die Seinen und besonders für die Hausgenossen nicht sorgt, so hat er den Glauben verleugnet und ist schlechter als ein Ungläubiger«, sagt Gott durch Paulus in 1. Timotheus 5,8. Das ist ein hartes, aber anscheinend notwendiges Wort. Wie leicht fällt es uns, woanders zu helfen – und dafür Lob und Anerkennung zu bekommen –, aber wie schwer tun wir uns mit den größeren und kleineren Gefälligkeiten für unsere eigenen »Hausgenossen«!

> *»Gott verabscheut große Dinge, bei denen die Liebe nicht die Triebfeder ist, aber er freut sich an kleinen Dingen, die durch die Liebe veranlasst sind.«*
>
> D. L. Moody

Doch es geht nicht, dass wir die ganze Welt retten wollen, überall Gewehr bei Fuß stehen, aber dann nur noch wenig Energie, Geld und Liebe für unsere eigene Familie übrig haben! Und das sogar in Zeiten, in denen jemand bei uns zu Hause unsere Fürsorge besonders nötig hat! Ein Kind ist krank, fühlt sich elend und muss im Bett liegen. Man kann ihm ein Glas Wasser hinstellen und sagen: »Ruf mich, wenn du mich brauchst.« Man kann aber auch »die zweite Meile gehen«, ein kleines Tablett mit einem frischen Blumenstrauß schmücken, einige Kekse, Zwieback und eine Tasse warmen Tee auf eine hübsche Serviette stellen und ein Glöckchen dazulegen. Dann bringt man das kleine Kunstwerk ins Kinderzimmer und stellt es auf den Nachttisch des Patienten. »Wenn du etwas hast, mein Schatz, kannst du einfach klingeln und dann kommt jemand zu dir. So, und jetzt bekommst du einen dicken Kuss und dann schläfst du noch ein bisschen.« Wie geborgen fühlt sich ein Kind, das Zeiten von Krankheit nicht allein, sondern gestärkt durch die Freundlichkeit und das Mitgefühl seiner Familie erlebt hat! Es wird diese Art von praktischer Liebe auch einmal anderen weitergeben können. Aus diesem Grund ist es weise, die Geschwister bei der Versorgung eines kranken Kindes miteinzubeziehen: Sie können dem kranken Kind vorlesen, ihm eine Wärmflasche machen und dessen Pflichten im Haushalt übernehmen. So lernen sie, dass die Familie ein Team ist, in dem einer für den anderen einspringt, man zusammen durch dick und dünn geht und füreinander sorgt. Denn eine gesunde Familie ist ein Lebensraum, in dem Kinder sich getröstet und geliebt wissen, in dem sie aber auch lernen, andere zu trösten und zu lieben.

Das bedeutet nicht, dass in Zeiten von Krankheit alles erlaubt wäre und jedes Unwohlsein eine Entschuldigung dafür sein kann, sich gehen zu lassen. Man muss nicht aus jedem aufgeschlagenen Knie oder jeder kleinen Erkältung ein großes Drama machen. Aber es bedeutet doch, dass ein Kind in Zeiten, in denen es körperlich oder seelisch angegriffen ist, die Extra-Portion Liebe bekommt, die es braucht. Und dass alle anderen Familienmitglieder dabei nach Kräften mithelfen und sich in Selbstverleugnung und Einfühlungsvermögen üben.

Eine Frau erzählte, dass ihr Mann einmal einen sehr anstrengenden Tag im Dienst für die Gemeinde hatte. Es gab mehrere langwierige Sitzungen, schwierige Gespräche und abends kam er viel später als gedacht nach Hause. Als er endlich heimkam, *ging* er nicht ins Haus, sondern taumelte nur noch in die Arme seiner Frau und seufzte erleichtert: »Liz, den ganzen Tag habe ich mir gesagt: ›Alles wird gut, wenn ich nur nach Hause komme.‹«[22]

Zu Hause ist alles gut! Wie schön ist es, wenn alle aus der Familie, Eltern wie Kinder, das so empfinden! Wenn jeder weiß: »Zu Hause bekomme ich das, was ich brauche.«

Die zunehmende Verrohung in unserer Gesellschaft wird häufig beklagt, aber die Ursache selten benannt. Dass heute viele Kinder und Erwachsene keine Ahnung haben, wie man praktische Liebe und ehrliches Mitgefühl zeigt, liegt daran, dass es immer weniger gesunde, intakte Familien gibt – Familien, die wirklich »Zufluchtsorte für schwierige Zeiten« sind. Und es liegt auch daran, dass immer weniger Mütter bereit sind, die Arbeit auf sich zu nehmen, die

22 George, Elizabeth: *Eine Frau nach dem Herzen Gottes. Biblische Studien über ein gesegnetes Leben*, Augustdorf: Betanien Verlag, 2004, S. 114.

nötig ist, damit ein Haus zu einem wirklichen Zuhause, zu einem sicheren Hafen, zu einem warmen Nest wird. Zu einem Ort, wo nicht nur die unmittelbaren körperlichen Bedürfnisse befriedigt werden – alle haben etwas zum Anziehen und das Essen steht auf dem Tisch –, sondern wo die emotionale Energie und die nötige Zeit da sind, den besonderen Bedürfnissen des Einzelnen liebevoll zu begegnen. Und wo die Kinder darin angeleitet werden, ebenso zu handeln. Denn das Kümmern um andere, indem man die eigenen Wünsche hintanstellt und sich in die Lage des Schwächeren und Hilfsbedürftigen hineinversetzt, lernt man nicht in der Kita und auch nicht in der Schule, sondern lernt man am natürlichsten und einprägsamsten in der eigenen Familie.

In Familien, in denen es ein Geschwisterkind mit Handicap gibt oder pflegebedürftige Großeltern im Haus wohnen, passiert das schon fast automatisch. Kinder aus solchen Familien legen oft eine ungewöhnliche Reife und ein besonders ausgeprägtes Einfühlungsvermögen an den Tag. Ansonsten sollte man bewusst nach Gelegenheiten suchen, damit die Kinder dies üben können. Also: Nehmt Eure Sprösslinge mit, wenn Ihr Eure Oma im Krankenhaus oder in der Reha besucht. Lasst Eure Kleinen ein Bild malen für den älteren Bruder aus der Gemeinde, der wegen einer Krankheit schon länger nicht mehr die Gottesdienste besuchen kann. Und wenn die Mutter ein Essen für die Nachbarin kocht, die vor wenigen Tagen ein Kind zur Welt gebracht hat, kann vielleicht die Tochter den Nachtisch zubereiten. Sucht nach Gelegenheiten, bei denen Eure Kinder praktische Liebe innerhalb und außerhalb der Familie kennenlernen und selbst kleine Dienste übernehmen können. Kinder, die über Jahre so einen Lebensstil bei ihren Eltern mitbekommen haben, werden unweigerlich davon geprägt werden. Und sie werden sehr wahrscheinlich später selbst einige der Dinge übernehmen, die sie zu Hause beobachtet haben. So schreibt eine Tochter in der Erinnerung an ihren Vater: »Früher haben wir den Kopf geschüttelt, wenn mein Vater Hunderte von Kartengrüßen aus dem Familienurlaub schrieb. Er wollte auf diese Weise besonders Kranke, Einsame, alte Menschen und solche, die sonst nie einen Kartengruß bekamen, erfreuen. Und siehe da – was tue ich heute? Genau dasselbe. Meine Familie erträgt es mit derselben kopfschüttelnden Fassung wie wir damals. Da kann man nur gespannt sein, ob es meine Kinder ›genauso anders‹ machen wie ich.«[23] Gut möglich, dass diese Kinder später ebenfalls viele Urlaubskarten an einsame Menschen verschicken werden, denn das jahrelange Vorbild mitfühlender und hilfsbereiter Eltern ist eine Prägung fürs Leben.

In einer Sonntagsschule wurde eine »Weihnachten-im-Schuhkarton«-Aktion veranstaltet. Alle Kinder bekamen einen Karton,

23 Filker, Claudia (Hrsg.): *Mein Vater. Töchter erzählen*, Neukirchen-Vluyn: Aussaat-Verlag, 2011, S. 209.

den sie mit kleinen Geschenken für ein bedürftiges Kind in einem rumänischen Waisenheim füllen sollten. Es war rührend zu sehen, wie mitfühlend manche der Kinder waren. Sie konnten sich sehr gut in das arme Kind hineinversetzen, das den Karton bekommen sollte, und gaben sich alle Mühe, ihm die größtmögliche Freude zu machen: »Ich male meinem Jungen ein Bild von Jesus in der Krippe. Auch wenn er den Bibelvers nicht lesen kann, wird er verstehen, was das Bild sagt.« »Ich tue mehrere kleine Flummis in meinen Karton. Dann ist das Kind nicht traurig, wenn es einen verliert.« »Ich will meinen Karton mit rosa Aufklebern für ein kleines Mädchen verzieren. Die mag ich selbst auch so gerne.« Andere Kinder hingegen wussten überhaupt nichts mit der ganzen Sache anzufangen. Bis zum Schluss dachten sie, es ginge darum, dass jeder *für sich* die besten Sachen einpacken sollte! Und dementsprechend beschwerten sie sich lautstark, als sie ihren Karton am Ende wieder abgeben mussten. Es war ihnen nicht möglich, sich in die mittellosen Kinder hineinzuversetzen, für die die Geschenke eigentlich gedacht waren.

Woher kommen diese Unterschiede zwischen den Kindern? Sind sie nur eine Frage des Typs oder der Reife? Ganz sicher spielt die Prägung durch das Elternhaus eine ganz große Rolle. Denn hier, in den vielen kleinen Situationen des Familienalltags, lernen Kinder, abzugeben, zu teilen, anderen Gutes zu tun und sich selbst zurückzunehmen. In der Familie empfangen sie selbst Liebe, Fürsorge und Hilfe, wenn es ihnen nicht gut geht, und üben sich darin, dasselbe für andere zu tun. Sie lernen, Menschen zu dienen und für den Nächsten da zu sein. Für Eltern und Geschwister, für die Brüder und Schwestern in der Gemeinde, aber auch für ungläubige Nachbarn, Freunde und viele weitere Menschen. Gesegnet ist die Familie, die ein echter Zufluchtsort ist!

ZUM WEITERDENKEN

- Ist unsere Familie ein Ort, wo man ehrlich zugeben kann, wenn es einem nicht gut geht, und wo man Anteilnahme, Liebe und Fürsorge empfängt?
- Welchem einsamen, hilfsbedürftigen oder kranken Menschen könnten unsere Kinder in der nächsten Zeit eine kleine Freude machen?
- Leiten wir unsere Kinder darin an, ihre Großeltern (und Urgroßeltern) zu achten und ihnen praktische Liebe entgegenzubringen?

ZUM UMSETZEN

- »Egal, ob ich mit Fieber das Bett hüten musste, eine schlechte Note geschrieben hatte oder durch die Führerscheinprüfung gefallen war – ich wusste immer, dass meine Mama mit ihrer Liebe für mich da war.«
- »Mein Vater musste immer sehr früh das Haus verlassen. Trotzdem war es eine feste Gewohnheit meiner Eltern, jeden Morgen, bevor wir Kinder ins Wohn- und Esszimmer durften, zusammen eine ausführliche Gebetszeit kniend vor dem Sofa zu haben. Wenn wir krank waren, hatten wir das Privileg, währenddessen auf dem Sofa liegen zu dürfen. Ich erinnere mich, dass ich hin- und hergerissen war zwischen einem genervten ›Wie kann man nur sooo lange für so viele Menschen beten?‹ und einer tiefen Geborgenheit in dem Wissen, dass auch ich da gerade ausführlich und innig umbetet wurde.«
- »Wir fördern es, dass unsere Kinder sich gegenseitig helfen, zum Beispiel die Aufgabe des anderen übernehmen, wenn eines der Kinder Zeitnot hat.«
- »Immer wieder gibt es bei unseren drei Jungs festgelegte *Brüderzeiten*. Ganz bewusst werden in dieser Zeit die Wünsche und Bedürfnisse des jüngsten Bruders aufgegriffen, der sonst häufig nur ein Mitläufer der Spielideen der Größeren ist. Wir

starten diese Zeit mit einer Tasse Kakao und überlegen dann zusammen, wie die Kinder die Zeit diesmal gestalten können.«

- »Wir machen gerne mit den Kindern zusammen Besuche bei kranken und alten Menschen in unserem Umfeld oder laden diese zu uns ein. Die Kinder überlegen sich dabei im Vorfeld, wie sie ihnen eine Freude machen können, zum Beispiel durch einen auswendig gelernten Bibelvers, eine selbst gestaltete Karte oder ein Bild.«
- »Wir thematisieren es, wenn wir Leid in anderen Familien sehen, und beten zusammen mit unseren Kindern für diese Familien. Manchmal tun wir anderen Familien bewusst etwas Gutes, zum Beispiel durch ein ›Fresspaket‹ in Quarantäne-Zeiten.«
- »Wir haben als Familie ein Patenkind und unsere Kinder geben einen Teil ihres Taschengelds dafür.«
- »Wenn wir Menschen zu uns einladen, die ein seelsorgerliches Gespräch oder anderweitig Hilfe brauchen, dann erzählen wir unseren Kindern davon. Sie malen dann gerne ein Bild für unseren Besucher oder suchen etwas für ihn aus der Bonbon-Dose aus, um unserem Gast eine kleine Freude zu machen.«
- »Wir haben unseren Jüngsten angeleitet, von seinen Spielsachen etwas auszusuchen, was er einem ukrainischen Flüchtlingsjungen schenken sollte; er sollte nicht einfach nur ausmisten, sondern etwas Schönes hergeben.«

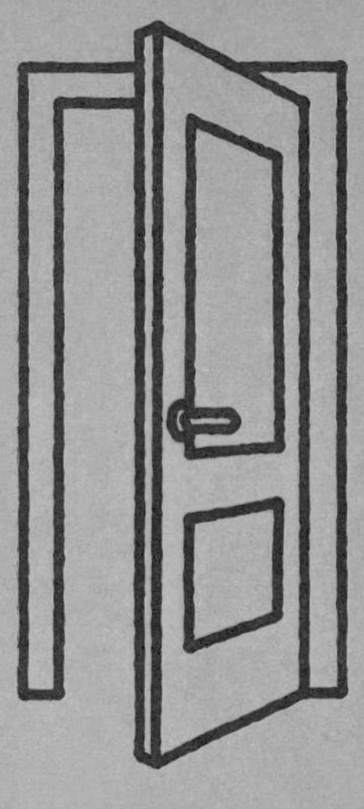

FAMILIE IST WIE EINE GEÖFFNETE TÜR

Kapitel 5

... der Fremde übernachtete nicht draußen, ich öffnete dem Wanderer meine Tür ...

Hiob 31,32

Es gibt sie aus Holz, Kunststoff oder Aluminium, mit Fenster oder ohne, farbig oder weiß, modern oder klassisch: die Haustür. Sie hat zwei Funktionen: Man kann sie schließen, um Ungewolltes draußen zu halten und Privatsphäre zu ermöglichen. Aber man kann sie auch öffnen, damit Menschen ins Haus kommen können. Beides ist für eine christliche Familie wichtig: Wir wollen die Tür zu unserem Zuhause weit aufmachen und unser Leben mit anderen teilen. Das ist das Thema dieses Kapitels. Aber jede Familie braucht auch Zeiten, in denen sie hinter geschlossener Tür nur für sich ist. Darüber wollen wir dann im nächsten Kapitel nachdenken.

Habt Ihr schon einmal von einem »Hikikomori« gehört? Nein, Hikikomori ist keine Sushi-Variante. Mit diesem Ausdruck bezeichnet man in Japan junge Leute, die den Kontakt zu ihren Mitmenschen auf das Allernötigste reduziert haben. Dazu schließen sich Hikikomoris in ihr Zimmer oder ihre Wohnung ein. Außer Essen, einem Bett und ihrem Computer brauchen sie nichts. Sie sind nur auf sich selbst fixiert und leben nahezu abgeschottet von der nicht-virtuellen Außenwelt. Wenn ein Hikikomori doch mal Besuch empfängt, dann bedeutet dieses Eindringen in seine Privatsphäre für ihn großen Stress und eine fast unzumutbare Belastung. So ein egozentrischer Lebensstil macht einen Menschen irgendwann krank und unfähig, überhaupt noch sozial zu interagieren und sich an der Gemeinschaft mit anderen zu freuen.

Man beobachtet, dass es auch »Hikikomori-Familien« gibt. Solche Familien genügen sich selbst, haben kaum Gäste und drehen sich hauptsächlich um ihre eigenen Belange. Der Zugang zu ihrem Haus ist – bildlich gesprochen – eine Hochsicherheitstür aus Stahl, die sich nur selten öffnet. Wenn es doch mal geschieht und Besuch eingeladen wird, dann ist das ein großes und anstrengendes Ereignis, das lange Vorbereitung benötigt.

Wie anders ist doch das Ideal, das Gottes Wort uns vor Augen malt! Es ermahnt uns an vielen Stellen, die Tür zu unseren Familien großherzig zu öffnen und gastfreundlich zu sein. Doch vielen Menschen fällt das heute sehr schwer. Dabei ist es selten die materielle Not, die uns von Gastfreundschaft abhält. Unsere Kühlschränke und Keller sind voll und niemand braucht hungrig vom Tisch aufzustehen, nur weil noch ein Esser dazugekommen ist. Es ist vielmehr das Opfer an Zeit, Nerven und Kraft, das wir fürchten. Doch Gott erinnert uns freundlich: »Die Gastfreundschaft vergesst nicht ...« (Hebräer 13,2).

Gastfreundschaft ist für Christen keine Option, sondern ein Auftrag – keine Sonderveranstaltung, sondern Teil des Alltags. Denn Gott möchte, dass die Türen seiner Kinder gut geölte Angeln haben, damit sie geräuschlos geöffnet werden können. »Seid gastfrei gegeneinander ohne Murren« (1. Petrus 4,9).

Warum ist Gastfreundschaft so wichtig? Viele Gründe lassen sich nennen. Zuerst: Unzählige Menschen haben den Herrn dadurch kennengelernt, dass sie zu Gast bei einer gläubigen Familie sein konnten. Für viele ist es heutzutage eine außergewöhnliche Erfahrung, von jemandem, dem man nicht besonders nahesteht, eingeladen zu werden. Nutzen wir doch die Chance, dass wir einfach unsere Haustür öffnen und unseren Mitmenschen dadurch einen natürlichen Einblick in unser Leben als Christen geben können!

Außerdem berichten viele Gläubige, wie essenziell es für ihr Wachstum im Glauben war, dass es in ihrem Leben gastfreundliche Familien gab. Häuser, in denen beim Mittagessen die Predigt vom Sonntagvormittag besprochen wurde. In denen man beobachten konnte, wie der Alltag in einer christlichen Familie aussieht – inklusive umgeworfener Becher und weinender Kleinkinder. Wo es Gastgeber gab, die bereit waren, ihre Zeit, ihren Besitz, ihr Essen und ihr Leben mit dem Besucher zu teilen.

Es ist eine Tatsache: Für die Ausbreitung des Reiches Gottes ist Gastfreundschaft essenziell. Wie viele Kinderstunden finden in Privaträumen statt, wie viele evangelistische Kreise treffen sich am Küchentisch und wie viele Gemeinden haben in einem Wohnzimmer begonnen! Noch häufiger als im Büro eines Therapeuten geschieht Seelsorge während einer Tasse Kaffee auf dem Sofa. Um wichtige Erziehungstipps zu bekommen, kann man ein entsprechendes Seminar besuchen – oder einfach häufig Familien mit älteren Kindern einladen. Sicher ist: Wer nicht gastfreundlich ist und sich selbst nicht einladen lässt, verpasst so viel von dem, was Gott an Stärkung, Freude, Rat und Gewinn für unseren Weg auf der Erde vorbereitet hat.

Wahrscheinlich gab es noch nie so viele einsame Menschen wie heute. Und wahrscheinlich konnte in keiner anderen Zeit eine »ganz normale Familie« durch ihre Gastfreundschaft so viel Gutes tun. Was für ein Highlight, wenn die Klassenkameradin der Tochter, die den ganzen Nachmittag in der Betreuung verbringt und danach in ein leeres Haus kommt, einmal in der Woche bei einer intakten Familie zu Mittag essen kann! Wie dankbar ist der Witwer aus der Nachbarschaft für eine Einladung zum Familienabendbrot! Und wie sehr freut sich die junge Mutter, die gerade von ihrem Mann verlassen wurde, wenn sie am Vormittag bei einer Tasse Kaffee mit jemandem ihre Sorgen teilen kann! Was für ein Segen auch für die Singles in unseren Gemeinden, wenn sie irgendwo ein bisschen Familienluft schnuppern können! Also, auch wenn wir meinen, unser eigenes Leben sei schon voll genug: Ein offenes Haus ist ein großer Segen. Für alle Menschen, denen wir unsere Tür öffnen, aber auch für uns selbst.

Denn wie so oft bei Gottes Geboten sind auch bei der Gastfreundschaft die Gehorsamen die Gesegneten. Andere Menschen bereichern unser Leben und erweitern unseren Horizont. Freundschaften entstehen und werden gepflegt. Unsere Kinder lernen andere Charaktere, Lebensumstände und Berufe kennen. Missionare und Prediger erzählen aus ihrem Leben, »Otto-Normal-Christen« berichten aus ihrem Alltag. Wie wichtig ist es auch für unsere eigene Familie, nicht im eigenen Saft zu schmoren! Wie gut tut es unseren Kindern, ganz nebenbei zu lernen, mal nicht im Mittelpunkt zu stehen, zuzuhören und die Spielsachen mit Besucherkindern zu teilen! Eine gastfreundliche Familie ist eine gesegnete Familie.

Wann wird Gastfreundschaft anstrengend? Gastfreundschaft wird anstrengend, wenn man nicht echt sein kann. Wenn man die »fromme Familie« spielt, die man eigentlich gar nicht ist. Wenn man immer hoffen muss, dass der Besuch dieses oder jenes nicht mitbekommt. Ungezwungen und stressfrei gastfreundlich sein kann der, der zu dem steht, wie es im Moment bei ihm zu Hause ist – vielleicht mit einem wackeligen Garderobenständer, einem Kind in einer schwierigen Phase und einem ungesaugten Fußboden. Wer meint, mit dem Öffnen seiner Tür warten zu müssen, bis er eine »perfekte Familie« präsentieren kann, wird nie Besuch haben. Denken wir daran: Bei Gastfreundschaft geht es nicht darum, die Gäste zu beeindrucken, sondern authentisch zu sein. Es geht um die Bereitschaft, das Leben inklusive seiner Höhen und Tiefen mit anderen zu teilen.

Zugegeben: Ein offenes Haus zu haben, bedeutet zusätzliche Arbeit und Ausgaben. Doch der damit verbundene Lohn ist groß. Besonders auf der Gastfreundschaft gegenüber Notleidenden, die uns für unsere Mühe nicht entschädigen können, liegt ein besonderer Segen. Jesus sagte: »Wenn du ein Mittagsmahl oder ein Abendessen machst, so lade nicht deine Freunde noch deine Brüder, noch deine Verwandten, noch reiche Nachbarn, damit nicht etwa auch *sie* dich wieder einladen und dir Vergeltung werde. Sondern wenn du ein Mahl machst, so lade Arme, Krüppel, Lahme, Blinde, und glückselig wirst du sein, weil sie nichts haben, um dir zu vergelten; denn dir wird vergolten werden in der Auferstehung der Gerechten« (Lukas 14,12-14).

»Deck den Tisch besonders schön und koch etwas besonders Leckeres!«, sagte ein Familienvater seiner jungen Frau immer, wenn sie wieder einmal Bewohner des nahe gelegenen Wohnheims für Menschen mit Behinderungen zum Essen eingeladen hatten. »Diese Leute können uns nichts zurückgeben. Deshalb wird Gott das tun.« Wer als Gastgeber vorher kalkuliert, was er später von seinen Gästen zurückbekommen wird, hat schon verloren. Doch wer im Gehorsam Gott gegenüber gibt, darf Lohn und Freude erwarten.

HERZLICH WILLKOMMEN!

Was sind gute Tipps, damit eine Familie das Gebot der Gastfreundschaft besser ausleben kann? Es ist hilfreich, immer die Zutaten für eine unkomplizierte, ergiebige Mahlzeit im Haus zu haben. Dann kann man spontan Leute einladen, wenn sich die Gelegenheit dazu ergibt. Fragt doch andere Familien nach ihren krisensicheren »Besuchs-Klassiker-Rezepten«! Kühlschrank, Keller und Gefriertruhe machen vieles möglich.

Oder Ihr ahmt folgende Idee nach: Für einige Jahre hatten Freunde von uns einen wöchentlichen »Nachmittag der offenen Tür«. Da waren sie auf Besuch eingestellt, hatten etwas zum Kaffeetrinken vorbereitet und alle Freunde, Nachbarn und Verwandten wussten, dass sie auch ohne Anmeldung willkommen waren.

»Ich habe mir vorgenommen, möglichst einmal in der Woche jemanden aus der Gemeinde und eine ungläubige Freundin einzuladen«, erzählte eine andere Mutter. »Immer am Sonntagabend setze ich mich mit meinem Terminkalender hin und überlege, wann das am besten passt.«

Manche scheuen es, andere einzuladen aus Angst, dass der Besuch länger bleiben könnte, als einem lieb ist. Aber es ist nicht unhöflich, den Zeitraum vorher zu begrenzen. »Du kannst mich gerne mit den Kindern heute Nachmittag besuchen, aber wenn mein Mann von der Arbeit kommt, brauchen wir Zeit für uns.« »Wir freuen uns, wenn ihr nach der Gemeinde zum Mittagessen mitkommt, aber gegen 15 Uhr werden wir euch rausschmeißen, weil wir heute unbedingt einen Mittagsschlaf brauchen.« Auch für die Gäste kann es eine Erleichterung sein, vorher zu wissen, wie viel Zeit der Gastgeber für den Besuch eingeplant hat.

Am wichtigsten ist, dass der Gast unsere Liebe und unser Interesse an seinem Leben spürt. Der in Österreich wirkende Schweizer Missionar Walter Mauerhofer erzählt in seiner Autobiografie, wie wichtig die geöffnete Tür für seinen Dienst war: »Meine Frau

Esther lebte in den Jahren unseres gemeinsamen Lebensweges Gastfreundschaft, wie ich es zuvor von keinem anderen Menschen gesehen hatte. Gäste sollten sich angenommen und wohl fühlen. Der Gast sollte spüren, dass er herzlich willkommen und von uns geliebt war. Auf das Kopfkissen wurde ein kleines Präsent und ein Kärtchen mit einem Bibelspruch und einigen persönlichen Worten gelegt – so wurde die Wertschätzung dem Gast gegenüber liebevoll ausgedrückt. Der schlicht geschmückte Esstisch und liebevoll zubereitete Speisen – das tat jedem Gast gut. Es kommt nicht darauf an, wie teuer und aufwendig etwas ist, sondern vielmehr, ob es in Liebe getan wird. Manchmal genügt eine Tasse Kaffee und ein Stück Kuchen.«[24]

»Jemanden zu bewirten, bedeutet, sich während der ganzen Zeit, die er unter unserem Dach verbringt, um sein Wohlbefinden zu bemühen.«

Jean Anthelme Brillat-Savarin[25]

»Ihr habt ja wirklich oft Besuch!«, staunten die Nachbarn einer gläubigen Familie, als sie wieder einmal sahen, dass ein fremdes Auto vor deren Haus parkte. »Hängt das damit zusammen, dass

24 Mauerhofer, Walter: *Eine Saat geht auf. Evangelisation als Lebenswerk*, Bielefeld: CLV, 2011, S. 118-119.

25 https://ulis-culinaria.de/personen-a-z/personen-a-b/brillat/(abgerufen am 20.06.2023).

ihr fromm seid?« Tatsächlich war Gastfreundschaft schon immer ein Markenzeichen von Christen. Kein Wunder. Denn dass Gottes Kinder ihre Tür für andere öffnen, kommt daher, dass Gott seine Tür für sie geöffnet hat. Wer etwas von Gott bekommen hat, der möchte es weitergeben. Er will anderen dienen, so wie der Herr ihm gedient hat. »Die Motivation, gastfreundlich zu sein, kommt aus einem Herzen, das von der Gastfreundschaft und Liebe Gottes tief bewegt ist«, sagte einmal ein Prediger.

Eine *geistliche* Familie ist daher auch immer eine *gastliche* Familie. Trotzdem wird die Häufigkeit und die Menge des Besuchs im Laufe der Jahre variieren. Es gibt Phasen im Familienleben, besonders während der Kleinkindzeit, in denen ein großer Teil der Kräfte schon von der Bewältigung des normalen Alltags beansprucht wird. Verständlicherweise wird man hier weniger Besuch haben als in späteren Jahren, wo oft mehr Platz vorhanden ist und die Kinder schon mithelfen können.

Aber das Prinzip der Gastfreundschaft sollte eine Konstante in unserem Leben als Gläubige sein – egal, ob wir erst frisch verheiratet sind, nur eine kleine Wohnung haben und das Baby zwischendurch gewickelt werden muss, oder ob wir schon älter sind, unsere Ruhe schätzen und immer die Luft anhalten, wenn unsere Teenager zu viel aus dem Nähkästchen plaudern. Eine gut geölte, leicht zu öffnende Tür ist das Ziel in jeder Phase des Familienlebens. »... nach Gastfreundschaft trachtet« (Römer 12,13).

EINE OFFENE TÜR FÜR DEN VERLORENEN SOHN

Die geöffnete Tür steht für die Offenheit und Gastfreundschaft einer Familie, aber sie bedeutet noch etwas anderes – nämlich, dass unsere Tür immer offen stehen soll für ein Kind, das einen eigenen Weg gegangen ist und wieder nach Hause zurückkommen möchte.

In Freundschaften, in der Arbeitswelt, ja, auch in der Gemeinde kann man an den Punkt kommen, an dem eine endgültige Trennung von Menschen notwendig wird. Aber in einer Familie darf die Tür offen bleiben. Eltern geben die Hoffnung niemals auf, dass der verlorene Sohn oder die verlorene Tochter doch noch umkehrt und nach Hause zurückkommt. Und damit spiegeln sie den himmlischen Vater wider, der jahrelang Ausschau hält, wartet und seinem Sohn bei seiner Rückkehr mit offenen Armen entgegenläuft.

Patricia St. John erzählt die bewegende Geschichte eines Mannes, der auf die schiefe Bahn geraten war und sogar seine eigenen Eltern bestohlen hatte. Jahrelang war der Kontakt zur Familie völlig abgerissen. Doch dann hatte dieser Mann den Wunsch, seine Eltern noch einmal zu treffen, und schrieb ihnen das in einem Brief. »Ich weiß, es ist verrückt, anzunehmen, dass Ihr mich überhaupt noch einmal sehen wollt. Aber entscheidet selbst. Ich werde am Donnerstagmorgen ans Ende unserer Straße kommen. Wenn

Ihr mich zu Hause haben wollt, hängt ein weißes Taschentuch ins Fenster meines alten Zimmers. Wenn ich es dort sehe, werde ich zu Euch kommen, wenn nicht, werde ich dem alten Haus noch einmal zuwinken und mich wieder davonmachen.«

Ob die Eltern den Sohn wiedersehen wollten? Gab es noch einen Weg zurück? Die Geschichte geht weiter: »Mit fest zusammengekniffenen Augen stand er ein paar Augenblicke unter den Ästen des Baumes. Dann holte er tief Luft und wagte den Blick zum anderen Ende der Straße hinüber. Und dann stand er da und starrte und starrte ... Das kleine Backsteinhaus wurde bereits von der Sonne beschienen – aber es war kein kleines rotes Backsteinhaus mehr. Aus allen Fenstern hingen Betttücher und Kissenbezüge, Handtücher und Tischdecken, Taschentücher und Servietten; und aus dem Dachfenster flatterte eine große weiße Gardine quer über das ganze Dach. Rotes Backsteinhaus? Das schien ein Schneehaus zu sein, das da in der Sonne glänzte! Die Eltern hatten kein Missverständnis riskieren wollen!«[26]

Schon oft haben wir diese Erzählung unseren Kindern vorgelesen. Und ihnen dabei versichert: »Genauso ist es auch bei uns. Egal, was passiert ist – ihr könnt immer nach Hause kommen!« Diese Gewissheit ist sehr wichtig für ein Kind. Tief in seinem In-

26 St. John, Patricia: *So groß ist Gott. Geschichten zum Glaubensbekenntnis*, Marienheide: Bibellesebund – Bielefeld: CLV, 2021 (12. Auflage), S. 11-14.

neren muss die Überzeugung verankert sein, dass Umkehr möglich ist. Immer. Was auch vorgefallen sein mag. Edith Schaeffer schreibt: »Ein Kind muss in dem Bewusstsein aufwachsen, dass die Liebe niemals aufhört, dass nicht nur Vater und Mutter trotz ihrer Schwächen und auch ihrer Stärken zusammenbleiben werden, sondern, dass die Tür immer offen sein, die ›Kerze im Fenster‹ nie ausgehen wird. Die Liebe sagt nicht: ›Wenn du das noch einmal tust, dann komm nie mehr nach Hause.‹ Die Liebe vergeht niemals. Die Liebe lässt die Tür offen, das Licht an und das Essen auf dem Herd – *jahrelang*.«[27]

Wie gut, wenn diese »Politik der offenen Tür« in einer Familie geübt wird! Ja, es gibt Regeln, Maßstäbe, Strafen, Konsequenzen. Aber: Es gibt auch immer eine offene Tür. Niemals dürfen wir einem Kind, das mit seiner Schuld zu uns kommt, die Versöhnung verwehren. Ob es nun unter Tränen heißt: »Mama, ich muss dir etwas sagen: Ich habe einen Euro aus deinem Portemonnaie genommen«, oder ob es um größere Dinge geht – unsere Kinder sollen wissen: Der Weg zurück ist möglich. Die Tür nach Hause, zur Vergebung und zum Herzen meiner Eltern steht mir immer offen.

27 Schaeffer, Edith: *Lebensraum Familie*, Wuppertal/Kassel: Oncken-Verlag – Genf/Zürich/Basel: Haus der Bibel, 1976, S. 74.

EIN MISSIONAR ERZÄHLT,

wie die offene Tür seines Elternhauses sein Leben prägte:

In unserem Haus wurden das ganze Jahr über Persönlichkeiten beherbergt, die durch ihr Leben, Reden und Handeln unser Leben stark mitgeprägt haben.

Schwester Elisabeth Seiler war 21 Jahre Missionarin der Liebenzeller Mission in China. Wann immer sie in die Schweiz kam, wohnte sie für einige Tage, oft auch einige Wochen bei uns. Sie war eine überaus fröhliche und dem Herrn ergebene Frau.

Es war Elisabeth Seilers Verdienst, dass der Missionsgedanke in unserer Familie stark ausgeprägt war. Ihren Erzählungen von der China-Inland-Mission zuzuhören – oft bei ausgedehnten Spaziergängen –, war uns Kindern ein köstlicher Genuss. Sie lehrte uns, wie das Leben mit und für Jesus außergewöhnlich ist.

So weit ich mich zurückerinnern kann, wurde im Haus meiner Eltern Gastfreundschaft gepflegt. Wir waren arm und hatten keinen Überfluss an den Dingen des täglichen Bedarfs, dennoch musste niemand hungrig unser Haus verlassen.

In unserem Haus hatten wir für unsere Gäste ein sogenanntes »Prophetenstübchen«, das hauptsächlich als Gästezimmer dien-

te. Auch auf dem Dachboden war ein kleines Zimmer zur Beherbergung der Gäste eingerichtet worden. Die Reiseprediger waren damals hauptsächlich mit der Eisenbahn unterwegs. Bei längeren Reisen waren einige von ihnen froh, wenn sie am Sonntagabend nach der Versammlung in unserem Haus Unterschlupf finden konnten. Vom Bibelwissen dieser Brüder durften wir Kinder sehr profitieren. Hielt sich einer dieser Evangelisten bei uns auf, dann wurde bei Tisch fast ausschließlich über Gottes Wort gesprochen. Sie erzählten auch aus ihrem Leben und nahmen selbst Anteil an unseren Alltagsfreuden und -sorgen. Auf diese Weise wurde die Gastfreundschaft zum Segen für unsere ganze Familie.[28]

Aus den Erinnerungen von Walter Mauerhofer (Jahrgang 1944) an sein Elternhaus. Walter Mauerhofer arbeitet als Evangelist in Österreich und hat dort bei der Gründung vieler Gemeinden mitgewirkt.

28 Gekürzt aus: Mauerhofer, Walter: *Eine Saat geht auf. Evangelisation als Lebenswerk*, Bielefeld: CLV, 2011, S. 28 und 115.

ZUM WEITERDENKEN

- Gleicht unsere Familie einem Haus mit einer offenen Tür? Wie oft haben wir Besuch?
- Welche Menschen, die den Herrn noch nicht kennen, würden sich über eine Einladung von uns freuen?
- Trauen sich unsere Kinder, mit ihrem Versagen zu uns zu kommen? Wissen sie, dass unsere Tür für sie immer offen steht?

ZUM UMSETZEN

- »Wir schreiben uns auf, wer aus unserer Gemeinde wann bei uns zu Besuch war. Das hilft uns, auch Leute einzuladen, mit denen sich das nicht so automatisch ergibt, und niemanden zu vergessen.«
- »Gäste, die die uneingeschränkte Aufmerksamkeit von uns Eltern benötigen, laden wir lieber abends ein, wenn die Kinder im Bett oder in ihren Zimmern sind. Dann haben wir mehr Ruhe für längere Gespräche.«

- »Wenn wir einen Ausflug machen, laden wir öfter bewusst andere Familien dazu ein. Das ist stressfreier als Besuch zu Hause und wir können trotzdem Gemeinschaft pflegen.«
- »Wir hatten früher sehr oft Besuch bei uns und ich sehe mit Freude, dass alle unsere erwachsenen Kinder diesen Lebensstil der offenen Tür ebenfalls praktizieren.«
- »Ein Freund von uns rät verlobten Paaren immer: ›Und nach der Hochzeit nehmt ihr jeden Sonntag jemanden zum Mittagessen mit!‹«
- »Wir achten darauf, auch Menschen einzuladen, von denen unsere Kinder ebenfalls profitieren. Das können Familien mit Kindern im ähnlichen Alter sein. Oder wir leiten das Gespräch beim Mittagstisch bewusst auf Themen, von denen wir wissen, dass unsere Kinder sie auch interessant finden und gerne darüber sprechen.«
- »Ich lade seit einiger Zeit öfter eine junge unverheiratete Frau, eine Mutter und eine ältere Frau aus der Gemeinde zusammen zum Frühstück ein. In dieser ungewöhnlichen Kombination ergeben sich oft sehr bereichernde Gespräche.«

FAMILIE IST WIE EINE GESCHLOSSENE TÜR

Kapitel 6

… wenn der Hausherr aufsteht und die Tür verschließt …

Lukas 13,25

Was macht ein Patientenzimmer im Krankenhaus eigentlich so ungemütlich? Sicher, die Wände sind kahl, das einsame Bild an der Wand ist geschmacklos, es gibt weder Blumen noch Teppiche. Aber woran liegt es noch, dass hier nur schwerlich ein Gefühl von Ruhe und Geborgenheit aufkommt? Genau: Es gibt keine Privatsphäre. Jederzeit kann die Tür zum Flur aufgehen, wenn sie nicht ohnehin den halben Tag offen steht. In jedem Augenblick können wildfremde Personen, Ärzte, Pfleger, Therapeuten, Putzhilfen oder Besucher das Zimmer betreten. Anders ist es zu Hause. Da gibt es eine Haustür, die man schließen, abschließen und hinter der man zur Ruhe kommen kann.

Jede Beziehung lebt von Zeiten der Exklusivität. Denken wir an die Beziehung zu unserem himmlischen Vater: Um sie zu pflegen, sollen wir immer wieder »in unsere Kammer gehen« und die »Tür hinter uns schließen« (vgl. Matthäus 6,6). Jeder Gläubige braucht diese Zeiten allein mit seinem Gott. Auch jedes Ehepaar braucht Zeiten der Zweisamkeit. Zeiten, in denen Mann und Frau geistlich, seelisch und körperlich eins werden können. Eine Ehe, die diese exklusiven Zeiten nicht in ausreichendem Maß kennt, ist in großer Gefahr. Und genauso wie jeder Gläubige und wie jedes Ehepaar braucht auch jede Familie Zeiten, in denen sie nur für sich ist, um überhaupt eine gesunde Familie sein zu können.

Kürzlich führte eine Freundin von uns auf einer Freizeit ein Gespräch mit dem Referenten, der einen gesegneten Dienst im Reich Gottes tut. Leider sind von seinen Kindern einige nicht gläubig. Sie fragte ihn: »Was würdest du anders machen, wenn du die Zeit zurückdrehen könntest?« Er antwortete ihr sinngemäß: »Wir haben uns ständig in andere Menschen investiert. Ich habe mich immer um viele Leute gekümmert, aber wenn ich abends zu Hause war und es war einmal niemand bei uns – dann hatte ich keine Energie mehr zum Reden mit meinen eigenen Kindern. Da wollte ich nur noch meine Ruhe haben.«

Unsere seelische Kraft, unser Einfühlungsvermögen und unsere Anteilnahme sind begrenzt. Ist es nicht tragisch, wenn unsere Kinder immer nur das von uns bekommen, was wir nach allen anderen

Begegnungen an Energie noch übrig haben? Wenn sie in dem Bewusstsein aufwachsen, immer an dritter, vierter oder fünfter Stelle zu stehen? Wenn sie uns niemals ganz für sich haben und keine Zeiten kennen, in denen sie sich unserer ungeteilten Aufmerksamkeit gewiss sein können?

Jede Familie braucht Zeiten, in denen die Tür nach draußen fest geschlossen bleibt. Zeiten ohne Besuch, in denen die Beziehungen untereinander wachsen, ein Wir-Gefühl entstehen und die Familie zu einem Team werden kann. Wo es einmal nicht um andere, sondern um die eigenen Anliegen geht. Auch wenn man dann auf gern gehörte Komplimente wie »ihr seid so wunderbar aufgeschlossen« oder »bei euch ist ja auch immer etwas los« verzichten muss: Wir alle brauchen diese Zeiten. Nicht, um egoistisch das eigene Glück zu pflegen, sondern um etwas entstehen zu lassen, was dann wieder zum Segen für andere werden kann.

Edith Schaeffer verwendet ein anschauliches Bild für diese Notwendigkeit. Wenn jemand ein Brot von dir möchte, was tust du dann? Schüttest du ihm Hefe, Wasser, Körner und Mehl einfach vor die Füße? Nein, du wirst diese Zutaten mengen, kneten, ruhen lassen, in eine Form geben und diese anschließend in den Ofen schieben. Erst dann entsteht ein Brot, das nach dem Backen noch auskühlen muss. Das alles dauert seine Zeit, doch das Warten lohnt sich: Irgendwann kannst du knusprige Scheiben von deinem Brot abschneiden und mit dem Gast teilen.

Genauso ist es auch mit unserem Familienleben. Wir wollen ein fertiges Brot teilen, nicht nur die einzelnen Zutaten. Wir wollen Gäste in eine echte Familie einladen, nicht in eine Gruppe von Einzelpersonen. Doch das Zusammenwachsen benötigt Zeit.

»Wir hatten früher fast ständig Besuch«, erinnert sich eine junge Frau. »Das war einerseits schön, aber als Teenager habe ich doch darunter gelitten, meine Eltern niemals nur für mich zu haben. Wir waren eher ein Freizeithaus als eine Familie.« Eine Familie zu sein, bedeutet aber, das Recht zu haben, auch mal allein zu sein.

Damit verbunden ist die Verantwortung, bewusst in die Zeit hinter geschlossener Tür zu investieren, sodass diese »Backofenphasen« dem Gelingen des Brotes dienen. Dies kann durch schöne Ausflüge geschehen, bei denen niemand anders mit dabei ist. Oder durch anregende Familienabende, an denen wir zusammen essen, spielen, lachen und vorlesen. Oder durch Andachten, bei denen eine persönliche Belehrung der Kinder stattfindet, ohne dass weitere Ohren zuhören. Es ist nicht egoistisch, darauf zu achten, dass es diese Zeiten immer wieder gibt. Es ist vielmehr lebensnotwendig. Und für manche Familien gar nicht so leicht. Ständiger Besuch oder ein dauerndes Auf-Achse-sein kann kaschieren, dass es innerhalb der Familie Probleme gibt. Dass Eltern und Kinder sich kaum noch etwas zu sagen haben und immer Anregung von außen brauchen. Gastfreundschaft ist zweifelsohne etwas sehr Wertvolles, aber sie darf nicht zur Flucht vor dem Alleinsein werden.

Ja, wann öffnen wir unsere Tür und wann schließen wir sie? Wie viel Besuch ist richtig? Lassen wir einen jungen Menschen mit Problemen für längere Zeit bei uns wohnen oder belastet das unsere eigene Familie zu sehr? Kann der Jugendtreff in unserem Wohnzimmer stattfinden oder brauchen wir den Abend für uns? Leider gibt es keine allgemeingültige Checkliste, an die man sich halten könnte, um ein perfektes Gleichgewicht zwischen »offen« und »geschlossen« zu erreichen. Wie in so vielen anderen Lebensbereichen brauchen wir auch hier Gebet und die Leitung des Heiligen Geistes, um zu erkennen, was Gottes Wille für die jetzige Phase unseres Familienlebens ist.

Wenn wir merken, dass wir uns langsam, aber sicher in Richtung »Hikikomori-Familie« entwickeln, müssen wir vielleicht unsere Bibel zur Hand nehmen, eine Wortstudie zum Thema Gastfreundschaft anstellen, danach zu Terminkalender und Handy greifen und mit einigen Gästen wieder »Leben in die Bude« bringen. Wenn wir andererseits feststellen, dass wir immer andere Menschen brauchen, weil wir uns allein als Familie langweilen, dann benötigen wir eine zündende Idee, wie wir wieder mehr zusammenfinden und hinter geschlossener Tür zusammen Spaß haben können. Das kann etwas Einfaches sein wie ein großes Puzzle, an dem abends alle noch ein bisschen weiterarbeiten, ein spannendes Buch zum Vorlesen oder ein Projekt im Garten, das Eltern und Kinder gemeinsam verwirklichen. Vielleicht auch ein neues Gesellschaftsspiel oder ein gemeinsames Pizza-Backen. Einfach etwas, was die Beziehungen untereinander belebt und vertieft. Eine Familie, die nicht zusammen lachen und genießen kann, verpasst eine Menge!

Viele Familien reservieren einen Abend in der Woche als »Familienabend«. Dieser Abend soll ein Höhepunkt sein mit einem besonders guten Essen und lustigen Spielen. Handy, Klingel und Telefon bleiben aus. Kleinere Kinder kann man schon mit einer Runde Topfschlagen oder Verstecken im Dunkeln begeistern, bei älteren Kindern muss man schon etwas kreativer sein. So ein Abend ist auch eine gute Gelegenheit, ein geistliches Thema mit den Kindern zu besprechen. Wie gut, wenn es uns gelingt, Spaß, Gemeinschaft und Gottes Wort miteinander zu verknüpfen! »Vielleicht seid ihr – wie wir – nicht sonderlich kreativ und die Themenabende sehen alle irgendwie ähnlich aus – selbst gebratene Hamburger essen, reden, spielen –, aber das ist kein Problem: Wenig kreative Abende, die dafür aber allen Spaß machen, sind besser als gar keine Familienabende. Noch heute gehen wir mit unseren Kindern Burger essen, wenn wir reden wollen«, berichtet Jürgen Fischer in seinem empfehlenswerten Buch »Mit Werten erziehen und prägen«.[29]

29 Fischer, Jürgen: *Mit Werten erziehen und prägen*, Hünfeld: CMV, 2022 (7. Auflage), S. 13.

EIN HAUS VOLLER FREUDE

Spaß, Abwechslung, Gemeinschaft. Wie wichtig ist es, dass unsere Kinder das mit Familie verbinden! Was ist es für ein großer Schutz vor der Versuchung, woanders nach Glück zu suchen, wenn sie in der Überzeugung aufwachsen: »Zu Hause haben wir es am schönsten. Ein besonderer Abend zu Hause mit Papa, Mama und allen Geschwistern ist spannender als alles andere, was ich sonst mit meinen Freunden erleben könnte!«

Einen guten Kilometer von unserem Haus entfernt ist eine U-Bahn-Haltestelle. Abend für Abend sitzen dort auf einem rostigen Geländer einige ältere Kinder und Jugendliche. Sie hören Musik, rauchen und schwatzen. Manchmal hört man ein Lachen oder Kichern, doch die meiste Zeit hängen die Teens dort einfach nur ab, sind sichtbar gelangweilt und tun gar nichts. Der Platz ist hässlich, Müll liegt auf dem Boden, es riecht nach Urin und Dreck. Warum ziehen die jungen Leute diese öde Stelle dem Zusammensein mit ihrer Familie vor? Wie kann man lieber in der Kälte auf der rostigen Stange eines Fahrradständers sitzen als auf der weichen Couch im warmen Wohnzimmer? Was muss man drinnen vermissen, dass man draußen mit so wenig zufrieden ist? Wie anders klingt folgende Beschreibung eines Elternhauses: »Jeden Abend, nachdem die Hausaufgaben erledigt waren, wurde gespielt. Wir fanden Unterhaltung und Zerstreuung bei uns zu Hause; keine Vergnügungen außerhalb waren vergleichbar mit dem Spaß, den wir hatten, und der Fröhlichkeit, die bei uns zu Hause herrschte. Wir verspürten gar nicht den Wunsch, draußen mit Kameraden zu spielen oder herumzustreunen.«[30] Dies war das Elternhaus von Oswald Chambers, der später einen gesegneten Dienst als Reiseprediger tat und eine Bibelschule gründete.

Auch der Evangelist Johannes Busch berichtet, dass sein Elternhaus »ein Haus voller Freude« war. Er staunt im Rückblick: »Es will mir heute oft seltsam erscheinen: Da sind wir in der reichen Großstadt Frankfurt aufgewachsen. Aber die Verlockungen dieser Stadt sind uns nie ernstlich zur Gefahr geworden; wahrhaftig nicht deswegen, weil wir so brav gewesen wären, sondern allein deshalb, weil es daheim halt immer am schönsten war. Mutter sorgte dafür, dass Gartenstraße 71 ein Paradiesgärtlein, ein Haus voller Freude war.«[31]

Wenn unsere Kinder einen starken Zug nach draußen verspüren, weil die Stimmung zu Hause langweilig oder konfliktbeladen ist und wir Eltern niemals Zeit und Kraft für die Familie haben, wird es für uns spätestens ab der Teenagerzeit schwierig werden, unsere Kinder durch reine Verbote an uns zu binden und vom Bö-

30 McCasland, David: *Oswald Chambers. Ein Leben voller Hingabe*, Holzgerlingen: SCM Hänssler, 2003 (3. Auflage), S. 78.

31 Busch, Wilhelm: *Johannes Busch. Ein Botschafter Jesu Christi*, Bielefeld: CLV, 2018, S. 33-34.

sen fernzuhalten. Dann werden sie froh sein um jedes bisschen Gemeinschaft und jedes kleine Abenteuer, das ihnen draußen geboten wird. Um unserer Kinder willen – lasst uns in schöne Zeiten hinter geschlossener Tür investieren!

Damit kann man allerdings nicht erst beginnen, wenn die Kinder in die Pubertät kommen. Nein, Kinder müssen von klein auf Geschmack an diesen Familienzeiten bekommen. Das beginnt mit kleinen Höhepunkten, für die man weder besonders viel Zeit noch besonders viel Geld braucht. Es geht um die Vorfreude, die man seinen Vorschulkindern vermittelt mit Sätzen wie: »Morgen kommt Papa etwas eher von der Arbeit und dann machen wir etwas ganz Besonderes. Nur für uns. Wartet mal ab, es ist eine Überraschung.« Und dann gibt es vielleicht ein Marshmallow-Grillen auf dem Balkon und danach eine schöne Vorlese-Geschichte im Dunkeln, während ein paar Kerzen für gemütliche Stimmung sorgen. Oder man veranstaltet ein Familien-Picknick am See, bei dem die Kinder selbst gebaute Schiffchen schwimmen lassen. Oder es gibt ein besonderes Abendessen und danach ein lustiges Berufe-Raten. Schon kleine Kinder sind sehr empfänglich für Stimmungen und Atmosphäre, sie spüren, wenn Eltern sich auf die Zeit mit ihnen freuen und diese liebevoll planen.

Auszeiten gehören dazu, aber auch Arbeitseinsätze. Wir haben oft erlebt, dass gerade das gemeinsame Arbeiten für ein besonderes Zusammengehörigkeitsgefühl innerhalb der Familie sorgt.

Es vermittelt Kindern Wertschätzung, wenn ihnen zugetraut wird, einen Beitrag zum Gesamten zu leisten. Wir zeigen ihnen damit, dass unsere Familie ein Team ist, das das ganze Leben miteinander teilt. Und zum Leben gehört Arbeit genauso wie Ruhe.

»Das Kaminholz muss von der Einfahrt zum Holzregal im Garten geschleppt werden. Wenn alle mithelfen, können wir es in zwei Stunden schaffen. Und danach bestellen wir Pizza.« Alle machen mit – und selbst das zweijährige Kind ist stolz, dass es schon ein einzelnes Holzscheit tragen kann, und hält bis zum Schluss durch. »Der Baum im Garten muss gefällt werden. Papa braucht ein paar starke Kinder, die das Seil halten und nachher beim Kleinmachen und Wegräumen helfen. Das wird anstrengend, aber ihr freut euch auch, wenn wir dann mehr Platz zum Fußballspielen haben.«

Für alle diese gemeinsamen Aktionen ist es wichtig, dass Eltern das Verbreiten von schlechter Stimmung durch Motzerei oder ständige Gegenvorschläge von Anfang an nicht dulden. Wer die Atmosphäre kaputtmacht, wird auf sein Zimmer geschickt. Das Gemeinsame steht im Zentrum, nicht die Befindlichkeit des Einzelnen. Auf diese Weise entsteht über die Jahre eine Verbundenheit, die auch durch die Pubertät hindurch anhält und dann sogar vertieft wird. Denn wie viel mehr gibt es jetzt zu erleben und zu besprechen als in der Kleinkindzeit! Gute Beziehungen innerhalb der Familie, Vertrauen, Freude am Miteinander – all das fällt nicht vom Himmel, sondern ist die Ernte einer jahrelangen Saat.

EIN SCHUTZRAUM

Die geschlossene Tür zu unserem Familienhaus bedeutet aber nicht nur »Zeit für uns«, sondern auch: »Hier darf nicht alles rein!« Das Zuhause eines Christen soll ein Schutzraum sein, in den das Böse, das draußen vor der Tür lauert, nicht einfach ungehindert eindringen kann.

»Nehmt ihn nicht ins Haus auf!«, warnt der Apostel Johannes die »auserwählte Frau« vor einem Menschen, der falsche Lehren verbreiten will (vgl. 2. Johannes 1+10). Noch häufiger als Personen sind es ungute Gegenstände, Ideen und Einflüsse, die draußen gehalten werden müssen. Nehmt euch vor: Bestimmte Bücher, Filme, CDs und Spielsachen dürfen nicht ins Haus kommen. Da bleibt die Tür fest geschlossen.

»Ich möchte nicht, dass ihr dieses Zauberspiel bei uns im Haus spielt.«
»Dieses Malbuch für Girls ist einfach nur hässlich. Schau dir an, wie die Mädchen aussehen! Das entsorgen wir und ich kaufe dir stattdessen ein anderes.«
»Das Wort, das du da gerade gesagt hast, das benutzen vielleicht die Kinder im Kindergarten. Aber bei uns zu Hause sagen wir so etwas nicht.«

Wir können nicht verhindern, dass unsere Kinder mit Unmoral, Okkultismus und Gottlosigkeit in Berührung kommen. Aber wir können dafür sorgen, dass das nicht innerhalb unserer eigenen vier Wände geschieht.

Denken wir an Noah. Viele lange Jahre baute er an seiner Arche. Obwohl er ein »Prediger der Gerechtigkeit« war, der die Menschen eindringlich vor dem kommenden Gericht warnte (vgl. 2. Petrus 2,5), kamen am Ende nur seine Frau, seine Söhne und deren Frauen mit ihm in das Schiff. Aber – die kamen! Und die Familie war geschützt, denn Noah hatte die Arche nach dem Gebot Gottes von innen und außen mit Pech überzogen. Die Tür war verschlossen, die Arche abgedichtet und kein Wasser konnte eindringen.

Genauso machte es Hunderte von Jahren später die junge Mutter Jokebed, die für ihr Baby eine kleine »Arche« (hier wird dasselbe Wort verwendet) aus Schilfrohr flocht (vgl. 2. Mose 2,3). Auch sie bestrich das Körbchen mit Asphalt und Pech, bevor sie es auf den Todesfluss Nil setzte. So konnte das Wasser dem kleinen Mose nicht schaden.

Wie sehr wünschen wir uns, dass unsere Familie genauso eine Arche für unsere Kinder sein darf! Ein geschützter, abgeschlossener Ort, in den Böses nicht einfach so eindringen kann. Doch dafür müssen wir so mutig sein, uns bewusst gegen manche Dinge zu entscheiden, die heute gang und gäbe sind. Wenn die Bücherregale, Spielzeugkisten, Gespräche und Verhaltensweisen in unserem

Haus nur ein Spiegel dessen sind, was draußen in der Welt gelebt wird, dann hat unsere Familie eine wichtige Funktion, nämlich ein Schutzraum für unsere Kinder zu sein, verloren. Sicher, ein Schiff gehört ins Wasser und wir sollen und müssen als Christen in dieser Welt leben. Aber Wasser gehört nicht ins Schiff! Deswegen haben wir Eltern die Pflicht, unsere Familien »abzudichten« und die Tür fest zu verschließen. Wir sollen das draußen halten, was unseren Kindern und uns selbst schadet.

Innerhalb dieses Schutzraums, dieser Arche, sollte es aber nicht kalt und ungemütlich, sondern warm und behaglich sein. Deshalb befahl Gott Noah, für die Tiere »Zellen« oder »Kammern« in seiner Arche einzurichten. Jemand wies darauf hin, dass das hebräische Wort, das in 1. Mose 6,14 hierfür verwendet wird, so viel wie »Nester« bedeutet. Ein großes Schiff voller Nester, passend für die unterschiedlichsten Bedürfnisse.

Ein Nest, das ist ein gemütlicher, weicher und geschützter Ort, an dem man sich gerne aufhält. Ein Platz der Geborgenheit, wo man behütet groß werden kann. Sorgen wir dafür, dass unsere Familie genau so ein Ort für unsere Kinder ist, und halten wir die Tür fest verschlossen, wenn Böses bei uns einzudringen versucht!

ÜBER EINE MUTTER,

die erkannte, was für eine bewahrende Kraft eine schöne Zeit mit der Familie für die Kinder hat:

Ich weiß nicht, wie alt ich schon oder wie jung ich noch war. Jedenfalls kam ich aus der Schule nach Hause und erklärte: »Heute Abend gehe ich ins Kino!« Ich muss es wohl ziemlich kräftig erklärt haben, da ich mit erheblichem Widerstand rechnete. Ich wusste doch, dass es meine Mutter unter gar keinen Umständen haben wollte, dass wir ins Kino gingen. Mama wusste, wie viele ungute Bilder sich da in die Seele prägen.

Und nun? Sie verbot es mir nicht. »Ja, geh du ruhig in dein Kino.« Dann sagte sie freilich so beiläufig dazu: »Schade – gerade heute Abend wollten wir zusammen so schön spielen – aber geh du ruhig.« Als ich nach dem Mittagessen sah, wie die Geschwister sich freuten und die Spiele für den Abend herrichteten, bereute ich schon halb meinen Entschluss. Als ich zögernd davon sprach, vielleicht doch dazubleiben, erklärte Mama kategorisch: »O nein, du gehst ins Kino, und wir sind hier miteinander fröhlich.« Als ich vollends am Nachmittag sah, wie Mama noch Plätzchen backte, an denen ich nun keinen Anteil haben würde, schmolz alle Mannes-

würde dahin: »Ich will doch lieber hierbleiben.« Aber Mama blieb zunächst hart: »Da gibt's kein Zurück; jetzt gehst du ins Kino.« Kurzum, zuletzt bat ich wehmütig, doch ja zu Hause bleiben zu dürfen. Welch eine Befreiung war das, als Mama endlich sagte: »Ausnahmsweise darfst du noch einmal daheimbleiben.« O Mutter! Ja, das war immer ihr Grundsatz: Nicht so viel verbieten, sondern bessere Freude bieten.[32]

Johannes Busch (1905–1956), Bruder des bekannten Evangelisten Wilhelm Busch, Pfarrer, Autor und Bundeswart des Westdeutschen Jungmännerbundes, über seine Mutter

32 Gekürzt aus: Busch, Wilhelm: *Johannes Busch. Ein Botschafter Jesu Christi*, Bielefeld: CLV, 2018, S. 32-33.

ZUM WEITERDENKEN

- Verbringen wir genug Zeit nur für uns als Familie, wo wir echten Spaß zusammen haben?
- Wie ist die Stimmung bei uns, wenn die Tür geschlossen ist? Was könnten wir demnächst gemeinsam tun? Etwas, was allen Freude macht und unser »Wir-Gefühl« stärkt.
- Wann haben wir das letzte Mal bewusst »Nein« zu einer Sache gesagt und diese nicht in unser Haus gelassen?

ZUM UMSETZEN

Eine schöne Zeit hinter geschlossener Tür haben

- »Manchmal machen wir einen Filmabend nur als Familie – alle im Elternbett und alle Türen abgeschlossen, damit keiner stört. Dann dürfen die Kinder auf Matratzen rund ums Ehebett schlafen.«
- »Wir haben eine Liste mit schönen Dingen, die wir als Familie unternehmen oder zu Hause machen wollen: ein Holzschwert schnitzen, ein Gokart bauen, ein 1000-Teile-Puzzle schaffen,

ein Konzert besuchen, Schlittschuhlaufen, auf den Weihnachtsmarkt gehen ...«

- »Gemeinsam Sport zu machen, tut uns als Familie sehr gut und es baut angestaute Aggressionen ab. Danach schmeckt das Essen doppelt so lecker und alle schlafen gut.«
- »Es ist uns sehr wichtig, als Familie Spaß zu haben und viel zusammen zu lachen.«
- »Wir finden es wichtig, dass wir als christliche Eltern nicht immer die Spaßbremsen sind, die alles verbieten und langweilig sind. So feiern wir zum Beispiel die Geburtstage der Kinder eher groß und machen ein echtes Happening draus, wenn das Kind das möchte. Gott der Vater ist oft überaus großzügig mit seinen Kindern, daher dürfen wir das auch mal sein.«
- »Wir machen ca. alle zwei Wochen einen Familienabend, wobei zwei Familienmitglieder den Abend vorher planen, manchmal ein Elternteil mit einem Kind, manchmal auch zwei Kinder allein. Diese zwei Personen sind für das ganze Programm und auch das Essen zuständig. Auf diese Weise haben wir schon ganz unterschiedliche Sachen zusammen gemacht und unsere Kinder lernen nebenbei, selbstständig etwas zu planen und umzusetzen.«

Die Tür zuhalten

- »Was wir draußen halten, um einen Schutzraum für unsere Familie zu schaffen? Fernseher, Netflix und YouTube nur in Gesellschaft!«
- »Oft bekommen unsere Kinder Bücher zum Geburtstag geschenkt, die so viel Hässlichkeit, Unmoral oder Okkultismus enthalten, dass wir sie einfach nicht im Haus haben wollen. Die Kinder haben gelernt, sich freundlich dafür zu bedanken. Sobald die Gäste gegangen sind, wird das entsprechende Buch einfach in den Müll geworfen und die Kinder dürfen sich stattdessen ein anderes, gutes Buch von uns wünschen und zeitnah im Internet aussuchen. Dies ist inzwischen Routine und geht ohne große Emotionen vonstatten.«
- »Wir haben keinen Fernseher, das schenkt uns viel gemeinsame Zeit als Familie und bewahrt unsere Kinder vor vielen unguten Einflüssen. Zum gelegentlichen Filme-Schauen nutzen wir einen Computer mit Leinwand und Beamer.«
- »Wenn unsere Kinder schlechte Worte oder Kraftausdrücke aus dem Kindergarten oder der Schule mitbringen, werden wir streng: ›Das sagt man vielleicht woanders, aber nicht bei uns!‹«
- »Wir informieren uns über die Bücher, die unsere Kinder lesen (müssen). Schlechte Literatur wird entsorgt.«

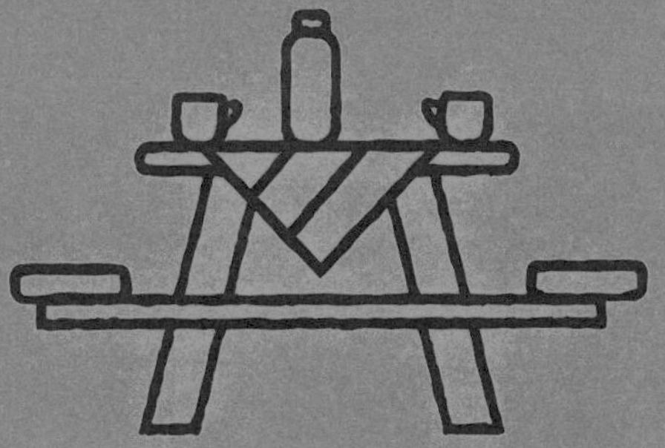

FAMILIE IST WIE EIN TISCH

Kapitel 7

Und er führte sie ins Haus hinauf, setzte ihnen einen Tisch vor und frohlockte, an Gott gläubig geworden, mit seinem ganzen Haus.

Apostelgeschichte 16,34

»So viel Essen! Sie müssen wirklich jeden Tag für Ihre Familie kochen? Ach, Sie Arme!« Die Frau schaute ihre gläubige Nachbarin mitleidig an, die gerade vom Einkaufen gekommen war und einen ganzen Berg von Lebensmitteln aus ihrem Auto auslud. »Ich bin froh, dass ich nur am Wochenende zu kochen brauche«, fügte sie noch hinzu, »das reicht mir völlig. Unter der Woche bleibt die Küche bei uns kalt.«

Eine Szene, die einen Trend aufzeigt: Familien verbringen immer weniger Zeit zusammen, und da jedes Familienmitglied bereits in der Kantine, der Schule oder der Kita mit einer warmen

Mahlzeit versorgt worden ist, wird auch weniger gemeinsam gegessen. Eine große Anzahl Menschen sitzt dabei auch nicht mehr am Tisch, sondern nimmt den Teller Nudeln einfach mit zum Sofa. Ein Tischgebet wird nicht gesprochen, weil man niemanden kennt, dem man Danke sagen müsste. Bei vielen läuft beim Essen nebenher der Fernseher, zudem ist jeder mit seinem Handy beschäftigt.

Ein anregendes Tischgespräch? Fehlanzeige! Da das gemeinsame Essen keine etablierte Gewohnheit mehr ist, ist die To-go-Kultur überall auf dem Vormarsch. Unsere Kinder berichten – manchmal mit einem Anflug von Neid – von Schulkameraden, die morgens länger schlafen können, weil es zu Hause kein gemeinsames Frühstück, dafür aber auf dem Schulweg ein Heißgetränk und ein belegtes Brötchen vom Bäcker gibt.

Jede Hausfrau weiß, wie viel Zeit, Geld und Kraft im Bereich »Essen« stecken. Wäre es nicht praktisch, hier Ressourcen zu sparen, indem wir seltener als Familie zusammen essen und weniger Besuch haben?

»Ich frage mich manchmal, ob ich wirklich heiraten und eine eigene Familie haben will«, sagte uns eine junge Single-Frau. »Wenn ich daran denke, dann immer für alle kochen zu müssen ... Was für eine Zeitverschwendung! Ich möchte mein Leben eigentlich in etwas Sinnvolleres investieren.« Anlass genug, sich einmal über die Rolle des gemeinsamen Essens in der Bibel und im Familienleben Gedanken zu machen.

Augenscheinlich ist, dass Gott die meisten essbaren Dinge so geschaffen hat, dass der Mensch sie nicht sofort zu sich nehmen kann, sondern in ihre Zubereitung Zeit und Arbeit investieren muss. Getreide muss gemahlen und weiterverarbeitet werden, viele Gemüsesorten sind nur gekocht genießbar, Obst muss gewaschen und geschält werden, Tiere müssen geschlachtet und ihr Fleisch muss zubereitet werden. Dass der Mensch auf Nahrung angewiesen ist und Zeit benötigt, um sie zu beschaffen, zuzubereiten und zu essen, muss vom Schöpfer so gewollt und eingeplant gewesen sein. Er hätte es ja auch so einrichten können, dass wie im »Schlaraffenland« die fertig gebratenen Hähnchen durch die Luft fliegen! Nein, anscheinend sollte ein gewisses Maß an Anstrengung mit der Zubereitung von Essen verbunden sein. Und wir haben es da schon deutlich bequemer als die Generationen vor uns, die sich viel mehr mühen mussten, um eine Mahlzeit auf den Tisch zu bekommen.

MAHLZEITEN IN DER BIBEL

Wer Gottes Wort auf dieses Thema hin untersucht, wird überrascht sein, wie viele entscheidende Gespräche beim Essen stattfanden und von wie vielen gemeinsamen Mahlzeiten berichtet wird. So spielt das Essen in vielen Gleichnissen eine wichtige Rolle – denken wir nur einmal an das Festmahl, das der Vater für seinen heimgekehrten Sohn veranstaltete (vgl. Lukas 15), oder an das Hochzeitsessen, das ein König für seinen Sohn ausrichtete und zu dem viele Gäste eingeladen werden sollten (vgl. Matthäus 22).

Aber auch unseren Herrn treffen wir häufig bei Mahlzeiten an; seine Salbung im Haus Simons beispielsweise geschah während eines Essens (vgl. Lukas 7). Allgemein war Jesus bekannt dafür, »mit Zöllnern und Sündern zu essen« (vgl. Markus 2,16; Lukas 5,30). Er wurde oft zum Essen eingeladen: Levi machte dem Herrn ein großes Mahl in seinem Haus (vgl. Lukas 5,29), Maria, Martha und Lazarus luden Jesus zu einem Abendessen ein (vgl. Johannes 12,2) und auch die Emmaus-Jünger nötigten den unbekannten Wanderer, den sie erst später als den Herrn erkannten, zum Abendbrot in ihr Haus (vgl. Lukas 24,29).

Aber der Herr Jesus war nicht nur Gast am Tisch anderer, er ist auch selbst Gastgeber gewesen: Zweimal ließ er, innerlich bewegt über die hungrige Volksmenge, die Menschen sich hinsetzen und versorgte sie mit Brot und Fisch (vgl. Matthäus 14–15). Vor seinem Tod sehnte er sich danach, das Passahmahl zusammen mit seinen Jüngern zu essen, und wählte einen gemütlichen Obersaal aus, damit diese besondere Mahlzeit ungestört stattfinden konnte (vgl. Lukas 22). Der Verrat des Judas traf ihn auch deswegen so hart, weil Judas bei dieser vertrauten Mahlzeit mit dabei gewesen war: »Auch mein Freund, dem ich vertraute, der mein Brot aß, hat die Ferse gegen mich erhoben« (Psalm 41,10; Schlachter 2000). Nach seiner Auferstehung bereitete der Herr für seine erschöpften Jünger ein Frühstück am See zu und nutzte diese Gelegenheit für das bekannte »Hast-Du-mich-lieb-Gespräch« mit Petrus (vgl. Johannes 21). Und bis heute lädt er uns Gläubige zu seinem Tisch ein, wo wir angesichts von Brot und Wein besondere Gemeinschaft mit ihm und untereinander genießen dürfen (vgl. 1. Korinther 11).

Gott weiß, wie wichtig Nahrung für uns Menschen ist. »Steh auf, iss!«, sagte der Engel dem körperlich und emotional erschöpften Elia und zeigte ihm die auf heißen Steinen gebackenen Brotfladen und den Krug mit frischem Wasser (vgl. 1. Könige 19). Ja, Gott selbst möchte uns »einen Tisch angesichts unserer Feinde bereiten« (vgl. Psalm 23,5), sodass wir »schmecken und sehen« können, wie gütig er ist (vgl. Psalm 34,9).

Im Alten Testament gibt es unzählige Begebenheiten und Gespräche beim Essen: Joseph bewirtete seine Brüder in Ägypten mit einem fürstlichen Essen (vgl. 1. Mose 43,25ff.), Esther wählte ein Mahl in kleiner Runde in ihrem Haus, um den bösen Haman zu entlarven (vgl. Ester 7,1ff.), und die Frau in Sunem nötigte Elisa, bei ihr zu essen (vgl. 2. Könige 4,8). Interessant ist auch die Beobachtung, dass alle Menschen, die Besuch vom Engel des HERRN bekamen, diesen bewirten wollten. Wir sehen das bei den Eltern von Simson (vgl. Richter 13,15), bei Gideon (vgl. Richter 6,19) und auch bei Abraham (vgl. 1. Mose 18,4ff.). Sicherlich deshalb, weil das Zubereiten einer Mahlzeit Ausdruck von Wertschätzung und Respekt gegenüber der eingeladenen Person ist. Wenn dies für unsere Gäste und sogar für unsere Feinde gilt – die wir speisen sollen, wenn sie Hunger haben (vgl. Sprüche 25,21; Römer 12,20) –, wie viel mehr für unsere eigene Familie! Denn die sollte doch in erster Linie der Nutznießer unserer guten Werke sein. Warum es sich lohnt, in schöne Familienmahlzeiten zu investieren? Drei wichtige Gründe liegen auf der Hand:

1. Gemeinschaft

Was ist das wichtigste Möbelstück in Eurem Haus? Vielleicht das Designersofa? Oder der geräumige Kleiderschrank? Vielleicht der neue Schreibtisch? Corrie ten Boom erzählt, dass der wichtigste Gegenstand in ihrem Elternhaus der Esszimmertisch war. Sie schreibt: »Kann ein Möbelstück wichtig sein? Der ovale Tisch in unserem Esszimmer war der Ort, wo von Erwartungen und Träumen gesprochen wurde; der Ort, wo auf Gebete und Bitten gehört und wo fröhlich und liebevoll gelacht wurde. Aber am Sonntag war er noch mehr: Da war er Versammlungsort für Verwandte und Freunde.«[33]

33 ten Boom, Corrie: *Kleines Haus mit offenen Türen. Die Jugendjahre vor der »Zuflucht«*, Holzgerlingen: SCM Hänssler, 2020 (8. Auflage), S. 64.

Gemeinsam zu essen, beinhaltet viel mehr, als nur satt zu werden. Eine gemeinsame Mahlzeit bedeutet Kommunikation, Zugehörigkeit, Geselligkeit, Liebe, Erholung und Genuss. Wie viel entgeht einer Familie, die nicht oft zusammen an einem Tisch sitzt!

Es ist eine Tatsache, dass zwischen Menschen, die zusammen essen, automatisch eine besondere Verbindung entsteht, und sei die Mahlzeit auch noch so klein. Nicht umsonst wird zu jedem Vorstellungsgespräch eine Tasse Kaffee oder ein Glas Wasser angeboten. Machen wir uns diesen Umstand im Alltag zunutze! Ein kleines Tablett mit zwei Gläsern Orangensaft und etwas Schokolade wird eine willkommene Unterbrechung der Hausaufgaben sein und ein schöner Moment der Zweisamkeit zwischen Mutter und Kind. Vielleicht kommt während dieser kurzen gemeinsamen Zeit ein Problem zur Sprache, von dem wir sonst nie erfahren hätten. Natürlich kann zur Kaffeezeit auch einmal jedes Kind ein paar Kekse in seinem Zimmer essen. Man kann aber auch eine Kerze anzünden, einen Apfel klein schneiden, Kekse und Schokolade auf einem Teller anrichten, die Kinder zusammenrufen und nach einem Gebet und einer frischen Liedstrophe eine kurze, aber intensive Familienzeit haben. Oder man macht ein kleines Picknick im Garten auf einer alten Tischdecke. Auch eine schnelle Zwischenmahlzeit darf ein schöner Augenblick der Entspannung und der bewussten Gemeinschaft sein. Liebevoll zubereitetes Essen, selbst wenn es nur ein Glas Saft und ein Plätzchen ist, gibt einem Menschen das Gefühl, geschätzt und umsorgt zu sein. Es ist eine Liebes-Sprache, die jeder versteht – vom quengeligen Kleinkind bis zum immer hungrigen Teenager.

Susan Schaeffer Macaulay schreibt in Erinnerung an ihr Elternhaus, wie wichtig und prägend die gemeinsamen Mahlzeiten dort waren:

»In den frühesten Kapiteln meines Lebens, als ich noch ein kleines Kind in St. Louis war, war das gemeinsame Abendessen das Zentrum unseres Familienlebens. Sonntags war es das Mittagessen, es war eindeutig der Höhepunkt der Woche. Meine Mutter hatte die Gabe, Mahlzeiten zu etwas Besonderem zu machen – und das mit wenig Geld. Wie liebte und schätzte ich ihre Kochkünste! Ich kann ihr Essen noch heute ›schmecken und sehen‹. Der Tisch war stets liebevoll gedeckt, denn Familienmahlzeiten sind wichtig. Kerzen brannten und Blumen standen auf dem Tisch. Wenn ich als Kind an den Himmel dachte, war ich mir immer sicher, dass es wäre, wie wenn ich zu Hause eines von Mutters besonderen Sonntagsmittagessen genießen würde. Ich dachte tatsächlich, der Herr würde uns im Himmel Stampfkartoffeln, Braten, Soße, zarte Bohnen und Mais servieren, so wie meine Mutter es immer tat.«[34]

34 Gekürzt und übersetzt aus: Schaeffer Macaulay, Susan: *For the Family's Sake. The Value of Home in Everyone's Life*, Wheaton: Crossway, 1999, S. 118-119.

Unterschätzen wir nicht das wichtigste Möbelstück des Hauses, den Esstisch! Nehmen wir uns die Zeit, ihn schön zu decken, lange an ihm zu sitzen und dadurch unsere Beziehungen untereinander zu stärken!

2. Geistliche Prägung

Gemeinsame Mahlzeiten dienen aber nicht nur der Gemeinschaftspflege, sondern bieten auch einen idealen Rahmen, als Familie ganz natürlich über den Glauben zu sprechen und unsere Kinder geistlich zu prägen:

> »Waren im Reli-Unterricht heute wieder die Wunder der Bibel Thema? Erzähl doch mal ...«
>
> »Ich muss euch noch etwas Schönes berichten. Ihr wisst ja, dass ich heute Morgen den Autoschlüssel verlegt hatte. Ich habe gebetet, dass der Herr mir doch zeigt, wo er ist. Und ratet mal, was dann passiert ist ...«

Manchmal wird es besonders um die Erfahrungen der Kinder gehen, ein anderes Mal werden eher »Erwachsenengespräche« geführt werden. Aber auch davon profitieren Kinder. Wenn nicht nur Familienmitglieder, sondern auch noch Gäste da sind, gilt das umso mehr. Die Tochter des Predigers Rolf Scheffbuch erinnert sich, wie sehr sie durch die vielen Christen aus aller Welt, die am

Esstisch ihrer Eltern Platz fanden, geprägt wurde. Sie schreibt:

»Meinem Vater war es wichtig, dass auch seine Kinder ›einen weiten Horizont‹ bekamen. Deshalb lud er viele seiner internationalen Freunde zu uns an den Familientisch, damit wir hören konnten, dass es einen lebendigen, in aller Welt erfahrbaren Jesus gibt. Dass die Kommunikation an diesen Besuchstagen ausschließlich auf Englisch lief, machte mich damals nicht immer glücklich. Aber es gab kein Pardon: Wenn ich am unteren Tischende auf Schwäbisch mit meinem großen Bruder tuschelte, gab es einen zurechtweisenden Blick väterlicherseits, der hieß: Aufmerksamkeit wahren und dem Gespräch weiterhin konzentriert lauschen! Damals hat mich die Strenge gewurmt, heute bin ich meinem Vater dankbar, dass er an dieser Stelle so fordernd war. Auf diese Weise wurde nicht nur mein Schulenglisch aufgepäppelt, es wurde auch mein Blick für das geweitet, was in der Weltchristenheit passiert.«[35]

Es ist gut möglich, dass die Kinder einer gastfreundlichen Familie geistlich mehr durch die Tischgespräche zu Hause als durch die formale Unterweisung in der Gemeinde geprägt werden.

---

35 Filker, Claudia (Hrsg.): *Mein Vater. Töchter erzählen*, Neukirchen-Vluyn: Aussaat-Verlag, 2011, S. 66.

Bedenken wir außerdem: Unzählige Menschen haben zu Christus gefunden, weil sie die Tischgemeinschaft einer gläubigen Familie genossen haben. Wie oft waren die Schulkameraden unserer Kinder, die bei uns zum Mittagessen waren, erstaunt über das Tischgebet, die Gespräche und die gegenseitige Anteilnahme! Eine Mahlzeit zu teilen, ist eine großartige Möglichkeit zur Evangelisation. Ein Prediger vermutete einmal scherzhaft, dass wahrscheinlich mehr Menschen durch die Zimtschnecken seiner Frau als durch seine Predigten den Herrn gefunden hätten.

Einen gedeckten Tisch mit jemandem zu teilen, ist eine einfache, liebevolle Art, die Botschaft des Evangeliums darzustellen. Gott lädt uns ein an seinen Tisch. Deshalb wollen wir immer wieder gerne für unsere eigene Familie den Tisch decken und darüber hinaus viele andere Menschen an dieser Tischgemeinschaft teilhaben lassen.

Die geistliche Prägung unserer Kinder wird nicht nur durch die Gespräche beim Essen geschehen, sondern auch durch die Weitergabe von Gottes Wort, wofür die gemeinsamen Mahlzeiten naheliegende Gelegenheiten sind. Es gibt eine Fülle von Kalendern für jedes Alter, die man nach dem Essen lesen kann, doch nichts ist wertvoller, als einfach fortlaufend ein paar Verse aus der Bibel vorzulesen und anschließend darüber zu sprechen.

Vielleicht denken wir Eltern oft, dass diese kurzen Andachten gar nichts Besonderes seien. Oft erinnern wir uns ein paar Stunden später selbst nicht mehr an das, was wir vorgelesen haben. Aber unterschätzen wir nicht die Kraft des Wortes Gottes! Jedes Mal kann es sein, dass ein Bibelvers so direkt in das Leben eines unserer Kinder oder Gäste spricht, dass sie sich ein Leben lang daran erinnern.

Corrie ten Boom erzählt, wie sie als kleines Mädchen zum ersten Mal mit dem Tod konfrontiert wurde. In der Nachbarschaft war ein Baby gestorben und ihre Mutter hatte zusammen mit ihr die trauernde Familie besucht. Zum ersten Mal wurde ihr bewusst, dass auch einmal alle Menschen, die sie liebte, sterben würden. Es ergriff sie eine furchtbare Angst, plötzlich ganz allein in der Welt zurückgelassen zu werden. Doch dann kam wie jeden Tag das gemeinsame Abendbrot. Sie erinnert sich:

»Der Gong zum Essen erklang, und ich war so dankbar, dass ich mich an den ovalen Tisch setzen konnte, wieder warm wurde und die Geborgenheit der mich umgebenden Familie fühlen konnte. Nach dem Essen nahm Vater die Bibel wie immer und las den 46. Psalm vom dritten Vers an: ›Darum fürchten wir uns nicht, wenngleich die Welt unterginge und die Berge mitten ins Meer sänken.‹

Mit einem Ruck richtete ich mich vom Stuhl auf und starrte Vater an. Ich wusste nicht viel von Bergen, denn ich wohnte im flachen Holland. Aber von Furcht wusste ich sehr viel. Ich dachte, Vater müsste genau gewusst haben, was mein Problem an diesem Abend war. Mein Glaube an Vater und an die Worte, die er aus der Bibel vorlas, waren unverrückbar. Wenn da gesagt wurde, dass wir uns nicht fürchten sollen, dann würde Gott für alles sorgen. Ich fühlte mich wieder geborgen.«[36]

Nutzen wir doch die gemeinsamen Mahlzeiten, um gute Tischgespräche mit unseren Kindern und Gästen, Christen wie Nichtchristen, zu führen! Gespräche, in denen es nicht nur um Belanglosigkeiten geht, sondern in denen der Glaube ganz natürlich vorkommt. Und machen wir es uns zur Gewohnheit, vor oder nach dem Essen gemeinsam auf ein Wort dessen zu hören, der als »unsichtbarer Gast« bei jeder unserer Mahlzeiten mit dabei ist!

3. Erziehung

Neben der geistlichen Prägung geht es beim Essen auch um Erziehung. Dass tatsächlich ein großer Teil davon bei Tisch stattfindet, wird jeder feststellen, der einen Tag lang eine Familie beobachtet. Hier lernen unsere Kinder, anderen den Vortritt zu gewähren – »Der Besuch bekommt zuerst!« – und sich selbst zurückzuneh-

36 ten Boom, Corrie: *Kleines Haus mit offenen Türen. Die Jugendjahre vor der »Zuflucht«*, Holzgerlingen: SCM Hänssler, 2020 (8. Auflage), S. 31-32.

men. Sie üben sich darin, anderen zuzuhören und ihrerseits einen Teil zum Gespräch beizutragen. Außerdem lernen sie, dankbar zu sein, selbst wenn es einmal nicht ganz so gut geschmeckt hat. Wie wichtig ist es, dass Eltern Meckern über das Essen von Anfang an nicht dulden! Einfache Tischregeln machen die Familienmahlzeiten für alle Beteiligten angenehmer. Diese könnten sein:

- Erst wenn alle ihr Essen auf dem Teller haben, darf man anfangen.
- Es wird von allem probiert.
- Wer seinen Teller nicht leer isst, bekommt auch keinen Nachtisch.
- Jedes Kind darf ein oder zwei Speisen benennen, die es nicht mag und daher auch nicht essen muss.
- Abräumen gehört zum Essen.

So bald wie möglich sollten Kinder darin angeleitet werden, kleine Aufgaben in der Küche zu übernehmen. Das fängt vielleicht damit an, dass das Kleinkind das Besteck in die Spülmaschine einräumt und den Tisch abwischt; ein größeres Kind kann schon für eine ganze Mahlzeit verantwortlich sein. Wenn Kinder beim Kochen und Vorbereiten mithelfen und sehen, mit wie viel Mühe ein leckeres Essen verbunden ist, werden sie dieses auch mehr zu schätzen wissen.

Durch das regelmäßige gemeinsame Essen als Familie lernen unsere Sprösslinge hoffentlich auch einigermaßen sozialverträgliche Tischmanieren. Von einem Arbeitgeber wurde erzählt, dass er die Kandidaten für höhere Posten seiner Firma immer zu einem feinen Essen in ein Restaurant einlud. Manche fielen bei dieser Form des Vorstellungsgesprächs direkt durch, einfach weil sie sich nicht zu benehmen wussten. Dies sagt auch etwas über die Familien aus, aus der die Bewerber kamen.

Ein weiteres wichtiges Argument für schöne gemeinsame Mahlzeiten ist, dass wir durch gesundes, ausgewogenes Essen unsere Familie fit und leistungsfähig halten. Unsere Kinder lernen, ihren von Gott gegebenen Körper nicht mit Müll zu füllen. Durch eine gesunde Tischkultur bleiben sie auch hoffentlich vor den langfristigen Schäden durch einseitige Ernährung und vor den schlimmen Essstörungen, mit denen heute so viele Jugendliche zu kämpfen haben, bewahrt.

Gemeinschaft, geistliche Prägung, Erziehung. All das passiert am Tisch. Doch um diesen Nutzen zu haben, sind Mütter nötig, die bereit sind, gegen den Trend zu leben und freudig die wenig geschätzte Küchenarbeit zu verrichten. Ebenso Väter, die sich nicht zu schade sind, hier mit anzupacken.

Sicherlich müssen wir überlegen, wie viel Zeit, Geld und Energie wir in die Dinge des täglichen Lebens stecken möchten. Es muss nicht jeden Tag das aufwendige und teure Drei-Gänge-Menü sein. »Besser ein Gericht Gemüse mit Liebe dabei, als ein gemästeter Ochse und Hass dabei«, erinnert uns Salomo (Sprüche 15,17).

An einem Tag ist vielleicht eine andere Aufgabe so dringend, dass es einfach eine Tiefkühl-Pizza oder einen schnellen Stopp beim Fastfood-Restaurant gibt. An einem anderen Tag wird man lieber ein wichtiges Gespräch fortsetzen und dafür nur einen kleinen Imbiss zubereiten. Aber wenn wir grundsätzlich nicht bereit sind, Zeit und Energie in den Bereich der gemeinsamen Mahlzeiten zu investieren, werden unsere Familien und Gemeinden um so vieles ärmer werden!

> »*Erinnerungen werden wach. Nicht nur Milch und Honig sind geflossen, auch Kaffee und Kakao. Ströme der Liebe haben alles überschwemmt. Diese Frau hatte ihr Herz nicht auf der Zunge. Es war hineingebacken in Berge von Kuchen, hineingekocht in Seen von Suppe, hineingepackt in unzählige Pakete.*«
>
> Pfarrer Konrad Eißler über seine Mutter[37]

Wahrscheinlich wird keine Familie über Jahre hinweg drei oder mehr gemeinsame Mahlzeiten pro Tag haben können. Die Kinder kommen zu unterschiedlichen Zeiten aus der Schule, der Vater ist vielleicht mittags gar nicht zu Hause, abends gibt es andere Termine. Aber etwas ist besser als

37 Swoboda, Jörg (Hrsg.): *Mütter von Männern. 25 Söhne erinnern sich*, Neukirchen-Vluyn: Aussaat-Verlag, 2013 (3. Auflage), S. 50.

nichts! Überlegt Euch als Ehepaar, welche gemeinsamen Mahlzeiten in der jetzigen Familienphase möglich sind. Sie sind es wert, dass dafür auch kleine Opfer gebracht werden, dass zum Beispiel ein Kind früher aufsteht, das sonst noch länger schlafen könnte, oder ein anderes Kind mit dem Mittagessen wartet, bis seine Geschwister aus der Schule gekommen sind.

Laut Sprüche 31 gehört es zu den Aufgaben der tugendhaften Frau, ihrem Haus Speise zu geben (vgl. V. 15). Mütter dürfen sich bewusst machen, dass das viele Planen, Einkaufen, Kochen, Tischdecken, Abräumen und Spülen (wobei jedes Familienmitglied hoffentlich tatkräftig mit anpackt!) nicht ein lästiges Übel, sondern ein wesentlicher Teil ihrer »Jobbeschreibung« ist.

Ja, der mehrmals täglich gedeckte Familientisch ist nicht zum Nulltarif zu haben und bedeutet sehr viel Arbeit. Doch die investierte Mühe lohnt sich. Ohne diese gemeinsamen Mahlzeiten hätten wir viel weniger Gelegenheit, in schöner Atmosphäre zusammenzukommen und sowohl geistlich als auch körperlich gestärkt zu werden. »Liebe geht durch den Magen« – so sind wir Menschen nun einmal. Wohl der Familie, deren »schönstes Möbelstück« ein oft benutzter Esstisch ist!

WIE EIN LIEBEVOLL VORBEREITETES SALAT-ESSEN

ein Leben veränderte:

Von zwei Familien aus Saalfelden wussten wir aus persönlichen Gesprächen, dass sie sehr gerne Salat aßen. Warum nicht ein Salatfest organisieren, um liebe Menschen für den Herrn zu gewinnen? An einem Spätsommernachmittag war es so weit. Alles war von Esther liebevoll zubereitet worden: Kopfsalate und Pflücksalate, grün und bunt, Kraut-, Karotten- und Rote-Rüben-, Sellerie-, Tomaten- und Zuckerhutsalat, ohne und mit Zwiebeln und Schweizer Marinade und den ausgewählten Gewürzkräutern. Das Vollkornbrot in verschiedenen Sorten durfte nicht fehlen. Die Stube war liebevoll geschmückt, und auf den Servietten lagen frische Blümchen. Nach einer kurzen Begrüßung konnte das Essen beginnen. Wir als Familie waren mit dabei. Es war ein schöner Nachmittag in lieber Gesellschaft. Gelegentlich wurde ich auf meine Vorträge und den zweiten Teil darin angesprochen. Die Salatmenge reichte nicht aus. Mehr als einmal ging ich in den Garten, um noch mehr zu ernten.

Als eine der Familien wenige Monate später zum Glauben an Jesus Christus fand und ich sie fragte, was für ihre Bekehrung ausschlaggebend gewesen sei, nahmen sie auf das Salatessen Bezug. Dies sei der eigentliche Auslöser zu der Lebensübergabe des Mannes an den Herrn Jesus gewesen. »Warum denn gerade dieser Nachmittag«, wollte ich wissen, »wir hatten doch kaum über die Bibel und Gott gesprochen?« Es war der ganze Nachmittag und die fröhliche Stimmung an sich gewesen. Auf der Rückfahrt sagte er zu seiner Frau, dass er bei uns etwas erlebt habe, was er sich auch für seine Familie sehnlichst wünsche. Der Friede in unserem Haus und die Liebe untereinander beeindruckte diese Familie.[38]

Walter Mauerhofer (Jahrgang 1944) arbeitet als Evangelist in Österreich und hat dort bei der Gründung vieler Gemeinden mitgewirkt.

38 Mauerhofer, Walter: *Eine Saat geht auf. Evangelisation als Lebenswerk*, Bielefeld: CLV, 2011, S. 184.

ZUM WEITERDENKEN

- Wie viele Mahlzeiten haben wir täglich gemeinsam als Familie? Wie erleben unsere Kinder diese Zeiten am Tisch?
- Was könnten wir tun, um die Atmosphäre beim Essen zu verbessern und die Gespräche zu vertiefen?
- Für die Mütter: Tue ich die tägliche Arbeit in der Küche mit einem fröhlichen Herzen?

ZUM UMSETZEN

- »Vor dem Essen ... halte ich oft ein, zwei Minuten inne. Ich erzähle eine kurze Geschichte, greife eine Begebenheit auf. Oder wir lernen einen Satz aus der Bibel auswendig. Mahlzeiten sind wunderbare Gelegenheiten, um gute Gewohnheiten einzuüben.«[39]
- »Wir haben bei uns die Regel: Handy, Bücher und Zeitung haben am Familientisch nichts zu suchen – es sei denn, jemand isst allein.«

39 Strebel, Hanniel: *Kinderreich. Lernerlebnisse mit Kindern, Band 1*, Langerwehe: Folgen Verlag, 2014, S. 104.

- »Ein Kind darf bei uns erst aufstehen, wenn alle Kinder fertig sind mit dem Essen. Dadurch haben wir Erwachsenen die Ruhe für ein tieferes Gespräch nach dem Essen und die Kinder lernen trotzdem, zu warten und Rücksicht zu nehmen.«
- »Ein Highlight sind die festlichen Abendessen, die wir ab und zu in unserer Familie veranstalten: Es gibt Menükarten, mehrere Gänge und der Vater führt seine Töchter galant an ihre Plätze. Nebenbei lernen die Kinder, wie man sich bei feierlichen Anlässen am Tisch benimmt – und das ohne teuren Restaurantbesuch.«
- »Sonntags gibt's bei uns oft Fastfood oder Lieferservice (wir nennen das ›Papa kocht‹), dadurch hat Mama auch mal kochfrei. Samstags haben wir oft ein schönes Familienfrühstück, zu dem wir manchmal auch andere Familien einladen.«
- »›Ein gedeckter Tisch ist wie in Versprechen‹, sagte mir meine Mutter immer. ›Hab immer den Tisch fertig gedeckt, wenn dein Mann und deine Kinder nach Hause kommen. Wenn das Essen noch nicht ganz fertig ist, ist das nicht so schlimm. Denn der gedeckte Tisch zeigt ihnen: Alles ist vorbereitet, gleich wird es losgehen.‹«
- »Mit unseren Jüngsten gehe ich zwei Mal in der Woche einkaufen. Wir haben die Gewohnheit, dass sie sich dann für sich selbst ein schönes Stück Obst aussuchen dürfen und auch eines für den großen Bruder, der in der Schule ist. Wenn der

dann nach Hause kommt, gibt es für jedes Kind einen Obstteller. Dann ist Zeit, um die Eindrücke vom Vormittag zu erzählen, alles zu verarbeiten und nebenbei die Leckereien zu genießen.«

- »Unsere Kinder kommen zu unterschiedlichen Zeiten aus der Schule, sodass wir nicht alle zusammen zu Mittag essen können. Aber ich versuche, mich immer dazuzusetzen, wenn ein Kind sein Essen zu sich nimmt. In diesen kurzen Minuten erfahre ich mehr von den Ereignissen des Tages, als das sonst möglich wäre. Kinder reden nicht immer – aber direkt nach der Schule beim Essen schon.«
- »Wenn's anstrengend wird ..., steht oft der nächste Entwicklungssprung an. Dann, wenn ich beinah aufgeben will (zum Beispiel bei den Tischmanieren) klappt's plötzlich.«[40]

40 Strebel, Hanniel: *Kinderreich. Lernerlebnisse mit Kindern, Band 1*, Langerwehe: Folgen Verlag, 2014, S. 19.

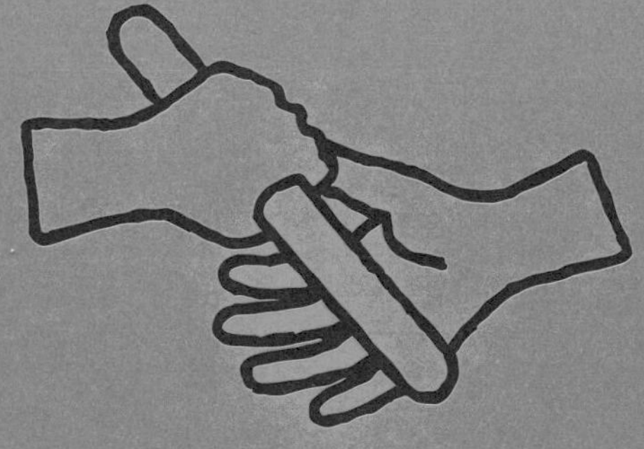

FAMILIE IST WIE EIN STAFFELLAUF

Kapitel 8

Und tu sie deinen Kindern und deinen Kindeskindern kund!

5. Mose 4,9

Los, lauf!« »Schneller!« »Du schaffst das!« Die Kinder hüpfen aufgeregt von einem Bein aufs andere, während sie laut den Jungen aus ihrer Mannschaft anfeuern, der mit dem Staffelstab in der Hand seine Runde sprintet. Was für eine Aufregung, als er hinfällt und den Stab fallen lässt! Was für ein Jubel, als er aufspringt und tapfer weiterläuft! Und dann kommt der Moment, wo der kleine Läufer – völlig außer Puste – den Stab seinem Freund, der schon ein Stück neben ihm gerannt ist, in die Hand drückt und dieser mit frischer Energie weitersprintet.

In Hebräer 12,1-2 heißt es: »Deshalb nun, da wir eine so große Wolke von Zeugen um uns haben, lasst auch uns, indem wir jede Bürde und die leicht umstrickende Sünde ablegen, mit Ausharren laufen den vor uns liegenden Wettlauf, hinschauend auf Jesus ...«

Wenn man über den Wettlauf des Glaubens nachdenkt, wird einem bewusst, dass es sich dabei eigentlich um einen Staffellauf handelt. Wir alle haben die Staffel des Glaubens in die Hand gedrückt bekommen – viele von unseren leiblichen Eltern, die anderen von ihren geistlichen Eltern. Und jetzt sind wir an der Reihe, zu laufen, nicht müde zu werden, jede Bürde abzulegen und auf Christus zu schauen. Aber wir leben nicht für immer. Einmal kommt der Tag, an dem der Lauf für uns vollendet ist. Und die Frage ist, ob der Staffellauf unseres Teams mit uns aufhört. Oder ob wir es geschafft haben, unseren Stab an jüngere Läufer weiterzugeben, die nun ihrerseits mit Eifer weiterlaufen.

Der erste Ort, an dem diese Weitergabe der Staffel geschieht, ist die Familie. Gott möchte nicht nur Einzelpersonen, sondern ganze Häuser und Generationen retten. Deshalb sollen Mütter und Väter das, was sie von Gott wissen und mit ihm erlebt haben, ihren Kindern erzählen, die es wiederum ihren Kindern und Enkeln weitersagen sollen. Das betont das Wort Gottes an vielen Stellen.

»Nur hüte dich und hüte deine Seele sehr, dass du die Dinge nicht vergisst, die deine Augen gesehen haben, und dass sie nicht aus deinem Herzen weichen alle Tage deines Lebens! Und tu sie deinen Kindern und deinen Kindeskindern kund!« (5. Mose 4,9).

»Denn er hat ein Zeugnis aufgerichtet in Jakob und ein Gesetz gestellt in Israel, die er unseren Vätern geboten hat, damit sie sie ihren Söhnen mitteilten; damit das künftige Geschlecht sie kennte, die Söhne, die geboren werden sollten, und sie aufständen und sie ihren Söhnen erzählten; und auf Gott ihr Vertrauen setzten und die Taten Gottes nicht vergäßen und seine Gebote bewahrten …« (Psalm 78,5-7).

Vier Generationen werden in diesem Vers genannt: die Väter – die Söhne – die Söhne, die noch geboren werden würden – und deren Söhne. Ein langer Staffellauf! Doch leider ist damals die Mehrheit der Väter dem göttlichen Auftrag, die eigenen Kinder zu belehren, nicht nachgekommen. Obwohl die Menschen so viel mit Gott erlebt und so viel zu erzählen hatten, haben sie doch seine Taten und Wunderwerke vergessen, die er sie hatte schauen lassen (vgl. Psalm 78,11). Die nächste Generation erfuhr nichts von Gottes Wirken und seinen Geboten. Die Kette wurde unterbrochen.

Wie ist das bei uns? Was sind die Ziele, die wir für unsere Kinder haben? Sicherlich wollen wir, dass sie einmal einen ordentlichen Beruf erlernen, eine eigene Persönlichkeit entfalten und im Leben gut zurechtkommen. Deshalb begleiten wir mit großem Einsatz ihre Entwicklung, wir nehmen Vorsorgetermine wahr und fördern und unterstützen unsere Kinder, wo wir nur können. Zu Recht. Es ist ja unsere elterliche Verantwortung, alles zu tun, was wir können, damit sie zu selbstständigen und lebenstüchtigen Erwachsenen heranreifen. Aber bei alledem dürfen wir unser wichtigstes Ziel nicht aus den Augen verlieren: nämlich, dass unsere

Kinder zu reifen Christen werden, die ihrerseits den Staffelstab des Glaubens weitergeben. Der Lauf soll weitergehen. Das muss uns wichtiger sein als alles andere.

Wie sieht diese Staffelübergabe aus? In welchem Rahmen findet sie statt? Familienandachten und Bibellesen sind dafür wichtig, keine Frage. Aber es ist der ganz gewöhnliche Familienalltag, der die besten Gelegenheiten bietet, über geistliche Wahrheiten zu reden:

> »Schau mal, wie schön dieser Baum blüht! Ist es nicht herrlich, wie Gott sich das ausgedacht hat, dass zunächst aus einem winzigen Keim ein zartes Pflänzchen, dann ein kleiner Baum und schließlich so ein blühendes Wunderwerk entsteht?«

> ***»Wenn wir unseren Kindern die Bibel weitergeben, aber sie nicht tiefgründig darin belehren, worauf soll ihr Glaube ruhen? Und was sollen sie dann der nächsten Generation weitergeben? Sie sind zwar in anderen Dingen ausreichend belehrt worden, jedoch nicht in dem einen, worauf es in der christlichen Familie ankommt.«***
>
> Matthew Henry[41]

41 Henry, Matthew: *Eine Familie mit Gott im Zentrum*, Reichshof: Voice of Hope, 2021, S. 83.

»Es tut mir sehr leid, dass ich heute ganz vergessen habe, einen Kuchen zu backen, so wie ich es verspochen hatte. Ich will es das nächste Mal besser machen. Aber weißt du was? Zum Glück hält Gott immer, was er verspricht. Er ist absolut zuverlässig.«

»Ihr habt heute in der Schule über die Nachkriegszeit gesprochen? Wenn wir das nächste Mal die Uroma besuchen, dann wollen wir sie fragen, wie Gott sie in diesen schweren Jahren versorgt hat.«

Das tägliche Leben, wenn wir als Familie zusammen essen, vorlesen, spielen, ins Bett gehen, in den Zoo fahren, abends über die verschiedensten Themen diskutieren, Besuche machen – diese Gelegenheiten sind es, bei denen wir unsere Kinder prägen und der Staffelstab der Wahrheit von einer Generation an die nächste weitergereicht wird.

In 5. Mose 6,6-7 heißt es dazu: »Und diese Worte, die ich dir heute gebiete, sollen auf deinem Herzen sein. Und du sollst sie deinen Kindern einschärfen und davon reden, wenn du in deinem Haus sitzt und wenn du auf dem Weg gehst und wenn du dich niederlegst und wenn du aufstehst.«

Das tägliche Familienleben wird hier als der Ort angegeben, wo Wahrheit gelehrt wird – beim Hinlegen, Aufstehen, Unterwegs-sein und Sich-im-Haus-aufhalten. Das impliziert, dass wir zumindest bei einigen dieser Situationen mit unseren Kindern zusammen sein müssen. Fragen, Antworten, Gespräch, Belehrung – dazu ist eine Menge gemeinsam verbrachter Zeit nötig! Es stimmt etwas nicht, wenn wir so viele Veranstaltungen und Verpflichtungen haben, dass nicht genug Raum bleibt zum einfachen Zusammensein als Familie, aus dem sich ganz natürlich ehrliche Fragen und passende Antworten ergeben. Die Verantwortung für die geistliche Belehrung unserer Kinder können wir nicht auf das christliche Ferienprogramm oder die Kinderstundenmitarbeiter der Gemeinde abschieben. Nein, es bleibt unsere Aufgabe als Eltern, unseren Kindern Gottes Wahrheit nahezubringen. Denn dadurch, dass wir die Vielfältigkeit des Alltags mit ihnen teilen, haben wir die besten Voraussetzungen dafür. Wenn wir dieser Berufung nicht nachkommen, dann kann das kaum durch andere Menschen ersetzt werden.

Das beobachtete schon der Puritaner Matthew Henry (1662–1714). Er schreibt: »Die Glaubensunterweisung in der Gemeinde wird ohne die Belehrung in der Familie nur langsam vorangehen und wenig Erfolg haben. Die Bemühungen, Kinder und Jugendliche in der Gemeinde zu unterweisen, zeigen sich deshalb so oft als schwierig, weil die Familienväter nicht ihre Pflicht erfüllen, ihre Kinder in der Heiligen Schrift zu belehren.«[42]

Für die Weitergabe der Staffel ist unser elterliches Vorbild entscheidend. Sehen unsere Kinder, dass wir begeistert von Gottes Wort sind und für sein Reich brennen? Haben sie uns häufig beim Beten beobachten können? Spüren sie, dass wir die Gemeinde lieben und dass die Errettung unserer unbekehrten Freunde ein Herzensanliegen für uns ist? Wir können nichts weitergeben, was wir selbst nicht besitzen.

Allerdings brauchen wir nicht zu denken, dass wir unseren Kindern ein perfektes Christsein vorleben müssten. Sie durchschauen uns ohnehin und wissen wahrscheinlich besser als wir, wo unsere persönlichen Baustellen und Begrenzungen sind. Deshalb können wir unseren Kindern gerade, wenn sie älter werden, auch freimütig Einblick gewähren in unsere Herausforderungen und Probleme. Und wir müssen so demütig sein, sie um Vergebung zu bitten, wenn wir an ihnen schuldig geworden sind.

Nur ein ehrlich gelebtes Christsein wird für die nächste Generation, der Authentizität wichtiger ist als alles andere, anziehend sein. Ein warmes, humorvolles und liebevolles Zuhause, in dem die Kinder täglich die Echtheit des Glaubens der Eltern beobach-

42 Henry, Matthew: *Eine Familie mit Gott im Zentrum*, Reichshof: Voice of Hope, 2021, S. 42.

ten können, bietet die beste Voraussetzung für einen erfolgreichen Staffellauf. »Es ist die Wärme der Eltern, die ganz wesentlich darüber entscheidet, ob ein Kind im Sinn der Eltern *gläubig* wird«, so Jürgen Fischer.[43]

Werden sich alle Kinder aus gläubigen Familien bekehren? Leider nicht. Eine Bekehrung ist niemals eine Selbstverständlichkeit. Es gibt vorbildliche Eltern, deren Kinder doch ohne Christus leben, wenn sie erwachsen geworden sind. Wir können unseren Glauben nicht vererben, und es kommt ein Punkt, an dem unsere Kinder selbst entscheiden müssen, wie sie leben wollen. Dafür müssen sie dann selbst die Verantwortung tragen. Jede Errettung, auch die unserer Kinder, bleibt ein unverdientes Gnadengeschenk Gottes. Sie ist kein Recht, das wir vom Herrn einfordern könnten.

Geschwister, die dieselben Eltern, dieselben Vorbilder und dieselbe Erziehung bekommen haben, können sich für unterschiedliche Wege entscheiden: Das eine Kind nimmt Christus an, ein anderes lehnt ihn ab. Wir können es nicht *machen*, dass unsere Kinder gläubig werden. Aber wir können dafür *leben*. Und genau das wollen wir tun. »Obwohl es stimmt, dass das ewige Schicksal unserer Kinder eine Sache zwischen ihnen und Gott ist, werden El-

43 Aus einem Vortrag von Jürgen Fischer, https://www.frogwords.de/_media/den_glauben_an_kinder_weitergeben_1_-_pra%CC%88gende_faktoren.pdf (abgerufen am 13.06.2023).

tern aufgerufen, ihre Kinder im Herrn zu unterweisen und sie zum errettenden Glauben zu ermutigen«, schreibt ein Autor.[44]

VON GENERATION ZU GENERATION

Vor einigen Jahren haben wir als Familie in einem kleinen, bezaubernden Dörfchen in Cornwall (England) Urlaub gemacht. Wenn man durch das Land fährt, sieht man in jeder noch so kleinen Ortschaft eine methodistische Kirche, steinerne Zeugen der großen Erweckung, die es dort im 18. Jahrhundert unter Charles und John Wesley gegeben hat. England war damals vom Evangelium völlig verändert worden. Aber heute? Als wir am Sonntag zu Fuß in die kleine Kirche gingen, kamen dort nur acht Leute zusammen. Die ganze Gemeinde hätte auch gut in ein Wohnzimmer gepasst. Wo sind die Nachkommen all der Gläubigen, die damals die vielen Kirchen gefüllt haben? Was ist passiert? Es ist nicht gelungen, den Staffelstab des Glaubens in den Familien weiterzugeben.

Ähnlich war auch die Entwicklung innerhalb der sogenannten Brüderbewegung, die in England zu Beginn des 19. Jahrhunderts

44 Melvin Dirksen in: Street, John D. (Hrsg.): *Männer beraten Männer. Ein biblischer Leitfaden zu den Herausforderungen, mit denen Männer konfrontiert sind*, Dübendorf: Mitternachtsruf – Dillenburg: Christliche Verlagsgesellschaft, 2020, S. 325.

ihren Anfang nahm. Während es dort damals ca. tausend Brüderversammlungen gab, sind es heute nur noch einige Handvoll, die meisten davon sehr klein. Der einstmals blühende Glaube konnte nicht dauerhaft an die nachfolgenden Generationen weitergegeben werden. Wie traurig! Deshalb mahnt Edith Schaeffer: »Betrachten Sie Ihren Platz in der Familie als Mittelpunkt, nicht nur gerade in diesem historischen Moment, sondern als Teil der Staffel. Lassen Sie es nicht zu einer Lücke kommen. Nehmen Sie die Schönheit des Familienlebens – und die Fähigkeit, die Wahrheit wieder einer Generation weiterzugeben – nicht auf die leichte Schulter. Es handelt sich um eines der Hauptgebote Gottes.«[45]

Ein positives Beispiel für eine erfolgreiche Staffelübergabe ist die Familie des Timotheus. Da gab es eine Großmutter, sie hieß Lois. Lois war gläubig, ebenso wie ihre Tochter Eunike. Eunike gab die Staffel des Glaubens an ihren Sohn Timotheus weiter. An ihn schrieb Paulus später: »... indem ich den ungeheuchelten Glauben in dir in Erinnerung habe, der zuerst in deiner Großmutter Lois und deiner Mutter Eunike wohnte, ich bin aber überzeugt, auch in dir« (2. Timotheus 1,5).

45 Schaeffer, Edith: *Lebensraum Familie*, Wuppertal/Kassel: Oncken-Verlag – Genf/Zürich/Basel: Haus der Bibel, 1976, S. 109.

Vermutlich hat Eunike es nicht leicht gehabt. Viele Bibelausleger gehen davon aus, dass Timotheus' Vater, ein Grieche, nicht gläubig war. Und trotzdem hat diese Frau es mit Gottes Hilfe geschafft, den Glauben auch ihrem Sohn lieb zu machen.

Im Familienalltag kann man nicht heucheln. Was Timotheus bei seiner Mutter sah, das war ein ungeheuchelter, echter Glaube – ein Glaube, der im Alltag sichtbar war und sich in den Herausforderungen des Lebens bewährte.

Es ist gut möglich, dass auch die Großmutter Lois bei Timotheus' Bekehrung eine wichtige Rolle spielte. Sicher hat sie die Zeit, die ihr als ältere Frau zur Verfügung stand, genutzt, um für ihren Enkel zu beten und ihn geistlich zu prägen. Vielleicht ist Timotheus auch von ihr im Wort Gottes unterwiesen worden. Auf jeden Fall kannte er von Kind auf die Heiligen Schriften (vgl. 2. Timotheus 3,15).

Gläubige Großeltern können ein unermesslicher Segen für ihre Enkelkinder sein. Sie haben im Lauf ihres Lebens wichtige Erfahrungen gesammelt und können eine Weisheit und Weitsicht vermitteln, die junge Eltern noch nicht haben. Oft steht ihnen auch mehr Zeit zur Verfügung.

Ermutigt deshalb Eure Kinder, eine persönliche Beziehung zu ihren Großeltern und Urgroßeltern aufzubauen und sie, wenn sie gläubig sind, nach ihren Glaubenserfahrungen und Gebetserhörungen zu fragen: »Wie war das, als du dich damals bekehrt hast?«

»Was hast du mit Gott erlebt?« »Gab es Entscheidungen in deinem Leben, die du im Nachhinein bereut hast?«

Nicht alle älteren Gläubigen sind bereit für solche Gespräche, aber viele öffnen sich gegenüber ihren Enkeln und Urenkeln sogar mehr, als sie das gegenüber ihren eigenen Kindern tun konnten. Für die junge Generation ist es sehr glaubensstärkend, zu sehen, dass sie nicht die Ersten sind, die mit Schwierigkeiten und Anfechtungen zu kämpfen haben.

Auch für die Eltern ist der bewusste Austausch mit der älteren Generation wertvoll. In einer Phase, in der das Leben nur noch aus Windeln, Brei und Spucktüchern zu bestehen scheint, braucht man hin und wieder die Ermutigung: »Kopf hoch, wir haben das damals auch geschafft! Es kommen auch wieder leichtere Tage, wo du mehr Zeit für andere Dinge haben wirst.« Und wenn man sich über die Unzuverlässigkeit und Aufmüpfigkeit seiner Teenager ärgert, tut es gut, zu hören: »Als du in diesem Alter warst, hast du dich auch nicht viel anders verhalten. Und schau mal: Aus dir ist auch noch etwas geworden!«

Eine Familie hat den Vorteil, dass sie nicht nur in diesem Augenblick existiert, sondern von den Erfahrungen der Vergangenheit profitieren kann. Und dass die ältere Generation nicht unwichtig ist, sondern für die Staffelläufer der Zukunft eine wichtige Bedeutung hat.

EINE VISION FÜR DIE ZUKUNFT

William und Catherine Booth waren die Gründer der Heilsarmee. Das Elend der untersten sozialen Schichten, die weder für dieses noch für das zukünftige Leben irgendeine Hoffnung hatten, berührte sie tief. Unter dem Motto »Suppe, Seife, Seelenheil« setzten sie sich mit ganzer Kraft dafür ein, den Armen das Evangelium zu verkünden und den schlimmsten Missständen ihrer Zeit zu begegnen. Das elterliche Vorbild war inspirierend: Alle Kinder der Booths dienten später in wichtigen Funktionen in der Heilsarmee, der älteste Sohn Bramwell (1856–1929) übernahm nach dem Tod seines Vaters die Leitung des Werkes.

William Booth hat seinem Sohn schon früh eine Vision davon gegeben, wofür es sich zu leben lohnt. Eine Szene, die Bramwell als 10-jähriger Junge mit seinem Vater erlebte, blieb ihm für immer im Gedächtnis eingebrannt:

»Bramwell vergaß niemals den Tag, an dem sein Vater den Zehnjährigen zum ersten Mal in eine East-End-Kneipe mitgenommen hatte. Als Booth den entsetzten Ausdruck im Gesicht seines Sohnes sah, sagte er ruhig: ›Das sind unsere Leute. Ich möchte, dass du ihnen dein Leben widmest und sie zu Christus führst.‹«[46]

46 Collier, Richard: *William Booth: Der General Gottes. Die Geschichte der Heilsarmee*, Lahr: Johannis-Verlag, 1997 (4. Auflage), S. 43. Zu der Geschichte der Booths gehört leider auch, dass es Jahrzehnte später innerfamiliäre Differenzen aufgrund des Altersstarrsinns von William Booth gab.

Bewusst hatte Booth seinen zartbesaiteten Sohn, der sich in seinem schönen Zuhause keine Vorstellung von der Aufgabe seiner Eltern machen konnte, zu seinem Dienst mitgenommen und ihn mit dem Elend, dem Gestank und der Hoffnungslosigkeit der Londoner Elendsviertel konfrontiert. Diesen Eindruck vergaß Bramwell nie und sah ihn als persönliche Berufung Gottes an: Er widmete den Armen und Ausgestoßenen der Gesellschaft tatsächlich sein Leben. Bereits mit vierzehn Jahren half er regelmäßig bei der Armenspeisung und organisatorischen Aufgaben in der Heilsarmee mit, bis zu seinem Lebensende verzehrte er sich in dem Dienst, in den er sich seit diesem Erlebnis gestellt wusste.

In einem Alter, in dem viele Teenager heute noch keine Ahnung davon haben, was sie überhaupt Sinnvolles in ihrem Leben tun könnten, und ihre Eltern meinen, dass sie das »einmal selbst entscheiden müssten«, hatte Bramwell bereits seine Lebensaufgabe gefunden. Der Staffelstab wurde weitergegeben. Was für eine Auszeichnung ist es, wenn das Christsein und die Hingabe von Eltern so ansteckend ist, dass ihre Kinder ebenso leben wollen!

Auch Mose war von dem Gedanken beseelt, kein Einzelkämpfer zu sein, sondern zu einer langen Reihe von Staffelläufern zu gehören. Er beginnt seinen 90. Psalm mit der Feststellung: »Herr, du bist unsere Zuflucht von Geschlecht zu Geschlecht!« (Schlachter 2000), also von Generation zu Generation. Das entsprach seiner Erfahrung, denn schon seine Eltern Amram und Jokebed waren treue und mutige Gläubige gewesen.

Vielleicht hat Mose sogar noch weiter in die Vergangenheit geschaut und an seine Vorfahren Abraham, Isaak und Jakob gedacht, die auch schon mit Gott unterwegs gewesen waren. Er stand tatsächlich am Ende einer beeindruckend langen Reihe von Staffelläufern! Zum Schluss seines Psalms aber richtet Mose seinen Blick nach vorne. Er betet: »Lass deinen Knechten dein Walten sichtbar werden, und deine Herrlichkeit ihren Kindern!« (Psalm 90,16; Schlachter 2000).

Mose hatte vor dem brennenden Dornbusch gestanden, er war bei Gott auf dem Sinai gewesen und hatte den Herrn von hinten sehen dürfen. Sein Gebet »Lass mich doch deine Herrlichkeit sehen!« (2. Mose 33,18) war in Erfüllung gegangen. Doch jetzt ist der sehnlichste Wunsch des alten Mannes, dass die Kinder des Volkes Gottes nicht nur schöne Geschichten aus der Vergangenheit hören, sondern selbst Gottes Herrlichkeit erleben.

Auch in unseren Familien geht es nicht in erster Linie um das Gestern und Heute, sondern um das Morgen. Es geht darum, dass es morgen Menschen gibt, die von Gottes Herrlichkeit beeindruckt sind. Das ist das Ziel, für das wir gläubige Eltern leben. Auch unser größter Wunsch ist es, dass unsere Kinder und Enkelkinder Gottes Herrlichkeit sehen und der Staffelstab des Glaubens in unserer Familie durch die Generationen hindurch weitergetragen wird. Immer weiter, bis unser Herr wiederkommt.

EINE LANGE REIHE VON STAFFELLÄUFERN –

aus dem Leben der Familie Kullen

Das kleine Dorf Hülben liegt in Baden-Württemberg auf der Schwäbischen Alb in der Nähe von Reutlingen. Hier startete Mitte des 18. Jahrhunderts eine lange Reihe von Staffelläufern. Die erste von ihnen war Anna Katharina Kullen, die Frau des Hülbener Dorflehrers. Sie spürte eine innere Unruhe und war auf der Suche nach Frieden mit Gott. Der Pfarrer aus dem Städtchen Dettingen, der alle zwei Wochen den mühsamen Aufstieg nach Hülben unternahm, riet ihr, den Römerbrief zu lesen. Anna Katharina tat dies und meinte danach empört zum Pfarrer: »Der Römerbrief, der ist was für die Dettinger, aber nichts für uns Hülbener!« Doch der Pfarrer sagte ihr, sie solle ihn noch einmal lesen. Beim zweiten Durchgang wurde das Herz dieser Frau angerührt: »Der Römerbrief, der ist auch etwas für uns Hülbener.«

Auch Annas Mann Wilhelm kam zum Glauben und das Ehepaar begann 1768, in dem geräumigen Schulhaus eine Bibelstunde abzuhalten, die bis heute existiert. Das Dorfschulhaus wurde zu einem Zentrum des württembergischen Pietismus; bis Albrecht Kullen 1936 von den Nationalsozialisten abgesetzt wurde, ist über sechs Generationen hinweg immer ein Kullen-Sohn dort Lehrer gewesen und hat die im Haus stattfindende Bibelstunde geleitet oder mitgeprägt.

In antiquarischen Büchern kann man viele Anekdoten über die einzelnen Söhne der Familie Kullen nachlesen,[47] jeder von ihnen ein Original auf seine Art. Ihr Leben war nicht leicht, denn weil das Lehrergehalt allein zum Leben nicht ausreichte, mussten die Kullens neben der Schule auch eine Landwirtschaft betreiben, was viel Arbeit mit sich brachte. Die Familien waren kinderreich und das Haus sehr gastfrei. Obwohl die Kullens in dörflicher Abgeschiedenheit lebten, hatten sie Kontakte zu Christen und Missionsgesellschaften in aller Welt. Jede Generation hatte ihre eigenen geistlichen und gesellschaftlichen Herausforderungen zu bewältigen: Jakob Friedrich Kullen, der Sohn von Anna Katharina und Wilhelm, wäre fast als Soldat von Napoleon für den Russlandfeldzug eingezogen worden, konnte dem aber durch ein vorgezogenes Lehrerexamen ausweichen. Diese zweite Generation hatte besonders mit

47 Dazu zählen zum Beispiel die folgenden Bücher: Lang, Gottlob: *Das Schulhaus in Hülben. Gottes Hand über der Familie Kullen*, Holzgerlingen: SCM Hänssler; Baun, Friedrich: *Die Familie Kullen. Zweihundert Jahre im Dienst der Schule zu Hülben* (1722–1922), Stuttgart, Quell-Verlag, 1922. Weiteres Material findet sich hier: https://www.die-apis.de/fileadmin/BILDER/5-Bibel-und-Medien/2-Gemeinschaft_Magazin/1-Archiv/PDFs_Gemeinschaft_2018/Gemeinschaft_2018-4.pdf (abgerufen am 07.07.2023).

der sich damals verbreitenden Bibelkritik zu kämpfen. Der nächste Kullen erlebte zwar politisch ruhigere Zeiten, aber eine zunehmende Verweltlichung unter den evangelischen Christen, die ihrerseits den Pietisten Engstirnigkeit und Gesetzlichkeit vorwarfen.

Eine andere Generation erlebte den Ersten Weltkrieg und die Inflation, danach musste man sich mit dem Nationalsozialismus auseinandersetzen. Doch wie die Zeiten auch waren, die Bibelstunden im alten Schulhaus gingen weiter. Und die Eltern erlebten, dass ihre Kinder den Herrn lieb gewannen und das geistliche Erbe der Familie fortführten. Als Johannes Kullen der Ältere (1787–1842) einmal gefragt wurde, ob er sich selbst für den Glauben entschieden habe oder ob er dazu erzogen worden sei, antwortete er: »Gottlob. Beides! Ich bin darin aufgewachsen und von den Eltern in den Weg Gottes eingeleitet worden, aber das hätte mir nichts geholfen, wenn ich ihn nicht selbst auch erwählt und ergriffen hätte.«[48]

Darin erzogen und aufgewachsen und dann selbst erwählt und ergriffen. Auf diese Weise wurde die Staffel des Glaubens weitergegeben – über sechs Generationen hinweg.

48 Lang, Gottlob: *Das Schulhaus in Hülben. Gottes Hand über der Familie Kullen*, Holzgerlingen: SCM Hänssler, S. 109.

ZUM WEITERDENKEN

- Was bekommen unsere Kinder von unserem Glauben mit? Was für ein Bild von Christentum vermitteln wir ihnen?
- Mit welchen Staffelläufern aus vorigen Generationen könnten wir unsere Kinder in Kontakt bringen?
- Wenn wir uns unsere Aktivitäten in dieser Woche als Familie anschauen – wie zeigt sich, dass die »Weitergabe des Staffelstabs« das größte Ziel für unsere Kinder ist?

2. TEIL

So sehr wir Eltern

auch durch die

vielen Erlebnisse zwischen

Kreißsaal und Führerschein

zusammengeschweißt werden:

Wir sind nicht

in erster Linie Vater und Mutter,

sondern Ehepaar ...

Wir sind nicht nur eine

Arbeitsgemeinschaft, die das

Familienprogramm stemmt ...

(Seite 187)

FAMILIE UND EHE

Kapitel 9

Darum wird ein Mann seinen Vater und seine Mutter verlassen und seiner Frau anhangen, und sie werden ein Fleisch sein.

1. Mose 2,24

Was belastet Kinder heute am meisten? Ist es der überall beklagte Leistungsdruck? Die Überforderung durch die Digitalisierung? Die vielen Termine?

Eine Studie des Rheingold-Instituts in Köln, von der Illustrierten *Stern* 2015 in Auftrag gegeben, kam zu einem anderen Ergebnis: Nicht die genannten Umstände überforderten den Nachwuchs, obwohl sie natürlich auch eine Rolle spielten, sondern in erster Linie Eltern, die »ihren Job nicht richtig machen«. Tatsächlich sei die Sorge um die Beziehung der Eltern für Kinder heute einer der größten Stressfaktoren. »Die Kinder erleben ihre Welt zunehmend als labil und brüchig. Auch über einer noch intakten Familie schwebt das Damoklesschwert einer möglichen Trennung«, so der Leiter des Instituts. Nahezu alle Kinder würden aus ihrem Umfeld Ehen und Beziehungen kennen, die scheitern. Oft reagierten sie darauf mit Vorsicht und Unsicherheit.

»Ich denke, wenn ich zu patzig bin, dann streiten sich meine Eltern noch wegen mir – und trennen sich vielleicht«, sagte eine Zehnjährige in der Befragung. Kinder seien teilweise die Therapeuten ihrer Eltern und leisteten viel für den Familienzusammenhalt. Aber der Druck, für das Glück der Eltern verantwortlich zu sein, überfordere sie. Der Studienleiter fasst zusammen: »Kinder brauchen wieder richtige Eltern.«[49]

Was für eine aufschlussreiche Untersuchung! Im Umkehrschluss bedeutet sie: Wenn eure Kinder spüren, dass eure Ehe stabil und glücklich ist, dann sind sie viel weniger Belastungen ausgesetzt als ihre Altersgenossen. Wenn sie sehen: *Mama und Papa haben sich lieb, sie sind glücklich miteinander, und das unabhängig davon, wie ich mich verhalte,* dann gibt ihnen das enorme Sicherheit. Wie gut tut es Kindern zu wissen: *Ich darf ein richtiges Kind sein, weil meine Eltern richtige Eltern sind!*

49 https://www.stern.de/familie/kinder/exklusive-kinderstudie-des-stern--kinder-wuenschen-sich-eltern--die-sich-konkret-um-die-erziehung-kuemmern-3478002.html (abgerufen am 14.06.2023).

> ***»Das Wichtigste, das ein Vater für seine Kinder tun kann, ist, ihre Mutter zu lieben.«***
>
> Henry Ward Beecher[50]

Schon allein für unsere Kinder ist es also wichtig, dass wir unsere Ehe pflegen. »Ich empfand immer ein Gefühl tiefer Geborgenheit, wenn meine Eltern ihren wöchentlichen Ehe-Abend hatten«, erinnert sich eine inzwischen erwachsene Frau an ihre Kindheit. Es stimmt: Wenn die Ehe der Eltern intakt ist, dann ist auch die Welt der Kinder in Ordnung.

»Meine Kinder sind mir wichtiger als mein Mann. Denn meine Kinder bleiben für immer meine Kinder, aber bei meinem Mann kann ich ja nicht wissen, ob wir in fünf Jahren noch zusammen sein werden.« Dieses Statement unserer nichtgläubigen Freundin ist irgendwie verständlich. Immerhin lebt sie in ihrer zweiten Ehe und kann tatsächlich nicht wissen, ob ihr Mann nicht doch eines Tages mit einer anderen Frau davonziehen wird. Deswegen konzentriert sie ihre Liebe und Fürsorge auf ihre Kinder.

50 https://beruhmte-zitate.de/zitate/1960345-henry-ward-beecher-das-wichtigste-das-ein-vater-fur-seine-kinder-tun/ (abgerufen am 20.06.2023).

Wer die Bibel liest, sieht jedoch, dass Gottes Modell anders ist: Der Mann soll Vater und Mutter verlassen, um seiner Frau anzuhangen und ein Fleisch mit ihr zu werden (vgl. 1. Mose 2,24). Die beiden bilden eine Einheit, eine neue Person, während die Beziehung zu den Eltern in den Hintergrund tritt.

Laut der Bibel ist die Ehe die engste zwischenmenschliche Beziehung, die es gibt. Sie ist auf Dauer angelegt, ein Bild für die unzertrennliche Verbindung von Christus mit seiner Gemeinde. So sehr wir unsere Kinder auch lieben: Eines Tages werden sie uns verlassen und – wenn sie heiraten – ein Fleisch mit jemand anderem werden. Deswegen ist es nur richtig, dass bei Christen die Beziehung zum Ehepartner vor der Beziehung zu den Kindern kommt. Zum Nutzen für Eltern und Kinder.

So sehr wir Eltern auch durch die vielen Erlebnisse zwischen Kreißsaal und Führerschein zusammengeschweißt werden: Wir sind nicht in erster Linie Vater und Mutter, sondern Ehepaar. Es muss uns mehr verbinden als nur unsere Kinder. Wir sind nicht nur eine Arbeitsgemeinschaft, die das Familienprogramm stemmt – auch wenn das in unserem kräftefordernden Alltag nur allzu oft der Fall zu sein scheint. Aber wir waren ein Liebespaar, bevor wir Eltern wurden, und möchten auch noch dann glücklich zusammenleben, wenn unsere Kinder längst in alle Winde zerstreut sind. Doch dazu ist es nötig, dass wir in den trubeligen Familienjahren dazwischen unsere Ehe nicht aus den Augen verlieren. Dass wir sie bewusst pflegen, Zeit miteinander verbringen und neben unseren Kindern gemeinsame Interessen haben. Dass wir uns immer wieder vornehmen, über die Jahre enger zusammenzuwachsen, uns immer besser zu ergänzen, zu lieben und zu verstehen. Und nicht unsere Kinder überfordern, indem wir von ihnen erwarten, die Bedürfnisse zu stillen, die eigentlich in der Ehe ihre Erfüllung finden sollten.

> »Das Sich-Klammern an die Eltern hat schon zum Untergang vieler Ehen geführt. Ein noch größeres Problem ist aber womöglich das Sich-Klammern an die Kinder.«
>
> Timothy Keller[51]

HILFE, MEINE ELTERN SIND VERLIEBT!

Welches Bild wird die nächste Generation von Ehe haben? Werden unsere Kinder diese Lebensform als erstrebenswert ansehen – auch angesichts der Vielzahl anderer Modelle, die ihnen heute in den schillerndsten Farben vor Augen gemalt werden? Werden

51 Keller, Timothy und Kathy: *Ehe. Gottes Idee für das größte Versprechen des Lebens*, Gießen: Brunnen, 2013, S. 129.

sie sich darauf freuen, einmal selbst eine Familie zu gründen? Ihre Antworten auf diese Fragen werden zu einem großen Teil davon abhängen, wie sie uns als Ehepaar im Alltag erleben. Zeigt unsere Liebe unseren Teenagerkindern, dass es sich lohnt, in diesem Bereich zu warten, nach Gottes Gedanken zu fragen und die kurzfristige Erfüllung der Wünsche für die Aussicht auf ein größeres Glück hintanzustellen? Oder denken unsere Kinder nur: *So wie meine Eltern möchte ich nicht enden*? Mit welchen Gefühlen sie Begriffe wie »Unterordnung«, »Liebe«, »christlicher Ehemann« oder »christliche Ehefrau« verbinden, hängt direkt von der Qualität und Ausgestaltung unserer Ehe ab. Es ist daher kein Egoismus, wenn wir uns bewusst Zeit zu zweit nehmen und unsere Kinder dafür auch einmal zurückstecken müssen. Nein, diese Investition wird letztendlich unseren Kindern zugutekommen.

Für Kinder ist es ein großer Segen, wenn sie ihre Eltern als Einheit wahrnehmen. Eine Familie kann nur dann ein unzertrennliches Ganzes bilden, wenn Papa und Mama keinen gegenseitigen Konkurrenzkampf zulassen.

»Nie hat meine Mutter respektlos von meinem Vater gesprochen, obgleich er sicher nicht fehlerlos war. Nie hat sie mit uns gemeinsame Sache gegen den Vater gemacht. Und wenn ich mal bettelte: ›Sag das doch bitte nicht Papa!‹, hat sie geantwortet: ›Was wichtig ist, verschweige ich Papa nicht.‹ Da habe ich für mich selbst und meine Ehe etwas über das Geheimnis ehelicher Vertrautheit gelernt«, schreibt Pastor Uwe Holmer über die Ehe seiner Eltern.[52]

»Ich habe nie nachvollziehen können, wenn Freunde mir erzählten, wie sie, wenn sie etwas haben wollten, überlegen mussten, ob sie damit eher zum Vater oder zur Mutter gehen sollten. Für mich war klar, dass das, was einer von beiden aussprach, auch vom anderen mitgetragen wurde«, so eine andere Erinnerung.[53] Natürlich haben Ehepartner manchmal unterschiedliche Ansichten. Aber zum Wohl unserer Kinder wollen wir unsere Differenzen unter uns ausmachen und mit einer Stimme zu ihnen sprechen.

Man kann sich nicht vorstellen, dass es eine wirklich glückliche Familie ohne eine glückliche Ehe der Eltern gibt, denn von der Atmosphäre der Ehe wird das ganze Haus beeinflusst. Behandeln sich Papa und Mama freundlich, zuvorkommend und liebevoll, dann werden die Kinder ganz automatisch davon geprägt. Regt man sich aber häufig lautstark übereinander auf, vergreift sich im Ton oder findet einer der Partner immer einen Weg, schmollend seine Interessen durchzusetzen, dann wird das Familienklima davon beeinflusst. Deswegen: Lassen wir nicht zu, dass die Sonne über unserem Zorn

52 Swoboda, Jörg (Hrsg.): *Mütter von Männern. 25 Söhne erinnern sich*, Neukirchen-Vluyn: Aussaat-Verlag, 2013 (3. Auflage), S. 72.

53 Filker, Claudia (Hrsg.): *Mein Vater. Töchter erzählen*, Neukirchen-Vluyn: Aussaat-Verlag, 2011, S. 60.

untergeht (vgl. Epheser 4,26)! Streben wir nach Versöhnung, Verständnis und neuer Liebe! Kurz: Vernachlässigen wir unsere Ehe nicht! Denn sie ist das Fundament jeder glücklichen Familie.

> ***»Ich danke dir, mein Wohl,***
> ***mein Glück in diesem Leben.***
> ***Ich war wohl klug, dass ich dich fand;***
> ***Doch ich fand nicht. Gott hat dich mir gegeben;***
> ***So segnet keine andre Hand.«***
>
> Matthias Claudius[54]
> an seine Frau Rebekka zur Silberhochzeit

ÜBER EINE ITALIEN-REISE,

die eine Ehe neu belebte:

Es war Valentinstag. Wir schrieben das Jahr 1994. Für Mark begann der Tag mit der Männergruppe, die er jeden Dienstag leitete. Dieser Dienstag war jedoch etwas anders als sonst. Nachdem die Gruppe an diesem Morgen auseinandergegangen war, nahm einer der

54 Stiefel, Elisabeth: *Kleine Chronik großer Paare*, Marburg: Francke, 2009, S. 16.

Männer Mark beiseite. Er eröffnete ihm, dass er an einem Wettbewerb für Verkäufer teilgenommen und drei Reisen für zwei Personen nach Rom gewonnen hatte. Er und seine Frau würden ein Set Reisetickets, ein Angestellter und dessen Frau das zweite Ticketset nehmen. Und nun fragte er Mark, ob er und ich nicht das dritte Ticket für diesen All-inclusive-Trip in Anspruch nehmen wollten. Das war eine Gelegenheit, die nur Gott geschenkt haben konnte! Mark sagte (natürlich!) sofort zu und verbrachte dann den ganzen Tag damit, sich über die Einzelheiten der Reise Gedanken zu machen.

Unsere Kinder waren zu diesem Zeitpunkt drei, sechs und neun Jahre alt. Es galt, für sie eine gute Betreuung zu finden. Deshalb rief er meine Eltern an, die drei Stunden von uns entfernt wohnen, um anzufragen, ob sie in den acht Tagen auf die Kinder aufpassen könnten. Sie wollten gerne kommen. Er klärte noch ab, ob er in dieser Zeit Urlaub bekommen konnte, und trug gleich seinen Urlaub ein. Als Nächstes entwarf er eine Valentinskarte für mich, mit der er mir auf originelle Weise mitteilte, welch tolle Gelegenheit sich uns bot. Welcher Ehemann wäre nicht glücklich bei der Vorstellung, seiner Frau eröffnen zu können, dass sie kostenlos eine Reise nach Italien mit allem Drum und Dran antreten würden! Aber der Arme war auf das, was ihn zu Hause erwartete, ganz und gar nicht gefasst.

Er strahlte vor Glück, als er zur Haustür hereinkam. Er zog die selbst entworfene Karte heraus und bat mich, sie vorzulesen. Auf dieser Karte stand:

Herzlichen Glückwunsch zum Valentinstag!
Wir haben eine Reise nach Rom, Italien, geschenkt bekommen.
Es ist eine achttägige All-inclusive-Reise,
die in der ersten Aprilwoche stattfinden wird.
Ist Gott nicht gut? Ich liebe dich!
Mark

Ich konnte es nicht glauben! Ich dachte, er würde einen Witz erzählen. Aber dann erzählte er mir von dem Bekannten, der ihm die Reise an jenem Morgen angeboten hatte, dass er bereits für die Unterbringung der Kinder in dieser Zeit gesorgt und seinen Urlaub eingereicht hatte. Und dass er ganz aufgeregt sei, weil uns eine solche Reise geschenkt worden war. Zunächst war ich sprachlos. Als ich schließlich meine Stimme wiedererlangte, waren meine ersten Worte: »Ich kann nicht mit.«

In meinem Kopf türmten sich die Fragen: Wie kann ich meine Kinder allein zurücklassen? Was ist mit Erika? Sie ist erst drei Jahre alt. Sie braucht mich! Wie können wir nur am anderen Ende der Erde sein, getrennt von unseren Kindern?

Nun, das sollte eine gehörige Lektion für mich werden! Gott wollte, dass ich durch diese Begebenheit reifte. Er wollte, dass ich etwas von der Rolle und Verantwortung verstand, die er mir übertragen hatte. Gott hatte mich zunächst dazu berufen, meinem Mann eine gute Ehefrau zu sein. Dann erst kam für mich die Mutterrolle.

Gottes Vorstellung von einer gesunden Familie ist, dass sie auf einer starken Ehe aufbaut. Ich hatte das alles noch nicht begriffen. Seitdem ich Mutter war, hatte sich alles nur um die Kinder gedreht. Ich hatte meine Kinder vor meinen Mann gestellt. Gott sollte diese Reise dazu benutzen, mich wieder auf den richtigen Kurs zurückzubringen.[55]

Jill Savage und ihr Mann Mark leben in den USA und unterstützen christliche Familien durch Bücher und Vorträge.
Sie haben fünf erwachsene Kinder und mehrere Enkelkinder.

ZUM WEITERDENKEN

- Wie würden unsere Kinder unsere Ehe beschreiben?
- Woran sehen unsere Kinder, dass Papa und Mama sich wirklich lieben?
- Sind wir uns bewusst, dass eine gute Ehe kein Selbstläufer ist, sondern immer wieder den bewussten Einsatz von Zeit und Kraft erfordert?

55 Gekürzt aus: Savage, Jill: *Mama. Der beste Job der Welt*, Witten: SCM R. Brockhaus, 2003, S. 77-79.

ZUM UMSETZEN

- »Wir versuchen immer wieder, Räume zu schaffen, in denen wir ganz bewusst einfach nur Ehepaar sind. Im Alltag ist das bei uns oft ein kurzer Spaziergang oder ein Abend in der Woche, an dem die Kinder sich abends zurückziehen, wir die Zeit zu zweit verbringen und uns manchmal etwas Besonderes gönnen.«
- »Das Pflegen unserer Ehe bedeutet für uns eine bewusste Zeit des Austausches, wenn ich von der Arbeit komme. Unsere Kinder wissen, dass Papa und Mama dann Zeit zu zweit brauchen. Außerdem versuchen wir, einmal in der Woche einen Ehe-Abend zu haben und einmal im Jahr ein Wochenende zu zweit wegzufahren.«
- »Uns ist es wichtig, immer wieder kleine Ehe-Oasen im Alltag zu schaffen. Das kann ein Ehe-Wochenend-Trip sein, ein gemeinsamer Restaurantbesuch, ein Ausflug oder nur ein kurzer Abendspaziergang einmal um den Block. Außerdem wollen wir den biblischen Anweisungen zum Thema Ehe gehorchen, also eine biblische Rolleneinteilung beachten und die Sexualität als Geschenk Gottes genießen.«
- »Unterschiedliche Ansichten in Erziehungsfragen sind ein häufiger Streitpunkt von Ehepaaren. Wir merken, dass wir immer wieder Zeit zu zweit brauchen, um in Ruhe über dieses Thema zu sprechen.«

- »Uns ist es wichtig, dass es eine relativ feste Bettgehzeit für unsere Kinder gibt. An einigen Abenden ist es dadurch möglich, dass wir zu zweit in Ruhe alle Angelegenheiten, Gespräche, Freuden und Sorgen des Tages besprechen können. Einmal die Woche planen wir einen festen Ehe-Abend (es werden immer nur so viele Termine in der Woche vergeben, dass ein Abend übrig bleibt!). An diesem Abend planen wir gezielt etwas Schönes für uns, die Handys werden weggelegt und keine Probleme mehr gewälzt.«
- »Das gemeinsame Lesen von Ehebüchern ist für unsere Ehe ein echter Segen gewesen.«

FAMILIE UND ERZIEHUNG

Kapitel 10

Erziehe den Knaben seinem Weg entsprechend; er wird nicht davon weichen, auch wenn er alt wird.

Sprüche 22,6

Dies ist kein Erziehungsbuch, sondern ein Buch über das Familienleben. Doch wenn man über Familie nachdenkt, merkt man, dass man um das Thema Erziehung nicht herumkommt. Ohne Erziehung funktioniert Familie nicht. Wie viele gute Anregungen zu diesem Thema man bei sich zu Hause umsetzen kann, liegt zu einem großen Teil daran, wie viel Energie man hat – und das wiederum hängt davon ab, wie gut die Kinder erzogen sind. Wer einen großen Teil seiner Kraft schon bei der Bewältigung des normalen Alltags lässt, hat keine Gestaltungsspielräume mehr. Er kann nur noch reagieren, nicht mehr agieren. Wenn die Kinder ständig laut, fordernd, anstrengend und ungezogen sind, dann macht Familie keinen Spaß. Übermüdete, gereizte und gestresste Eltern werden nicht die Extraportion Mühe und Liebe aufbringen können, die ein schönes Familienleben kostet. Eine bewusste, sorgfältige Erziehung von Anfang an nutzt daher nicht nur dem einzelnen Kind, sondern auch der Familie im Ganzen.

Im Wort »Erziehung« steckt das Wort »ziehen«. Nur der kann ein Kind erziehen, der selbst einen festen Standpunkt hat und weiß, wohin er sein Kind überhaupt »ziehen« möchte. In diesem Zusammenhang sind uns zwei einfache Prinzipien wichtig geworden. Auch wenn wir sie nicht perfekt umsetzen und uns oft wünschen, wir hätten in den letzten Jahren noch konsequenter auf sie geachtet, merken wir doch immer wieder, dass diese beiden Punkte von größter Bedeutung sind. Nicht nur für jedes einzelne Kind, sondern auch für die ganze Familie.

GEHORSAM

Die Bibel sagt erstaunlich wenig zum Thema Kindererziehung. Aber dass Kinder ihren Eltern gehorchen sollen, ist eine einfache Anweisung, die in der ganzen Schrift immer wieder betont wird. Hier einige Beispiele:

- Kinder werden aufgefordert, ihren Eltern gehorsam zu sein und sie zu ehren (vgl. 2. Mose 20,12; Kolosser 3,20).
- Der Herr Jesus war seinen fehlerhaften, irdischen Eltern untertan (vgl. Lukas 2,51), und er lernte Gehorsam seinem himmlischen Vater gegenüber bis zum Kreuz (vgl. Hebräer 5,8).
- Seine Kinder in Unterordnung zu halten, ist eine Voraussetzung für Ältestenschaft (vgl. 1. Timotheus 3,4; Titus 1,6).
- Ungehorsam gegenüber den Eltern ist ein Merkmal der Endzeit (vgl. 2. Timotheus 3,2) und kennzeichnet Ungläubige (vgl. Römer 1,30).
- Gott segnet gehorsame Kinder (vgl. Epheser 6,2; Jeremia 35,18-19).

Gehorsam ist also wichtig. Und das nicht nur, weil gehorsame Kinder es später in der Schule und in der Ausbildung um vieles leichter haben. Auch nicht nur, weil Gehorsam das Leben der Eltern angenehmer macht und einer Familie Freiräume für Unternehmungen verschafft, die sonst nicht möglich wären.

Der erste Grund, warum wir unsere Kinder Gehorsam lehren, ist unser Wunsch, dass sie einmal zum »Glaubensgehorsam« an Gott kommen sollen. Ein Mensch, der nie Gehorsam gelernt hat, sondern gewohnt ist, sich allen Autoritäten zu widersetzen, für den sind Bekehrung und Jüngerschaft sehr schwer – wobei Gottes Gnade auch das störrischste Herz überwinden kann. Aber unsere Aufgabe als Eltern ist es, in dieser Sache nicht gegen, sondern mit Gott zu arbeiten.

»Gehorsam ist das Ziel, für das jede Anstrengung sich lohnt, denn keine andere Gewohnheit hat so einen Einfluss auf unser Leben wie die des Gehorsams«, schreibt der fünffache Vater John Charles Ryle.[56]

»Wenn man seine Kinder zum Gehorsam erzieht, dann bekommt man ein schlechtes Verhältnis zu ihnen«, so ein weitverbreitetes Vorurteil. Doch gerade das Gegenteil ist der Fall. Eltern, die auf Gehorsam keinen Wert legen, haben üblicherweise viele Konflikte, müssen oft schimpfen, verlieren häufig die Nerven – und das belastet die Eltern-Kind-Beziehung sowie die gesamte Familienatmosphäre sehr.

Überall dort, wo man heute Eltern mit ihren Kindern beobachten kann – sei es auf Spielplätzen, in Restaurants oder in Geschäften –, kann man sehen, wie viel Kraft die einfachsten Abläufe des Alltags kosten, wenn Gehorsam kein Erziehungsziel mehr ist. Wie viel mehr Spielraum und Ressourcen hingegen gibt es für schöne Dinge, wenn die Kinder gewohnt sind, ohne große Worte einfach das zu machen, was Mama und Papa ihnen sagen! Wer es anders machen will, kann es anders versuchen, aber »kindlicher Gehorsam hat die ganze Bibel auf seiner Seite«.[57]

---

56 Ryle, John Charles: *Die Pflichten der Eltern. Grundregeln biblischer Erziehung*, Augustdorf: Betanien Verlag, 2017, S. 43.

57 Ryle, John Charles: *Die Pflichten der Eltern. Grundregeln biblischer Erziehung*, Augustdorf: Betanien Verlag, 2017, S. 43.

Ja, wie erzieht man sein Kind zum Gehorsam? Grundsätzlichen Gehorsam lernt ein Kind am leichtesten so früh wie möglich, sicher vor dem dritten Geburtstag. Wenn man erst damit anfängt, nachdem der Ungehorsam des Kindes zum Problem geworden ist, dann ist es viel zu spät. Schon ein Kind im Krabbelalter kann lernen, dass es nicht an alles drangehen darf und dass das elterliche »Nein« zählt. Bedenkt, dass die erste Prägung sehr bedeutsam ist.

Viele christliche Eltern, für die Gehorsam ein wichtiges Ziel ist, erreichen dies erst spät und mit sehr hohem Kraftaufwand. Das liegt oft daran, dass sie die Bedeutung der ersten Lebensjahre unterschätzt haben. Frühe Konsequenz zahlt sich später hundertfach aus. Wir müssen realisieren, dass Erziehung zum Gehorsam sehr viel mit Training und Gewohnheit zu tun hat. Mama und Papa sagen etwas und erwarten, dass das Kind es tut – sofort und ohne Quengeln und Murren.

»Komm bitte, wir wollen jetzt nach Hause gehen.«
»Nein, du darfst deinen Becher nicht immer runterschmeißen.«
»Stopp, an diese Schublade gehst du nicht ran.«

Es erfordert Selbstdisziplin, in diesen vielen kleinen Situationen liebevoll, aber deutlich Gehorsam einzufordern. Dies ist besser, als den Ungehorsam der Kinder durch die eigene körperliche Überlegenheit auszugleichen durch Sätze wie:

»Na gut, dann trage ich dich halt, wenn du nicht kommst.«

»Okay, wir tun den Becher ganz weg, wenn er immer runterfällt.«

»Nun ja, dann legen wir halt die zerbrechlichen Sachen eine Schublade höher.«

Zudem muss Ungehorsam eine für das Kind nachvollziehbare Konsequenz nach sich ziehen. Das war bei uns häufig das berühmte Aufs-Zimmer-schicken (»Wenn du wieder lieb bist, darfst du runterkommen!«), der Entzug von Privilegien (»Für dich gibt es heute keinen Nachtisch!«) und im Kleinkindalter auch die Empfehlung Salomos aus den Sprüchen. Dass es bei übermüdeten, quengeligen Kindern und gestressten Eltern auch Momente gibt, in denen man »fünfe gerade sein lässt«, den Ungehorsam übersieht und einfach dafür sorgt, dass alle Beteiligten so schnell wie möglich ins Bett kommen, ist auch klar. Aber grundsätzlich müssen wir uns darin üben, konsequent zu sein und mit unseren Kindern Gehorsam einzuüben.

> **»*Eine Eltern-Kind-Beziehung, die nur auf Liebe, aber nicht auf Autorität basiert, wird in einer Tragödie für die ganze Familie enden.*«**
>
> John F. MacArthur[58]

58 MacArthur, John F.: *Der 2. Brief an Timotheus*, Bielefeld: CLV, 2003, S. 14.

Dazu noch ein Ratschlag: Wem Gehorsam wichtig ist, der sollte darauf achten, seine kleinen Kinder nicht zu viel entscheiden zu lassen. Manche Vierjährige haben bis zum Mittagessen schon zwanzig Entscheidungen treffen müssen:

»Willst du den roten oder lieber den braunen Pulli anziehen?«
»Sollen wir mit dem Auto zum Einkaufen fahren oder lieber zu Fuß gehen?«
»Sollen wir jetzt noch mit der Oma telefonieren oder lieber heute Nachmittag?«

Wenn ein Kind durch diese vielen Entscheidungen immer in die »Bestimmer-Rolle« gedrängt wird – obwohl es damit noch völlig überfordert ist –, dann wird es ihm verständlicherweise schwerfallen, sich in anderen Situationen Papa und Mama unterzuordnen und das zu tun, was sie von ihm möchten. Von Anfang an sollte klar sein, dass wir Eltern normalerweise die Entscheidungen treffen und die Richtung vorgeben. Nicht, weil wir ohne Fehler wären, sondern weil dies die Rolle ist, die Gott uns innerhalb der Familie zugeteilt hat.

Viele Eltern stehen heutzutage hilflos neben ihren trotzigen Vorschulkindern und sind den Launen ihres Nachwuchses völlig ausgeliefert. Es hat ihnen nie jemand gesagt, dass Kinder, so süß sie auch sind, mit einem sündigen Herzen auf die Welt kommen (vgl. Psalm 51,7; 1. Mose 8,21) und dass deswegen Erziehung und auch Bestrafung notwendigerweise zum Familienleben dazugehören.

Was für ein Segen dagegen ist es, wenn Kinder es gelernt haben, sich unkompliziert in den Rhythmus zu Hause einzufügen! Wenn sie folgsam sind, abwarten können und nicht immer im Mittelpunkt stehen müssen! Eine Familie mit lauter Egoisten dagegen hat es unglaublich schwer! Wenn Kinder daran gewohnt sind, ungehorsam zu sein, zu widersprechen und Theater zu machen, wird man kaum eine harmonische Familienatmosphäre genießen können. Mit ein oder zwei Kindern mag man es noch schaffen, mit hohem elterlichem Einsatz die Eigenwilligkeit der Kinder auszugleichen; bei drei, vier oder mehr Kindern ist das nicht mehr möglich. Wer kleine Kinder hat, sollte das Erziehungsziel »Gehorsam«

> ***»Ein wahrer Christ sollte sich nicht schämen, wenn seine Erziehung ungewöhnlich und seltsam genannt wird. Die Zeit ist kurz und die Moden der Welt vergehen. Diejenigen, die ihre Kinder nicht für die Erde, sondern für den Himmel erzogen haben – nicht für Menschen, sondern für Gott – werden die Eltern sein, die letzten Endes weise genannt werden.«***
>
> John Charles Ryle[59]

59 Ryle, John Charles: *Die Pflichten der Eltern. Grundregeln biblischer Erziehung*, Augustdorf: Betanien Verlag, 2017 (4. Auflage), S. 24.

deshalb wirklich zu einer Priorität machen. Deshalb: Sprecht als Ehepaar über dieses Thema, betet darum, lest in der Bibel, sucht nach hilfreichen Erziehungsbüchern. Für ein schönes und entspanntes Familienleben ist eine frühe Erziehung zum Gehorsam sicherlich das Beste, was man tun kann, und bewahrt vor vielen – wenn auch nicht allen – späteren Konflikten und Problemen.

BEZIEHUNG

Je älter die Kinder werden, desto weniger bringt es, auf bloßem Gehorsam zu bestehen. Eine 12-Jährige muss noch das tun, was ihre Eltern von ihr wollen, aber wenn das Herz nicht dabei ist, spüren Eltern deutlich, dass die Zeit gegen sie arbeitet. Nur noch wenige Jahre und die Tochter wird ohnehin ihren eigenen Weg gehen. Die Frage ist jetzt wirklich, wie es im Herzen aussieht. Und das wird man nur herausbekommen und beeinflussen können, wenn man eine persönliche und vertraute Beziehung zu seinem Kind hat.

Gerade in Familien mit mehreren Kindern ist es eine ständige Herausforderung, darauf zu achten, dass niemand untergeht. Es kostet Kraft, neben der Aufrechterhaltung des Alltagsprogramms sensibel zu bleiben, ob eines der Kinder gerade eine besondere

Portion Aufmerksamkeit, Zuwendung und Liebe braucht. Manchmal ist das gerade ein schwieriges Kind, das mit trotzigem Verhalten auf ein Defizit aufmerksam macht. Oder auch ein Kind, das nie durch besondere Eskapaden auffällt, sich aber doch im ganzen Familientrubel übergangen und einsam fühlt. Und in dessen Herzen vielleicht unbemerkt eine Wurzel der Bitterkeit oder eine heimliche Sünde wächst.

Deswegen ist es wichtig, sich neben schönen Aktionen mit der ganzen Familie auch immer bewusst Zeit für das einzelne Kind zu nehmen. Gerade bei Teenagern ist eine persönliche, vertraute Beziehung das A und O. Die Zeit, in der unsere Kinder auf uns hören müssen, geht naturgemäß einmal zu Ende, aber unsere Beziehung zu ihnen wird hoffentlich ein Leben lang gut sein und im Lauf der Jahre weiterwachsen.

Je nach Charakter des Kindes sind dazu unterschiedliche Dinge wichtig. Das eine Kind schätzt körperliche Nähe und Ruhe zum Reden, das andere liebt kleine Geschenke, ein drittes schwärmt für spannende Unternehmungen. Was auch immer es ist: Geben wir unseren Kindern das, was sie brauchen, und investieren wir bewusst in eine gute Beziehung zu ihnen! Nicht erst, wenn Konflikte da sind, sondern besonders dann, wenn es noch keine Probleme gibt. Das kann schon durch so kleine Dinge wie einen Spaziergang, eine Radtour oder auch nur durch einen kurzen Imbiss zu zweit geschehen.

»Von klein auf empfanden unsere Kinder es als großes Highlight, wenn sie als Belohnung für eine gut ausgeführte Arbeit oder als Trost in einer schweren Situation mit mir allein ins Café beim Bäcker um die Ecke gehen durften. Schon tagelang freuten sie sich auf dieses kleine Privileg«, erzählte eine Mutter.

Eine weitere Idee: Wir haben, angeregt durch einen Tipp einer anderen Familie, über längere Zeit mit jedem unserer Kinder eine Art »Tagebuch zu zweit« geführt. Dabei schreibt man einen Brief in ein Heft und legt es dem Empfänger aufs Kopfkissen oder an einen anderen Ort, wo er es bestimmt finden wird. Nach einiger Zeit entdeckt man es dann irgendwo mit einer Antwort wieder. Für unsere Kinder war das ein tolles Spiel, aber auch eine Möglichkeit, uns Dinge mitzuteilen, die sonst vielleicht nicht zur Sprache gekommen wären.

»Kannst du mir morgen bei den Hausaufgaben helfen? Ich verstehe vieles nicht. Mir fällt alles so schwer im Moment.« Anfangs wimmelten die Texte von Fehlern, bis sie später inhaltsreicher und persönlicher wurden. Die Hefte haben wir alle aufbewahrt, denn sie sind für uns wertvolle Dokumente einer wachsenden persönlichen Beziehung. Und wer weiß, vielleicht bietet diese Art der Kommunikation auch einem älteren Kind einmal die Möglichkeit, seinen Eltern etwas zu sagen, was es sich selbst unter vier Augen nicht trauen würde? ...

Gemeinsam am Morgen »Stille Zeit« zu machen, haben wir als weiteres, sehr effektives Mittel erlebt, die persönliche Beziehung zum einzelnen Kind zu stärken. Leider klappt es längt nicht so regelmäßig, wie wir uns das wünschen, aber immer wieder macht jeder von uns mit einem Kind alleine »Stille Zeit«. Diese Minuten der Zweisamkeit, oft mit einem schönen Getränk und einer Süßigkeit, sind etwas ganz Besonderes. Wir sehen, wo unsere Kinder in ihrer Bibellese stehen und was sie beschäftigt, und können für ihre Anliegen beten. Wenn die Kinder älter werden, fühlen sie sich geehrt, auch Einblicke in unsere Kämpfe und Herausforderungen als Erwachsene zu bekommen.

Was auch immer wir tun, um das Verhältnis zu jedem unserer Kinder zu pflegen: Machen wir uns bewusst, dass die Zeit und Mühe, die diese »Extrameile« kostet, bestens investiert ist! Unsere erzieherischen Bemühungen fallen dort auf fruchtbaren Boden, wo wir einen engen Draht zu unseren Kindern haben. Eine Familie wird auf Dauer in ihrer Gesamtheit nur funktionieren, wenn die Beziehungen untereinander gesund und herzlich sind.

BEIDES MUSS DA SEIN

Man benennt in der Pädagogik zwei Dimensionen, die elterliches Erziehungsverhalten ausmachen, nämlich Zuwendung und Lenkung. »Zuwendung« bedeutet Liebe, Ermutigung, Lob, Anerkennung, Gespräch – unter die Kategorie »Lenkung« fallen Handlungen wie Gehorsam einfordern, Regeln benennen, Konsequenzen ziehen, Anforderungen stellen und Bestrafung. Was braucht ein Kind, um sich gut zu entwickeln? Eltern, Psychologen und Pädagogen haben sich seit jeher über diese Frage die Köpfe heißgeredet.

Sicher ist: Wenn man sowohl Zuwendung als auch Lenkung seinem Kind entzieht, es also komplett vernachlässigt, ist dies das Schlimmste, was man ihm antun kann. Doch was passiert, wenn man sich auf das Positive, also auf die Zuwendung beschränkt, so wie das heute viele Eltern tun? Und was, wenn man hauptsächlich die Lenkung betont und ständig auf seine elterliche Autorität pocht, so wie das früher in vielen Familien die Regel war? Die Untersuchung der Psychologen Eleanor Maccoby und John Martin Anfang der 1980er-Jahre ergaben, dass ein hohes Maß an Zuwendung, kombiniert mit einem hohen Maß an Lenkung am günstigsten für die kindliche Entwicklung sind. Diesen Erziehungsstil nannten sie »Autoritative Erziehung«.[60]

Nun haben Eltern, die die Bibel ernst nehmen, dies schon viel früher gewusst, denn auch die Bibel betont beide Aspekte stark. Ja, wir haben als Eltern die Autorität. Unsere Kinder sollen Ge-

60 Maas, Rüdiger: Generation lebensunfähig. *Wie unsere Kinder um ihre Zukunft gebracht werden,* München: Yes Publishing, 2021, S. 76. (Anders als dort angegeben, fand die Untersuchung im Jahr 1983 statt.)

horsam lernen und es ist unsere Aufgabe, ihnen voranzugehen, sie zu leiten, zu belehren und gegebenenfalls auch zu bestrafen. Und gerade in einer Zeit, in der Eltern und Kinder auf Augenhöhe gesehen werden, die Sündhaftigkeit des Menschen geleugnet und kindlicher Ungehorsam schnell entschuldigt wird, tun wir gut daran, diesen wichtigen Teil von Erziehung nicht zu vernachlässigen. Auch wenn wir in diesem Punkt gegen den gesellschaftlichen Strom schwimmen und vielleicht eigene emotionale Vorbehalte überwinden müssen.

Aber dies ist nur die eine Seite der Medaille. Genauso intensiv, wie wir unsere Kinder lenken, sollen wir sie lieben, ihnen zuhören, sie trösten, ermutigen und loben. Wir dürfen sie nicht zum Zorn reizen, sondern sollen Gottes gütiges Wesen in unserer Erziehung widerspiegeln. Wir müssen uns um eine gute Beziehung zu unseren Kindern bemühen und dafür sorgen, dass ihr »Liebestank« gut gefüllt ist.

Zuwendung und Lenkung – beides ist nötig, und beides in hohem Maß. Ganz sicher: Wenn Kinder auf diese Weise erzogen werden, wird ein ausgeglichenes und fröhliches Familienleben die Folge sein!

ZUM WEITERDENKEN

- Nehmen wir das Thema Erziehung ernst genug? Beschäftigen wir uns damit? Welche aktuellen Baustellen müssen wir angehen?
- Wissen wir als Eltern, wie es jedem einzelnen unserer Kinder geht und mit welchen persönlichen Herausforderungen es momentan konfrontiert ist?
- Lenkung und Zuwendung – betonen wir eines dieser beiden Elemente in unserer Erziehung zu stark?

ZUM UMSETZEN

- »Was uns zum Thema ›Erziehung und Familie‹ wichtig ist? Lebe immer, was du lehrst. Stelle dich der Kritik deiner Kinder. Entschuldige dich lieber einmal zu viel als einmal zu wenig, besonders wenn dein Temperament mit dir durchgegangen ist.«
- »Als unser erstes Kind ca. drei Jahre alt war, haben wir gemerkt, dass wir zu nachsichtig in der Erziehung waren. Wir scheuten uns, Grenzen zu ziehen und Regeln aufzustellen. ›Auf diese Weise schaffen wir nicht mehr als zwei Kinder‹, realisierten wir

und haben es bei den folgenden Kindern von Anfang an bewusst anders gemacht.«

- »Einmal in der Woche mache ich nachmittags ein kleines Kaffeetrinken jeweils mit einem unserer Kinder in seinem Zimmer. Die Kinder räumen vorher das Zimmer auf (angenehmer Nebeneffekt), machen vielleicht Musik an oder stellen eine Blume auf den Tisch. Sie sind ganz stolz, die Mama bei sich zu Gast zu haben. Ich besorge etwas Besonderes zu essen, das dann auch nur dieses Kind bekommt. Jedes Kind ist mal dran und weiß sich persönlich geliebt und wertgeschätzt.«
- »Wir unterhalten uns als Eltern über jedes einzelne Kind und versuchen, es in seiner Individualität zu erkennen, zu verstehen und anzunehmen. Jedes Kind hat eigene Stärken, Schwächen, Baustellen, Nöte. Wir finden es wichtig, nicht jedes Kind gleich zu behandeln. Wir wollen jedem unserer Kinder zeigen, wie sehr wir es lieben, mögen und wertschätzen. Verbal, mit Aufmerksamkeit und vielleicht auch mal materiell.«
- »Es ist uns wichtig, dass wir uns Zeit nehmen und zuhören, wenn unsere Kinder uns zeigen, wofür sie sich interessieren. Und wir unternehmen bewusst Aktivitäten mit ihnen, die sie toll finden.«
- »Wir haben unseren Kindern oft gesagt, dass wir die Verantwortung für sie vor Gott haben. Und sie auch gebeten, für uns zu beten, dass wir dieser Verantwortung gerecht werden.«

- »Wenn wir merken, dass es mit einem Kind Probleme gibt, handeln wir nach dem Prinzip ›fördern und fordern‹. Wir kümmern uns einerseits intensiver um dieses Kind und geben ihm eine Extraportion Zuwendung, gehen aber gleichzeitig sein negatives Verhalten an.«

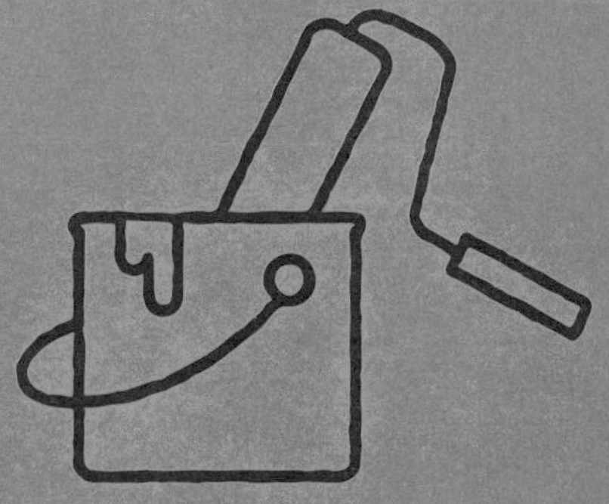

FAMILIE UND DIENST

Kapitel 11

Ich aber und mein Haus, wir wollen dem HERRN dienen!

Josua 24,15

Familie und Dienst – jeder von uns weiß, was für ein Spannungsfeld das sein kann! Manchmal beneiden wir Eltern fast die Unverheirateten, die »ohne Ablenkung« für den Herrn leben können (vgl. 1. Korinther 7,35) – während wir zu Elternabenden gehen müssen, stundenlang im Wartezimmer des Kinderarztes sitzen und uns jahrelang um all die tausend Kleinigkeiten kümmern, die ein Familienleben in der westlichen Welt mit sich bringt. Andererseits sehen wir, dass sich uns Familien Möglichkeiten zum Dienst bieten, die Kinderlose oder Ledige so nicht haben. Aber doch droht uns manchmal alles über den Kopf zu wachsen. Jeder Lebensbereich fordert scheinbar mehr von uns, als wir eigentlich geben können. Was sollte Priorität haben?

Oft wird gesagt: »Erst Familie, dann Gemeinde und Dienst.« Dieser Satz ist in einem gewissen Sinn wahr, denn Gott arbeitet immer von innen nach außen. Er möchte, dass sich Älteste als Leiter ihrer Familie bewährt haben, bevor sie Verantwortung im Volk Gottes übernehmen (vgl. 1. Timotheus 3,4-5). Bei wem es zu Hause nicht stimmt, der ist auch für geistlich verantwortungsvolle Aufgaben außerhalb disqualifiziert. In der Gemeinde fromme Reden zu schwingen, während in der eigenen Familie alles drunter und drüber geht, das passt nicht.

Steve Farrar behandelt in seinem großartigen Buch »Zielstrebich« typische Fallen, die Christen daran hindern können, den Wettlauf des Glaubens siegreich abzuschließen. Besonders gefährlich sind seiner Beobachtung nach für Väter die »Falle des Geldes« und die »Falle einer anderen Frau«. Doch Farrar beschreibt auch eine dritte Falle, nämlich die »Falle einer vernachlässigten Familie«. Er zählt erschütternde Beispiele von Predigern auf, die für Gott in der ganzen Welt unterwegs waren, während sich ihre Kinder zu Hause immer weiter vom Herrn und von ihren Eltern entfernten.[61]

Wenn Gott uns Kinder anvertraut hat, dann sicher nicht mit dem Ziel, dass wir sie wegen unseres Dienstes vernachlässigen. Die Arbeit in der Gemeinde darf niemals eine Flucht vor einem eintönigen Familienalltag sein. Für manche Väter ist ein Nachmittag

61 Farrar, Steve: *Zielstrebich. Mit Gott ins Ziel*, Lychen: Daniel-Verlag, 2021, S. 53-64.

mit kleinen Kindern auf dem Spielplatz vielleicht ein größeres Opfer als ein Büchertischeinsatz. Und manche Mütter kümmern sich lieber jeden Tag um andere Frauen, als mit ihren eigenen Kindern Schulaufgaben zu machen. Besonders Menschen, die gerne aktiv sind und Herausforderungen, Gespräche und Unternehmungen lieben, stehen in der Gefahr, Geistlichkeit mit Aktivismus zu verwechseln und die tagtäglichen Pflichten zu Hause zu vernachlässigen. Doch wir können nicht nach außen tragen, was wir im Inneren nicht haben. Familie hat die wichtige Funktion, uns zu erden, zu demütigen und unseren Charakter zu formen. Sie lehrt uns, ungesehene und scheinbar unwichtige Aufgaben ernst zu nehmen. Niemals dürfen wir aus dieser Schule Gottes weglaufen. Für die Erziehung und Prägung unserer Kinder bleiben uns nur wenige Jahre – das dürfen wir nicht vergessen!

Aber wenn man den Grundsatz »erst Familie, dann Gemeinde und Dienst« überzogen konsequent auslebt, wird man feststellen, dass für das Reich Gottes praktisch nie Zeit übrig bleibt. Immer bräuchten wir als Ehepaar mehr Zeit füreinander; immer wäre es willkommen, anstatt der Bibelstunde einen Familienabend zu haben; immer fehlen die Stunden, die der Vater in die Predigtvorbereitung investiert hat, an anderer Stelle. Wer sich immer zuerst um seine eigene Familie kümmert, wird merken, dass sie ein »Fass ohne Boden« ist. Und gerade bei Eltern, die nach dem Motto »Aufgaben in der Gemeinde können wir erst später übernehmen, wenn unsere Kinder älter sind« leben, füllt sich der Alltag mit so vielen Nebensächlichkeiten, dass am Ende für die Familie auch nicht mehr Zeit übrig bleibt.

Genauso ging es auch den Juden, die sich intensiv um ihre eigenen Belange kümmerten, während das Haus Gottes in Trümmern lag: Obwohl sie sich nach Kräften für das Wohl ihrer Häuser einsetzten, blieb ihre Arbeit doch nutzlos (vgl. Haggai 1,4-11). Andere Eltern hingegen, die in der Familienzeit bewusst Opfer für den Herrn gebracht und sich für sein Reich eingesetzt haben, bezeugen, dass sie dadurch nichts verloren haben, sondern zusammen mit ihren Kindern reich gesegnet wurden. Der englische Prediger Harold St. John sagte zu diesem Thema in einer Predigt über Psalm 87,2:

»›Der HERR liebt die Tore Zions mehr als alle Wohnungen Jakobs.‹ Was hat dieser Vers zu bedeuten? Er sagt uns, dass Gott zwar unsere Familien liebt – und seien Sie sich darüber nie im Unklaren: Er liebt unsere Familien, und Er möchte, dass Sie sie Ihm weihen – aber es gibt noch etwas, was Er mehr liebt, und das ist Sein eigenes Haus und die Anliegen, die Er auf dieser Erde hat. Deshalb vergessen Sie nie, dass immer Gottes Haus die erste Stelle in Ihren Gedanken einnehmen soll, und an die zweite Stelle gehört Ihre Familie.

›Der HERR liebt die Tore Zions mehr als alle Wohnungen Jakobs.‹ Die Gemeinde Gottes ist Gottes größtes Anliegen in dieser Welt, und wenn Sie sich um Gottes Haus kümmern, dann wird Er sich um das Ihre kümmern. Aber wenn Sie sich zuerst um Ihr eigenes Haus kümmern, werden Sie bald merken, dass Er Sie sich selbst überlässt.«[62]

Wir dürfen sicher sein: Unsere Kinder werden nicht zu kurz kommen, wenn wir die Werke tun, die Gott für uns vorbereitet hat. Wenn wir uns kein geistliches Aktionsprogramm zurechtlegen, um Abwechslung und Anerkennung zu bekommen, sondern uns ernsthaft fragen, welchen Beitrag zu »seinem größten Anliegen in dieser Welt« der Herr im Moment von uns erwartet. Die Zeit und Kraft, die wir in sein Reich investiert und die der Familie gefehlt haben, kann er uns an anderer Stelle und auf vielerlei Weise wieder zurückschenken. »Kümmere dich um die Dinge, die Gott wichtig sind, dann kümmert er sich um die Dinge, die dir wichtig sind« – so lässt sich die bekannte Verheißung aus Matthäus 6,33 auch umschreiben. Eine Familie, die sich nach ihren Möglichkeiten im Dienst für Gott gebrauchen lässt, wird merken, dass sie nicht ärmer, sondern reicher wird. Gerade die Kinder profitieren von einem Lebensstil, der Gottes Anliegen zu den eigenen macht. Dies ist besonders der Fall,

62 St. John, Patricia: *Harold St. John. Reisender in Sachen Gottes*, Bielefeld: CLV, 1989, S. 73.

wenn sie an den geistlichen Aufgaben ihrer Eltern teilhaben und da, wo es geht, mithelfen dürfen. »Unsere Kinder haben wir so oft wie möglich zu unseren Diensten mitgenommen. Mit großer Begeisterung haben sie Flyer gefaltet, Namensschilder an Türen geklebt, Essen vorbereitet, mitgebetet und mitgefiebert«, erzählt ein Ehepaar. Eine bessere Lebens- und Charakterschule als einen hingegebenen Dienst für Gott gibt es nicht. Kinder von Mitarbeitern lernen quasi nebenher eine Menge: Verantwortung zu übernehmen, auf Menschen zuzugehen, Gespräche zu führen, die Arbeit hinter den Kulissen zu sehen, die eigenen Bedürfnisse zurückzustellen. Daher sollte schon um unserer Kinder willen der Dienst für den Herrn eine Konstante in unserem Leben sein.

Als Christen wünschen wir uns, dass unsere Kinder einmal engagiert und hingegeben für den Herrn leben. Die beste Voraussetzung dafür ist, wenn wir selbst einen solchen Lebensstil pflegen und unsere Kinder das von klein auf mitbekommen. Wir können nicht erwarten, dass sie geistlich über uns hinauswachsen und plötzlich all die Dinge tun, die sie nie bei uns beobachten konnten. William MacDonald schreibt dazu: »Wenn du die Zusammenkünfte der Versammlung unregelmäßig besuchst, kannst du von deinen Schützlingen kaum ein anderes Verhalten erwarten. Wenn du gewöhnlich zu spät kommst, werden sie wahrscheinlich auch zu spät kommen. Wenn du immer in der hintersten Reihe sitzt, dann wundere dich nicht, wenn sie es unter deinem Einfluss ebenso praktizieren. Die Frage an jeden von uns lautet: Kann ich mich damit zufriedengeben, Kinder nach meinem Bild hervorzubringen?«[63]

GEMEINSAM FÜR GOTT UNTERWEGS

Es ist zweifelsohne eine besondere Herausforderung für eine Familie, wenn der Vater viele Abende und Wochenenden im Dienst für Gott eingespannt ist. Dann liegt es an der Mutter, in seiner Abwesenheit für ein ausgeglichenes und fröhliches Familienleben zu sorgen. Was für eine wertvolle Hilfe ist eine Ehefrau, der es gelingt, nicht zu nörgeln, sondern den Kindern zu vermitteln, dass die Arbeit für Gott eine Freude und ein Vorrecht ist! Die Beobachtung lehrt: Die meisten Männer suchen sich ein weiteres Betätigungsfeld neben ihrer Familie. Wie froh kann eine Frau sein, wenn ihr Mann sich für den Herrn einsetzt – während sich andere für ihre Karriere aufopfern, in der Kneipe Fußball schauen oder stundenlang an ihrem Motorrad herumbasteln! Wie viel lohnender ist es doch, dem Ehemann für den Dienst an ewigen Dingen den Rücken zu stärken!

63 Gekürzt zitiert aus William MacDonalds Andachtsbuch *Licht für den Weg*, Bielefeld: CLV 2022 (8. Auflage), Andacht vom 24. Februar.

Zugleich hat die Frau oft ein besonderes Gespür dafür, wann es für sie selbst oder eines der Kinder wichtig ist, dass der Papa zu Hause bleibt und Zeit für die Familie hat. Ein geistlich gesinnter Mann wird sensibel mit den Wünschen seiner Frau umgehen, besonders wenn er weiß, dass ihr Herz genauso für das Reich Gottes brennt wie seins. »Andreas hätte gern ständig Besuch empfangen, doch lernte er, Rücksicht auf die nicht unbegrenzte Kraft seiner Frau zu nehmen«, heißt es in der Biografie eines viel beschäftigten und energiegeladenen Dieners Gottes.[64]

Außerdem ist die Notwendigkeit, dass wir uns als Verheiratete um unsere Ehe und Familie kümmern müssen, auch ein Schutz vor dem Ausbrennen. Unser Ehepartner wird wahrscheinlich als Erster merken, wenn wir uns zu einem Workaholic entwickeln, der um der Arbeit willen arbeitet und gar nicht mehr zur Ruhe kommen kann. Von Maria, der ersten Ehefrau Hudson Taylors, wird berichtet, dass sie ihren Mann dazu brachte, Urlaub zu machen und mehr zu schlafen. Er wurde dadurch ausgeglichener und belastbarer, was wiederum der Berufung seines Lebens zugutekam. Auch in diesem Bereich sind wir als Hilfe füreinander gedacht. »Einerlei, welchen Dienst Sie gerade ausüben – sei es vollzeitlich oder nebenberuflich –, wenn Ihr Dienst Ihrer Familie schadet, stimmt etwas nicht,

64 Steinmeister, Regina: *Ein Leben im Glauben. Aus dem Leben von Andreas Steinmeister*, Bielefeld: CLV 2021 (2. Auflage), S. 100.

entweder mit Ihrem Dienst oder mit Ihrer Familie bzw. mit beidem«, meint Warren Wiersbe.[65]

Die Arbeit eines Gemeindegründers machte es nötig, dass er mit seiner Familie häufiger umzog. Einmal, als der nächste Ortswechsel anstand, spürten die Eltern, dass ihrer Tochter die Aussicht auf einen erneuten Umzug sehr zu schaffen machte. Sie sahen, dass der Zeitpunkt in der Entwicklung des Mädchens ungünstig war, und entschieden, um ihretwillen noch länger an ihrem alten Ort wohnen zu bleiben. Die Tochter war ihnen sehr dankbar für diese Entscheidung.

Einige Jahre später wurden die Kinder erwachsen und verließen nach und nach das Haus. Jetzt war es die Mutter, die unter dem Auszug ihrer Kinder litt. Und da sagte ihr Sohn: »Mama, ich bleibe für dich noch zwei Semester länger bei euch wohnen und pendele zu meiner Uni.« Diese Rücksicht ihres Sohnes machte der Mutter die Zeit des Abschiednehmens von ihren Kindern um einiges leichter. Aber der Sohn hätte vielleicht nicht dieses Einfühlungsvermögen gezeigt, wenn seine Eltern früher die Entscheidungen bezüglich ihres Dienstes getroffen hätten, ohne deren Auswirkungen auf die Kinder zu bedenken.

Eine Familie, die gemeinsam dem Herrn dient, ist ein Team. Unsere Kinder sollen wissen, dass wir unsere geistlichen Aufgaben

65 Wiersbe, Warren: *Im Dienst des besten Herrn*, Bielefeld: CLV 2015, S. 109.

nicht einfach »ohne Rücksicht auf Verluste« durchziehen werden. Der Gott, der uns zum Dienst beruft, kennt ihre wie unsere Bedürfnisse. Er wird unsere Familie, wenn wir seine Führung suchen, einen Weg führen, der sicher manchmal Opfer von uns fordert, aber doch für jedes Familienmitglied gangbar ist.

Bis heute sucht Gott Familien, die sich nicht zuerst um ihr eigenes Glück drehen, sondern dem Volk Gottes dienen. Die Familie des Stephanas, die sich als erste aus einer ganzen Region bekehrte, war so eine Familie. Paulus schreibt über sie: »Ihr kennt das Haus des Stephanas, dass es der Erstling von Achaja ist und dass sie sich selbst den Heiligen zum Dienst verordnet haben ...« (1. Korinther 16,15). Das Beste, was einer Familie passieren kann, ist, wenn sie fest in eine örtliche Gemeinde eingebunden ist und dort tatkräftig mitarbeitet. Zu so einem Lebensstil, »den Heiligen zum Dienst«, wollen wir uns gegenseitig immer wieder ermutigen. Ja, es fallen einem einzelne Beispiele ein, wo Mitarbeiter anscheinend »zu viel« investiert und ihre eigenen Kinder dabei vernachlässigt haben. Aber wie viel mehr Kinder werden abgestoßen durch das lahme und langweilige Christenleben ihrer Eltern! Heranwachsende suchen nach geistlichen Vorbildern – und wie traurig ist es, wenn sie bei sich zu Hause keine finden! *Wenn das Leben mit Jesus nicht mehr zu bieten hat als das, was ich bei meinen Eltern sehe, dann will ich damit nichts zu tun haben.* Unsere Kinder sollen an uns sehen, dass das Leben mit Jesus zwar nicht immer leicht, aber doch so spannend, erfüllend und frohmachend ist wie nichts anderes sonst. Lasst uns also treu sein in den Aufgaben, in die Gott uns gestellt hat! »Sieh auf den Dienst, den du im Herrn empfangen hast, dass du ihn erfüllst« (Kolosser 4,17).

Die Gemeinden, an denen wir heute bauen, werden einmal die geistliche Heimat unserer Kinder sein. Wie sieht es da aus mit bibeltreuer Lehre, Arbeit am Evangelium, Seelsorge, Gastfreundschaft, Kinderarbeit? In allen diesen Bereichen arbeiten wir bereits für die nächste Generation. Wenn wir heute träge sind, uns nur um unser privates Fortkommen drehen und falsche Entwicklungen einfach laufen lassen, werden wir den Mitarbeitern der Zukunft ein schweres Erbe hinterlassen. Doch andersherum werden die Gemeinden in zehn oder zwanzig Jahren nur dann brauchbare und belastbare Mitarbeiter haben, wenn wir heute bewusst in unsere Kinder investieren, sodass sie einmal in unsere Fußstapfen treten können. Dazu noch einmal Warren Wiersbe: »Das Beste, was Sie für Ihren Dienst tun können, ist, eine gottgemäß lebende Familie zu bilden; und das Beste, was Sie für Ihre Familie tun können, ist ein Dienst in der Gemeinde, durch den Gott verherrlicht wird. Familie und Dienst sind Freunde und keine Gegner; und es ist Ihre Aufgabe, dafür zu sorgen, dass es so bleibt.«[66]

66 Wiersbe, Warren: *Im Dienst des besten Herrn*, Bielefeld: CLV 2015, S. 109.

Also wollen wir fröhlich und fleißig unserer Arbeit in beiden Bereichen nachgehen – im ständigen Gebet, welche Aufgaben im Moment für uns »dran« sind, in Abhängigkeit von Gott und zu seiner Ehre.

VON EINER EHEFRAU,

die nach einer schweren Schwangerschaft und dem Tod ihres ersten Babys die Gewissheit hatte, dass ihr Mann seinen geliebten Missionsdienst in der Arktis um ihretwillen aufzugeben bereit war. Und die sich – vielleicht gerade deshalb? – für ein risikoreiches, aber erfülltes Leben im Dienst an seiner Seite entschied:

»Mrs Sperry, es wäre in Ihrem prekären Zustand fahrlässig, ein Leben abseits medizinischer Versorgung zu verbringen, Schwangerschaften hin oder her. Sie haben eine gefährliche Anfälligkeit für hohen Blutdruck. Für Sie ist es mit der Arktis vorbei, wirklich. Suchen Sie sich hier im Süden eine nette Pfarrgemeinde in der Nähe eines guten Krankenhauses. Das ist alles, was ich Ihnen sagen kann.«

Welche Worte Jack und Betty miteinander tauschten in den langen intimen Gesprächen, die folgten, blieb ihr Geheimnis. Als Jack seine Frau zwei Tage später liebevoll über die Hand streichelte, sie küsste und aus dem Raum ging, um einen langen Spaziergang zu machen, wusste sie aber, dass er bereit war, alles aufzugeben, auch das Leben unter den Eskimos, das ihm so kostbar geworden war, um ihr Wohlbefinden zu sichern. »Meine erste Verpflichtung vor Gott gilt dir, Betty. Und solltest du aufgrund deiner Gesundheit die geringsten Bedenken haben, zurück nach Coppermine zu gehen, dann suchen wir uns eine Pfarrstelle hier im Süden und nehmen diesen Schritt als Führung Gottes an. Du entscheidest, du allein.« Und dann verließ er sie für zwei Stunden, um ihr Zeit zum Beten zu geben und auf ihre Entscheidung zu warten.

Als er zurückkam, saß Betty auf der Bettkante. Sie hatte eine Strickjacke über ihr Nachthemd gezogen und ihre Reisetasche aus dem Schrank geholt. Mit wenigen Spuren von durchstandenen Weinkrämpfen im Gesicht war sie im Begriff, etwas auf einen Notizblock zu schreiben. Ihre Bibel lag aufgeschlagen neben ihr auf dem Bett. Jack warf ihr einen fragenden Blick zu, setzte sich schweigend neben sie und nahm ihre Hand in seine.

»Wir gehen zurück«, sagte sie mit einer leisen und festen Stimme.

»Bist du dir ganz sicher? Hat Gott zu dir gesprochen?«, fragte Jack.

»Eben nicht«, antwortete sie. »Zumindest jetzt gerade nicht. Im Moment weiß ich nicht einmal, ob er noch da ist. Zu viel Schmerz. Aber gesprochen hat er. Damals, als er mir sagte: ›Wenn ich sage: Gehe!, dann sollst du gehen, ohne zu zögern.‹ Und dann wieder vor drei Jahren, als wir uns kennenlernten. Ich sollte dir folgen, dich

unterstützen, an deiner Seite den Eskimos dienen. Und dass er seine Meinung geändert hat, davon weiß ich nichts. Es gibt Arbeit zu tun, wir gehen zurück. Rufst du bitte den Chefarzt?«[67]

John Sperry (1924–2012) war von 1974 bis 1990 »Bischof der Arktis« und setzte zusammen mit seiner Frau Betty sein Leben dafür ein, den Inuit die Liebe Gottes zu bringen.

ZUM WEITERDENKEN

- Wo haben wir als Familie bereits erlebt, dass wir im Dienst für Gott selbst gesegnet wurden?
- Würden unsere Kinder uns als authentisch beschreiben? Oder haben sie ein grundsätzlich anderes Bild von uns als die Geschwister in unserer Gemeinde?
- Was werden unsere Kinder im Rückblick einmal über unser Leben und unseren Dienst sagen? Empfinden sie unsere geistlichen Aufgaben als Bereicherung oder als Konkurrenz?

67 Gekürzt aus: Vollkommer, Nicola: *Am Rande der gefrorenen Welt. Die Geschichte von John Sperry, Bischof der Arktis*, Holzgerlingen: SCM Hänssler, 2019, S. 158-160.

ZUM UMSETZEN

- »Es ist uns wichtig, dass wir mit unseren Kindern bei diesem Thema im Gespräch bleiben. Es gibt immer wieder Zeiten, in denen die exklusive Familienzeit zu kurz kommt und die Kinder wegen unserer geistlichen Aufgaben zurückstehen müssen. Wenn wir dies jedoch thematisieren, beziehen wir unsere Kinder mit ein und wir können diese Dienste als Familie gemeinsam tragen. Solche Phasen werden dann aber auch wieder bewusst abgelöst durch Höhepunkte, die wir speziell als Familie unternehmen.«
- »Wir finden es okay, wenn wir als Familie oder unsere Kinder manchmal Einschränkungen erleben, weil der Papa keine Zeit hat. Wir sagen unseren Kindern, dass dies ihr Dienst an der Gemeinde ist und dass es der Dienst von Mama ist, ihren Mann darin zu unterstützen. Wir zeigen den Kindern, dass Gott unsere Dienste segnet und belohnt und dass ihre Unterstützung als Kinder auch gesegnet und belohnt wird. Und zwar mit himmlischem Lohn, aber durchaus auch schon mit Segen im Hier und Jetzt.«
- »Wenn meine Frau für einen Dienst über Nacht unterwegs ist, dürfen alle Kinder auf Matratzen bei mir im Schlafzimmer übernachten. Wir erzählen uns abends noch lange etwas und die Kinder freuen sich immer schon richtig auf diese besonderen Abende.«

- »Wir haben den Eindruck, dass unsere Kinder durch unsere Dienste zwar durchaus punktuell Nachteile erleben, aber insgesamt reich gesegnet und beschenkt sind.«
- »Wenn ich für einen Dienst ein Wochenende weg war, habe ich immer darauf geachtet, in der nächsten Woche etwas Besonderes mit den Kindern zu machen, damit sie sich nicht vernachlässigt fühlen.«
- »Alle Kinder, die, egal wie jung sie noch waren, dienstagabends mit in die Gebetsstunde kamen, erwartete anschließend ein gemütliches Sit-in im Wohnzimmer mit Softdrinks, die es sonst nicht gibt, und leckeren Snacks – vor allem Käse! Dass da kein Unbefugter dabei sein durfte, darüber wurde eifersüchtig gewacht. Dieser Anreiz ließ unsere Kinder ins Gemeindeleben hineinwachsen und auch die Gebetszusammenkünfte lieben.«
- »Wir fanden es immer schön, einen Dienst zu tun, den wir einerseits als Ehepaar zusammen wahrnehmen konnten und bei dem wir andererseits aber auch unsere Kinder miteinbeziehen konnten. Das waren die schönsten Aufgaben: zum Beispiel ein evangelistischer Kids-Treff bei uns zu Hause, zu dem die Kinder ihre Schulfreunde einluden, und wir alle konnten gemeinsam dafür beten, dass genau diese Kinder – ihre Freunde – den Herrn kennenlernen.«

FAMILIE UND ALLTAGSGESTALTUNG

Kapitel 12

Gebt nun acht, wie ihr sorgfältig wandelt, nicht als Unweise, sondern als Weise, die die gelegene Zeit auskaufen, denn die Tage sind böse.

Epheser 5,15-16

Wenn man dem idealisierten Bild glaubt, das heute überall gezeichnet wird, dann ist in Bezug auf Familie alles möglich. Drei Kinder, beide Eltern arbeiten, natürlich Vollzeit und in spannenden und anspruchsvollen Berufen. Alles kein Problem. Und selbstverständlich können die Kinder jedem ihrer Wunschhobbys nachgehen. Alles ist machbar. Zugegeben, man muss ein bisschen organisieren, aber dann klappt es. Und Zeit für Sauna, Freunde und Kollegen ist natürlich auch noch drin.

Doch die Realität sieht anders aus. Müde Eltern, gestresste Kinder, angespannte Familien. Zwei Journalisten schrieben in der Wochenzeitung *DIE ZEIT* über die verbreitete Illusion, dass es bei allen anderen mit der Vereinbarkeit von Karriere und Familie klappen würde, nur bei einem selbst nicht. Kaum jemand würde ehrlich zugeben, dass bei zwei arbeitenden Eltern das Arbeitspensum an Meetings, Fahrdiensten, Geschäftsessen, Aufgaben im Haushalt, E-Mails, Telefonaten und Terminen der Kinder gar nicht zu schaffen sei. Von Zeit für sich selbst, den Partner oder Freunde ganz zu schweigen. »Nur ganz selten, wenn es sehr spät geworden ist und die Kinder im Bett sind und wenn schon sehr viel Rotwein getrunken wurde, dann bricht es aus allen heraus. … Dann erfährt man, dass es keine Familie gibt, die nicht fast permanent am Rande des Wahnsinns operiert!«[68]

Am Rand des Wahnsinns – zugegebenermaßen befinden wir uns auch oft dort. Und das, obwohl wir nicht zwei Karrieren in unserem Alltag unterkriegen müssen. Doch selbst wenn die Mutter in den entscheidenden Jahren des Familienlebens Kinder und Haushalt als ihre Hauptaufgabe ansieht, bleibt die Tatsache bestehen: Das Leben als Familie ist heute unglaublich komplex und

68 Brost, Marc und Wefing, Heinrich: *Vereinbarkeit von Familie und Beruf. Geht doch alles gar nicht. Dass sich Kinder und Karriere vereinbaren lassen, ist eine Lüge. Zeit für mehr Ehrlichkeit*, DIE ZEIT, 30. Januar 2014; https://www.zeit.de/2014/06/vereinbarkeit-vaeter-kinder-karriere-luege (abgerufen am 05.07.2023).

herausfordernd. Allein das Thema Schule. In einer Biografie eines 1944 geborenen Predigers lasen wir, dass seine Mutter genau zweimal seine Schule betrat: einmal zur Einschulung und das zweite Mal zur Abiturfeier. Und wir? Müssen auf Elternabende und -sprechtage gehen, backen Waffeln am Sommerfest, streichen den Schulflur, organisieren Nachhilfestunden, unterschreiben Unmengen an Infobriefen. Und spüren die Erwartung der Lehrer, dass wir über alles, was in der Schule läuft, Bescheid wissen müssten.

Oder der Bereich Sport. Früher trafen sich die Kinder auf dem Bolzplatz um die Ecke. Da gab es Kameradschaft und sportliche Betätigung, ohne dass die Eltern viel damit zu tun gehabt hätten. Heute sind die Spielplätze in den Siedlungen leer, weil die Kinder in der Ganztagsbetreuung und anschließend im Sportverein sind. Für die Eltern aber bedeutet das Termine, Fahrdienste, Wettkämpfe, Waschen von Trikots und vieles mehr. Und natürlich gibt es nicht nur den einen Sportverein um die Ecke. Man kann wählen zwischen Ballett, Leichtathletik, Tanzen, Fußball, Handball, Basketball und vielen weiteren Sportarten. Und immer ist der Druck da, den Sport zu finden, der perfekt zum Kind passt und ihm die ideale Entfaltung seiner Talente ermöglicht. Dazu kommen Unmengen an Sommerfesten, Grillabenden, Wettkämpfen, Geburtstagsfeiern, Musikvorspielen. Das alles ist vielleicht noch machbar, wenn man ein oder zwei Kinder hat. Wer aber eine Großfamilie zu managen hat, gerät schnell an die Grenzen seiner Möglichkeiten und hat bald keine unverplanten Zeitfenster mehr. Es gibt einfach zu viele Veranstaltungen, bei denen man »unbedingt« dabei sein muss. Zu viele Termine, die »auf jeden Fall« sein müssen.

Was sollen wir Christen angesichts dessen tun? Wie können wir leben? Denn wir brauchen Zeit und Kraft für unsere Berufung. Für Menschen, für die Gemeinde, für die Arbeit an Gottes Reich. Wie können wir uns wenigstens ein Stück weit dem heutigen Terminzirkus entziehen? Wie können wir Abstand vom »Rand des Wahnsinns« bekommen, vorm Ausbrennen geschützt werden und uns ruhige Zeiten als Familie bewahren? Dazu einige Hinweise, weil dieses Thema wohl für alle Familien eine ständige Herausforderung ist.

Zuerst: Genießt den Luxus von so wenig festen Terminen wie möglich, solange eure Kinder noch klein sind. In den ersten Lebensjahren vermissen die Kinder noch nichts und alles, was sie an Beschäftigung, Förderung und Bewegung brauchen, kann man ihnen noch leicht selbst bieten. Der heutige Frühförderwahn bei den unter Vierjährigen dient oft eher der Beschäftigung der Eltern, als dass er den Kindern wirklich etwas bringen würde. Zumal alle Termine doppelt anstrengend sind, wenn man noch den Rhythmus eines jüngeren Stillkindes beachten muss. Kontakte zu Gleichaltrigen und deren Eltern ergeben sich noch ganz natürlich auf dem Spielplatz. Versucht, diese Phase, in der ihr noch viel Gestaltungsspielraum habt, für die Dinge zu nutzen, die euch wirklich wichtig sind, und lasst euch nicht unnötig früh durch zu viele Termine vereinnahmen! Die kommen noch früh genug! Irgendwann nämlich sind zusätzliche Verpflichtungen für die Kinder unumgänglich. Sie kommen in die Schule, müssen schwimmen lernen, sollen vielleicht ein Instrument spielen oder etwas Sport treiben. Jetzt wägt kritisch und unter Gebet ab, welche Hobbys und regelmäßige Verpflichtungen ihr anfangt. Bedenkt, dass die Familienzeit ein hohes Gut ist und dass es besser ist, Abstriche bei der Freizeitgestaltung zu machen, als Unruhe in die Familie zu bringen. Wir dürfen uns nicht verzetteln! Ein zeitintensives Hobby eines Kindes, und ist es isoliert betrachtet noch so sinnvoll, darf nicht zum Störfaktor für das gesamte Familienleben werden.

Eine Bekannte fährt ihren Sohn jede Woche an zwei Nachmittagen und samstags vormittags quer durch die ganze Stadt – nur weil er unbedingt Baseball in einem bestimmten Stadion spielen soll. Aber dass sie als Mutter dadurch an zwei Nachmittagen keine Zeit für ihren jüngsten Sohn hat, nicht zu Hause ist, wenn ihr Mann von der Arbeit kommt, und der Beginn des Wochenendes immer im Zeichen des Baseballs steht, realisiert sie nicht.

Überschlagt unter Gebet die Kosten! Was ist der Nutzen, was der Preis des Angebots? Was ist nötig, was muss nicht sein? Wir stehen heute vor so vielen Wahlmöglichkeiten, dass wir sorgfältig abwägen müssen, wo wir mitmachen können und wo nicht. Ja, wir wollen unseren Kindern ermöglichen, ihre Talente zu entfalten. Ja, sie sollen ihre Jugendzeit nutzen, um viel zu lernen und in unterschiedlichen Bereichen Erfahrungen zu sammeln. Aber das ist nicht unser größtes Ziel. Wir wünschen uns doch vor allem, dass unsere Kinder Jesus nachfolgen und ihr Charakter in einer guten Weise geformt wird. Aber dafür müssen sie mehr durch uns Eltern als durch ihre weltlichen Freunde, Sporttrainer und Musiklehrer geprägt werden. Diese Prägung braucht Zeit. Wachen wir sorgsam darüber!

> »… nichts ist schwerer und nichts erfordert mehr Charakter, als sich in offenem Gegensatz zu seiner Zeit zu befinden und laut zu sagen: Nein.«
>
> Kurt Tucholsky[69]

Sucht deshalb nach Möglichkeiten, damit die Termine der Kinder möglichst wenig Belastung und Unruhe für den Rest der Familie mit sich bringen. Gibt es einen Musiklehrer, der nach Hause kommen kann, sodass die Mutter nicht die ganze Familie allein lassen muss, nur um ein Kind zum Klavierunterricht zu fahren? Welche Orte können die Kinder selbst mit dem Fahrrad oder öffentlichen Verkehrsmitteln erreichen? Gibt es die Möglichkeit einer Fahrgemeinschaft? Und: Welcher Termin ist vielleicht gar nicht nötig? Worauf kann

69 https://beruhmte-zitate.de/zitate/125490-kurt-tucholsky-denn-nichts-ist-schwerer-und-nichts-erfordert-mehr/ (abgerufen am 20.06.2023), zitiert aus: *Die Verteidigung des Vaterlandes*, in: *Die Weltbühne*, 6. Oktober 1921, S. 338f.

man auch einfach verzichten? Bedenkt, dass freie, unverplante Zeit zu Hause enorm wichtig für die einzelnen Kinder, aber auch für die ganze Familie ist. Viele gemeinsam verbrachte Stunden sind nötig, damit enge Beziehungen zwischen den Geschwistern und zwischen Eltern und Kindern wachsen können. Es muss genug Zeit bleiben für gemeinsame Mahlzeiten, Ausflüge und Unternehmungen, was nicht der Fall sein wird, wenn die Kinder an jedem Tag eigene Termine haben. Abstriche beim Programm der einzelnen Kinder sind nötig, damit genug Zeit zum Familie-Sein bleibt. Da kann es schon mal sein, dass ein Kind eine Einladung ablehnen muss oder ein zeitintensives Hobby gar nicht erst anfangen kann. Bedenken wir: Wenn unsere Terminkalender zu voll sind, werden wir nicht aus der Ruhe heraus leben können, die für einen Christen so wichtig ist. Dann fehlt uns die Zeit für Reflexion, Gebet und Neuorientierung. Das Leben heute ist so komplex und herausfordernd! Wir werden es nicht meistern können, wenn wir nicht bewusst darauf achten, dass uns genügend ruhige Nachmittage, Abende und Tage bleiben.

WENIGER IST MEHR

Dieselben Überlegungen gelten auch hinsichtlich unserer beruflichen Tätigkeit. Steve Farrar warnt gerade die Väter eindringlich davor, die Familie wegen des Berufs zu vernachlässigen. Er schreibt: »Lass dich nicht vom Feind dazu verleiten, exzessive Arbeitstage zu schieben, um deinen Kindern mehr Sachen geben zu können. Deine Kinder brauchen nicht mehr Sachen. Sie brauchen dich. Je mehr Zeit du mit ihnen verbringen kannst, desto mehr wollen sie sein wie du. Und desto mehr werden sie den himmlischen Vater kennenlernen wollen, der dich zu einem so großartigen Papa gemacht hat. So führt man seine Kinder zu Christus.«[70]

Wir müssen uns als Eltern unter Gebet fragen: Lohnt sich das zusätzliche Geld durch die Beförderung, wenn dadurch bedeutend weniger Zeit und Kraft für die Familie übrig bleibt? Ist das neue Jobangebot die zusätzliche Stunde Fahrzeit pro Tag wert? Ist der Wiedereinstieg ins Berufsleben für die Frau jetzt schon dran? Ist er überhaupt dran? Ist das wunderschöne Haus im Grünen, dessen Fertigstellung aber noch eine Menge Eigenleistung erfordert, der jetzigen Wohnsituation wirklich vorzuziehen?

Es gibt auf diese Fragen keine einfachen, auf alle Situationen übertragbaren Antworten, zumal die Belastbarkeit von uns Menschen unterschiedlich ist. Sicher ist nur, dass wir aufpassen müssen, wenn wir uns nicht im Hamsterrad unserer Zeit kaputtrennen wollen. Die Kräfte des Zeitgeists werden uns immer voneinander wegziehen – und nicht zueinander hinziehen. Wenn wir bei allem mitmachen, was uns heute als unverzichtbar angepriesen wird,

70 Farrar, Steve: *Zielstrebich. Mit Gott ans Ziel*, Lychen: Daniel-Verlag, 2021, S. 63.

werden wir im Stress untergehen. Vergessen wir nicht: Das schönste Haus ist nutzlos, wenn dort keine glückliche Familie wohnt. Das tollste Hobby verliert seinen Sinn, wenn es nicht länger nur ein Ausgleich, sondern eine zusätzliche Verpflichtung ist. Wir dürfen unseren Alltag nicht unnötig verkomplizieren.

Wenn wir mehrere Kinder haben und in der Gemeinde Verantwortung tragen, wird unser Leben unweigerlich sehr voll werden. Wir werden unser Arbeitspensum dann nur schaffen, wenn wir bereit sind, Abstriche zu machen. Es ist daher unsere Verantwortung, dafür zu sorgen, dass sich unser Terminkalender nicht mit tausend Nebensächlichkeiten füllt und dass wir genug Zeit für die wichtigsten Prioritäten unseres Lebens frei halten.

ZUM NACHDENKEN

- Wie voll ist unser Familienterminkalender?
- Auf welche Termine können wir verzichten, um mehr gemeinsame Zeit zu haben?
- Verbringen unsere Kinder (und wir Eltern) genug Zeit zu Hause – oder hetzen wir von einer Veranstaltung zur nächsten?

ZUM UMSETZEN

- »Es war ein alter Traum von mir, dass meine jüngste Tochter Harfe spielen sollte. Doch ein Lehrer war nur in 45 Minuten Entfernung zu finden. Ich überschlug, wie viele Stunden ich als Mutter im Auto sitzen würde und keine Zeit für andere Dinge, die mir eigentlich viel wichtiger sind, haben würde. Wir haben den Traum von der Harfe dann nicht weiterverfolgt, und im Nachhinein bin ich sehr froh darüber.«
- »Weil sich unsere Tochter gerne bewegt hat, sind wir einmal in der Woche zum Mutter-Kind-Turnen gegangen. Eines Tages sagte die Leiterin zu mir: ›Ihre Tochter ist wirklich sehr sportlich und hat großes Talent. Ich empfehle Ihnen, sie in unserer Leichtathletik-Gruppe anzumelden. Dort wird sie entsprechend gefördert. Wenn sie dranbleibt, hat sie ziemlich sicher eine gute Sportkarriere vor sich.‹ In den nächsten Tagen haben mein Mann und ich ernsthaft über dieses Angebot nachgedacht und gebetet. Und ziemlich schnell stand unsere Antwort fest: ›Eine Sportkarriere? Nein danke, da haben wir andere Ziele für unsere Kinder!‹ Am nächsten Mittwoch habe ich uns vom Mutter-Kind-Turnen abgemeldet. Unsere Tochter ist heute – mit über 30 Jahren – immer noch sportlich, aber weit weg von sportlichem Erfolg. Aber sie ist überzeugt und fröhlich mit Jesus

Christus unterwegs. Und wir sind unserem Herrn dankbar für die Entscheidung, zu der er uns damals geführt hat.«

- »Unsere Kinder werden älter und haben immer mehr eigene Termine. Aber wir achten sehr darauf, dass es immer noch bestimmte Tage oder Wochenenden gibt, an denen wir als ganze Familie zusammen sind. Dafür muss ein Kind dann auch mal auf ein Event verzichten, bei dem es gerne dabei gewesen wäre.«
- »Wir suchen immer nach Hobbys, die wir als ganze Familie machen können, oder zumindest nach einer Freizeitbeschäftigung, an der einige Kinder zusammen Freude haben.«
- »Wir werden unsere Kinder nicht von fremden Personen betreuen lassen, nur damit ich als Mutter arbeiten kann. Wenn unsere Kinder in der Schule sind und ich genug Kraft dafür habe, könnte ich mir vorstellen, an zwei oder drei Vormittagen in der Woche zu arbeiten, aber wenn die Kinder zu Hause sind, möchte ich das auch sein.«

FAMILIE UND BÜCHER

Kapitel 13

Den Mantel, den ich in Troas bei Karpus zurückließ, bring mit, wenn du kommst, und die Bücher, besonders die Pergamente.

2. Timotheus 4,13

Ohne Zweifel – wir leben in einer von Bildern dominierten Welt. Unzählige Videos, Filme und Werbetafeln erregen unsere Aufmerksamkeit, während unsere Leselust und Lesekompetenz stetig abnehmen. Selbst uns Erwachsenen fällt es zunehmend schwer, uns auf eine Seite bloßen Text zu konzentrieren – ohne Bilder, ohne reißerische Überschriften und ohne die Möglichkeit, schnell weiterzuscrollen. Bei unseren Kindern, die bereits in der digitalen Welt aufgewachsen sind, ist dies noch viel mehr der Fall. Eine Sonderauswertung der PISA-Studie von 2018 ergab, dass die Lesefreudigkeit Heranwachsender in Deutschland im Zehnjahresvergleich deutlich zurückgegangen ist. Die Hälfte der Befragten gab an, nur noch dann zu lesen, wenn es unbedingt sein muss. Diese Lesefaulheit führt dazu, dass viele Jugendliche nicht mehr in der Lage sind, überhaupt noch den Inhalt eines Textes zu erfassen: Rund jeder fünfte 15-Jährige erreichte in dieser Untersuchung im Bereich Lesen nicht mehr als Grundschulniveau. Und nur 45 % der Schüler gelang es, in einem Text zwischen Fakt und Meinung zu unterscheiden.[71]

Diese ohnehin schon schlimme Entwicklung wurde durch Distanzunterricht und Unterrichtsausfall während der Corona-Pandemie noch deutlich verstärkt. Eine alarmierende Studie des Instituts für Schulentwicklungsforschung (IFS) zeigt, dass Viertklässler 2021 eine »substanziell geringere Lesekompetenz« haben als noch 2016.[72] Ein Buch lesen zu müssen, ist infolgedessen für viele Kinder eine Strafe. In einer Umfrage vom Oktober 2022 gaben nur 2% der befragten Jungen und 7% der befragten Mädchen Lesen als beliebte Freizeitaktivität an.[73]

Was bedeutet dieser Befund für unsere Familien? Wie wichtig ist Lesen für uns?

---

71 https://www.oecd.org/pisa/PISA2018_Lesen_DEUTSCHLAND.pdf (abgerufen am 16.06.2023).

72 https://ifs.ep.tu-dortmund.de/details/die-covid-19-pandemie-und-lesekompetenz-von-viertklaesslerinnen-ergebnisse-der-ifs-schulpanelstudie-2016-2021-18640/(abgerufen am 16.06.2023).

73 https://de.statista.com/statistik/daten/studie/29986/umfrage/beliebte-freizeitaktivitaeten-von-kindern-nach-geschlecht/ (abgerufen am 16.06.2023).

Als Christen glauben wir an einen Gott, der sich in einem Text – nämlich der Bibel – geoffenbart hat. Er hätte dafür auch Bilder wählen können, was in mancherlei Hinsicht naheliegender gewesen wäre, da nicht alle Menschen lesen können und Bilder uns unmittelbarer ansprechen als Texte. Doch der allmächtige Gott hat sich dazu entschieden, uns die entscheidenden Informationen über sein Wesen und Handeln in einem Text zu offenbaren. Allein diese Tatsache sollte uns dazu motivieren, nicht einfach mit dem Strom der Zeit zu schwimmen, sondern unsere eigenen Lesemuskeln zu trainieren und auch unsere Kinder fürs Lesen zu begeistern.

Was sind die Folgen, wenn wir nicht lesen? Wer keine Freude am Lesen und keine Übung darin hat, der wird sich wahrscheinlich auch mit dem Bibellesen schwertun. Jugendleiter berichten frustriert, wie mühsam es für viele Jugendliche ist, einen Bibeltext allein schon inhaltlich zu verstehen. Dazu bleibt Lesemuffeln eine ganze Welt von wertvollen christlichen Büchern verschlossen. Es gibt eine Fülle hilfreicher Literatur über die verschiedensten Themen, die für unser Leben als Christen relevant sind: Gebet, Nachfolge, Glaube und Wissenschaft, Ehe, Kindererziehung, Kirchengeschichte und vieles mehr. Wie schlimm wäre es, wenn dieser Schatz in der nächsten Generation ungenutzt bliebe! Wer dagegen viel liest, hat einen weiten Horizont, kann Dinge einordnen und beurteilen. Das alles sind wichtige Voraussetzungen, um Verantwortung übernehmen zu können. Nicht umsonst heißt es: »Leaders are readers« – »Leiter sind Leser«.

Wer in Biografien liest, wie Christen zu anderen Zeiten geurteilt, gelebt und gekämpft haben, der sieht sein Umfeld nicht nur durch die Brille seiner Zeit. Er weiß, dass er selbst nicht das Maß aller Dinge ist. Gute Bücher wirken gegen unsere Gegenwartsfixierung und Ichbezogenheit. Sie erweitern unseren Horizont, schärfen unser Denken und schulen unsere Fähigkeit, uns in die Lage anderer hineinzuversetzen. Sie machen Gott groß und öffnen uns die Augen für die Weite seines Reiches. Nicht nur das ist Christentum, was wir in unserem kleinen Leben davon mitbekommen. Es gibt außerhalb unseres eigenen Lebens noch so viel mehr zu entdecken!

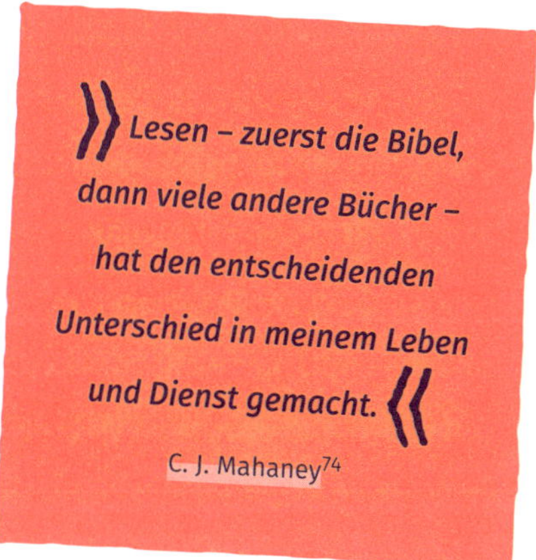

Dass für Gläubige Lesen einen höheren Stellenwert hat als für viele Menschen, die Gott nicht kennen, ist keineswegs ein neues Phänomen. Christen und Juden haben sich immer durch ihre Lese-

74 Übersetzt aus: Reinke, Tony: *Lit! A Christian Guide to Reading Books*, Wheaton: Crossway, 2011, S. 13 (Vorwort von C. J. Mahaney).

kultur von ihrer Umgebung abgehoben. Während die heidnischen Religionen, die das Volk Israel umgaben, von beeindruckenden, oft grausamen Kulten geprägt waren, stand im Zentrum des jüdischen Glaubens das geschriebene Wort Gottes. Die Israeliten waren bekannt als ein Volk von Lesern: Intensiv haben die Gläubigen das Alte Testament gelesen, abgeschrieben, auswendig gelernt und ihren Kindern weitergegeben. Außerdem wurden Bezug nehmend auf die heiligen Worte der Schrift viele weitere Texte geschrieben und gelesen.

Dasselbe gilt für die frühen Christen: Es ist erstaunlich, wie viel christliche Literatur in den ersten drei Jahrhunderten entstand, besonders wenn man bedenkt, dass die christliche Gemeinde zu dieser Zeit unter Verfolgung litt, das Produzieren und Verbreiten von Texten ungleich aufwendiger war als heute und es in absoluten Zahlen ja noch gar nicht so viele Christen gab. Aber Gottes Wort zu verbreiten und dazu eine Vielzahl von Briefen, Auslegungen, apologetischen Schriften und Kommentaren zu verfassen, war ein Herzensanliegen der frühen Gemeinde. Keine andere religiöse Gruppe – und es gab viele Kulte und Sekten in der Antike – hat so viel geschrieben und gelesen wie die Christen. Und in allen Gegenden, in denen Analphabetismus herrschte und in die das Christentum kam, brachten Missionare den Menschen zunächst das Lesen bei. Denn jeder sollte in der Lage sein, die Heilige Schrift und weitere hilfreiche Literatur selbstständig zu lesen. Uns Christen geht es also nicht um ein Lesen um des Lesens willen, sondern es geht letztendlich darum, das »Buch der Bücher« immer besser zu verstehen.[75]

BÜCHER IM FAMILIENLEBEN

Wie können wir erreichen, dass unsere Kinder gut und gerne lesen – und dann auch eifrige Bibelleser werden? Nichts prägt stärker als das tägliche Vorbild. Sehen unsere Kinder uns lesen? Berichten wir begeistert bei Tisch von dem wertvollen Buch, das wir gerade entdeckt haben? Wenn Eltern Bücher lieben, dann tun die Kinder das in der Regel auch.

Weiterhin sollten wir dafür sorgen, dass wir spannende, gut lesbare, zum Alter unserer Kinder passende Bücher im Haus haben. Wenn wir als Familie auf eine Konferenz oder Freizeit fahren, auf der es einen Büchertisch gibt, dürfen sich unsere Kinder jeweils ein Buch aussuchen. Wir sind sicher, dass dieses Geld bestens investiert ist!

Als Nächstes sei das Vorlesen genannt. Lange bevor ein Kind selbst lesen kann, entwickelt es schon einen intensiven Bezug zu

---

75 Eine interessante Darstellung der Beziehung zwischen Christentum und Literatur findet sich bei Reinke, Tony: *Lit! A Christian Guide to Reading Books*, Wheaton: Crossway, 2011, sowie bei Hurtado, Larry W.: *Destroyer of the Gods: Early Christian Distinctiveness in the Roman World*, Waco: Baylor University Press, 2017.

Büchern, wenn ihm viel vorgelesen wird. Es gibt wohl kaum etwas, was Kinder mehr lieben als ein gemütliches Lesestündchen: die körperliche Nähe im Arm von Mama oder Papa, die vertraute Stimme, die schönen, oft schon so bekannten Bilder – Vorlesen schafft eine besondere Atmosphäre der Geborgenheit.

Wir haben es oft erlebt, dass sich auch unsere Teenager noch dazusetzten, wenn wir den Kleinen etwas vorgelesen haben. Vorlesen zieht an. Es bindet eine Familie enger zusammen als irgendeine andere Beschäftigung. Man reist für kurze Zeit gemeinsam in eine andere Welt, an einen anderen Ort. Blicke werden ausgetauscht, Zwischenbemerkungen gemacht, es wird gelacht und überlegt, wie die Geschichte weitergehen könnte.

»Lebendige Bücher fesseln Kinder. Du beginnst, ihnen eine Seite vorzulesen, und sie werden ganz still. Sie kommen näher, setzen sich neben dich. Sie unterbrechen ihr Spiel und beginnen, zuzuhören. Der Vorlesende beginnt, selber in der Geschichte zu leben, und freut sich auf die nächste Leseeinheit«, schreibt der Familienvater Hanniel Strebel.[76]

Eine wunderbare Tradition sind Vorlese-Abende. Alle sitzen beieinander, ein paar Knabbersachen stehen auf dem Tisch, die Beleuchtung ist gemütlich, und dann braucht man nur noch das richtige Buch, um einen schönen Familienabend zu haben.

76 Strebel, Hanniel: *Kinder in die Selbstständigkeit begleiten. Lernerlebnisse mit Kindern, Band 5*, Langerwehe: Folgen Verlag, 2016, S. 69.

Nicht jedes christliche Buch ist wirklich wertvoll, während es eine ganze Reihe säkularer Erzählungen gibt, die sehr lesenswert sind. Bei uns zu Hause ist das Vorlesen abends normalerweise der Job der Mama, die aber bei schönen oder traurigen Stellen oft so zu Tränen gerührt ist, dass sie nicht weiterlesen kann. Dann muss der Papa übernehmen, der allerdings die Angewohnheit hat, bei spannenden Stellen immer mit dem Vorlesen aufzuhören, um für sich leise weiterzulesen ...

Manchmal haben wir Bücher gelesen, die so lustig waren, dass sich die Kinder vor Lachen fast nicht mehr halten konnten. Oder wir haben gemeinsam als Familie über die wunderbaren Erlebnisse von Missionaren in aller Welt gestaunt. Das Leben vieler Glaubenshelden ist so spannend, dass jede ausgedachte Erzählung daneben verblasst.

Eine andere Idee ist ein »Familien-Bücher-Abend«. Jedes Familienmitglied stellt ein Buch vor, das er oder sie in der letzten Zeit gelesen hat, und liest eine wichtige Stelle daraus vor.

Diese Abende geben uns Eltern einen besonderen Einblick in das, was unsere Kinder bewegt, und waren schon Aufhänger für manches Gespräch. Wie schön ist es, wenn ein Teenager eine Stelle über das Gebet vorliest und sagt, warum sie ihm wichtig geworden ist! Und dann ist es auch wieder einfach nur lustig, wenn die Jüngste mit holpriger Stimme eine komische Szene aus »Meine schönsten Pferdegeschichten« zum Besten gibt.

Was auch immer in eure Familie und Situation passt, sorgt dafür, dass Lesen und Vorlesen feste Bestandteile eures Familienlebens werden. Füllt euer Haus mit wertvollen, anregenden und hochwertigen Büchern! Vieles von dem, was wir unseren Kindern an Werten und Verhaltensweisen beibringen wollen, werden sie ganz nebenher mitbekommen, wenn sie umgeben und angeregt von guten Büchern aufwachsen. In der Jugend sucht man instinktiv nach Vorbildern, nach Helden. Wie gut, wenn unsere Kinder ihre Idole in christlichen Büchern und nicht in Filmen oder Social-Media-Kanälen finden!

Der Prediger Charles Haddon Spurgeon hatte als kleiner Junge unbeschränkten Zugang zur riesigen Bibliothek seines Großvaters. Dort schmökerte er viele Stunden in den alten Büchern der Puritaner, die sein Denken und Empfinden für immer prägten. Durch gute Bücher werden wir Eltern in unserem Erziehungsauftrag enorm unterstützt.

Jemand sagte einmal: »Drei leere Dinge gehören zusammen: ein leeres Bücherregal, ein leerer Kopf und eine leere Kirche.«[77] Man könnte noch ein viertes Ding anfügen: ein leeres Familienleben. Gute Bücher stimulieren, inspirieren und bereichern uns. Der Mensch ist, was er isst – das, von dem er sich ernährt. Ob sich

77 So schrieb ein Pastor an Susannah Spurgeon, Frau von Charles Haddon Spurgeon, die einen Literaturdienst aufbaute und unzählige Bücher ihres Mannes an arme Pastoren verschenkte. Zitiert aus: Rhodes, Ray: *Susie. The Life and Legacy of Susannah Spurgeon, wife of Charles H. Spurgeon*, Chicago: Moody Publishers, 2018, S. 243.

unsere Kinder ständig von kurzweiligen Filmchen bespaßen lassen, kaum mehr als Comics lesen und Mühe haben, sich auf einen bloßen Text zu konzentrieren – oder ob sie einen Zugang zu ihrer Bibel und der Fülle an guter christlicher Literatur finden, liegt zu einem großen Teil an uns Eltern. Machen wir uns also an die Arbeit!

WIE EINE MUTTER

sich an die schönen Vorleseabende ihrer Kindheit erinnert:

Wie liebte ich dieses Wohnzimmer! Meine Mutter hatte karierte Vorhänge genäht und es gab Regale mit wundervollen Büchern, die die Wände unter den kleinen Fenstern des Chalets bekleideten.

Wenn die Fensterläden geschlossen, die Vorhänge zugezogen waren und ein Feuer im Kamin prasselte, setzten wir uns zusammen. Meine Eltern tranken Tee, wir Kinder bekamen heiße Schokolade. Manchmal gab es Popcorn oder selbst gebackenen Kuchen.

Zusammen »reisten« wir nach Yorkshire und besuchten den »Geheimen Garten« oder wir lachten zusammen über Pu, den Bären. Unser lieber Papa! Er hatte so ein großes, weiches Herz und immer, wenn er den Höhepunkt einer Geschichte erreichte, wurde seine Stimme leicht brüchig und er las weiter, während Tränen seine Wangen hinunterrollten. Auf diese Weise lernten wir Kinder, was es heißt, Mitgefühl zu haben. Wir lernten, dass es nicht egal ist, wenn Menschen leiden oder wenn schöne Dinge passieren.

Als unsere eigenen Kinder über fünf oder sechs Jahre alt waren, setzten wir dieses viel geliebte Ritual fort. Es war nie eine Frage, dass einer der Teenager keine Lust mehr darauf gehabt hätte. Ganz im Gegenteil: Gerade sie genossen es besonders. Die Narnia-Geschichten lasen wir vier- oder fünfmal im Jahr, sie werden mit der Zeit immer besser wie guter alter Wein. Zweimal haben wir Tolkiens »Herr der Ringe« gelesen, einige Male Laura Ingalls Wilders »Kleines Haus auf der Prärie« und außerdem viele andere Bücher.[78]

Susan Schaeffer Macaulay in der Erinnerung an ihr Elternhaus in der Schweiz. Zusammen mit ihrem Mann Ranald leitete sie eine Zweigarbeit von L'Abri in England.

78 Übersetzt und gekürzt aus: Schaeffer Macaulay, Susan: *For the Family's Sake. The Value of Home in Everyone's Life*, Wheaton: Crossway, 1999, S. 139-140.

ZUM WEITERDENKEN

- Welche Rolle spielen Bücher in unserem persönlichen Leben – und in dem unserer Familie?
- Wie können wir Eltern eine Umgebung schaffen, in der unsere Kinder gute christliche Literatur kennen und schätzen lernen?
- Welches spannende Buch könnten wir in den nächsten Wochen gemeinsam als Familie lesen?

ZUM UMSETZEN

- »Bücher sind bei uns im ganzen Haus verteilt – in jeder Form und für jedes Alter. Aus dem Bestand unserer alten Kinder- und Jugendbücher haben wir eine Mini-Bibliothek erstellt, aus der sich die Kinder selbstständig bedienen dürfen.«
- »In der Adventszeit und im Urlaub (in der Strandmuschel bei Regen) hat mein Mann den Kindern oft alte Erzählungen vorgelesen.«

- »Unser Leben besteht aus Gewohnheiten. Eine solche Gewohnheit kann das tägliche Vorlesen werden. Hier ein paar Erfahrungen: Wähle Klassiker mit reichen Inhalten. Test: Wenn du unsicher bist, ob ein Buch die Kinder anspricht, dann lies eine Seite vor und achte auf die Reaktionen. Der Text muss für sich sprechen – füge keine langen Erklärungen an. Bebilderte Bücher sind ein Zusatzgenuss. Wähle Versionen mit guten Illustrationen. Bevor du weiterliest: Lass die Kinder in eigenen Worten die letzte Etappe zusammenfassen. Das bereichert ihren Wortschatz, steigert ihre Konzentration und gibt dir eine Vorstellung davon, was hängen geblieben ist.«[79]
- »Manchmal brauchte eins der Kinder einen Schubser, um in ein Buch hineinzufinden. Die ersten Kapitel habe ich ihm vorgelesen und den Rest hat es dann eifrig selbst zu Ende gelesen.«
- »Abends bin ich oft selbst zu müde zum Vorlesen. Aber ich habe begonnen, den Kindern für zwanzig Minuten vorzulesen, wenn sie am späten Vormittag aus der Schule kommen. Die Ablenkung, Ruhe sowie die körperliche und emotionale Nähe tun uns allen gut.«
- »Die Bücher der Stadtbücherei schaue ich vorher an, bevor meine Kinder sie lesen, denn oft geht es um Rebellion gegen-

79 Strebel, Hanniel: *Kinderreich. Lernerlebnisse mit Kindern, Band 1*, Langerwehe: Folgen Verlag, 2014, S. 34.

über den Eltern, Lügen, Okkultismus … Von guten Autoren, die heute nicht mehr aufgelegt werden, haben wir viele Bücher antiquarisch gekauft.«

- »Bücher füllen einen großen Teil unserer Regale und auch unserer Freizeit. Zu Weihnachten und zum Geburtstag besteht ein Großteil der Geschenke aus neuen Büchern, worüber sich unsere ›Leseratten‹ immer riesig freuen und was ihnen vermittelt, welchen Wert Bücher haben.«
- »Wir machen mit unseren Grundschülern einmal pro Woche ein ›Bücher-Dinner‹. Das Abendbrot gibt es an diesem Tag als Fingerfood im Kinderzimmer auf dem Boden, was die Kinder einfach toll finden. Während des Essens lese ich dann fortlaufend eine spannende Missionsgeschichte vor.«

FAMILIE UND GOTTES WORT

Kapitel 14

… weil du von Kind auf die heiligen Schriften kennst, die imstande sind, dich weise zu machen zur Errettung durch den Glauben, der in Christus Jesus ist.

2. Timotheus 3,15

DIE FAMILIENANDACHT

Der junge englische Pfarrer Richard Baxter (1615–1691) war sehr enttäuscht, als er seine neue Gemeinde kennenlernte: Sie bestand fast nur aus wohlhabenden, lau gewordenen Christen. Die Gottesdienste waren schlecht besucht, es gab zwischenmenschliche Probleme und moralisches Versagen. Was sollte er tun? Baxter erkannte, dass es nur einen Weg gab, die sterbende Gemeinde zu retten. Drei Jahre lang nahm er sich viel Zeit, die einzelnen Familien zu besuchen. Sein Ziel war es, in jedem Haus einen »Familienaltar« zu errichten. Also eine Zeit, während der die Familie zusammenkam, um zu beten und auf Gottes Wort zu hören. Der Erfolg war überwältigend: Die Gottesdienste belebten sich wieder und die Gemeinde wurde zum Ausgangspunkt einer Erweckung und zur Basis des lehrmäßigen Dienstes, für den Baxter bis heute bekannt ist.

Es ist eine wichtige Erkenntnis, dass die Familie unersetzlich ist, wenn es um die geistliche Belehrung der nächsten Generation geht. Es geht ja nicht nur darum, Wissen zu vermitteln, sondern Leben weiterzugeben. Dafür ist viel mehr Zeit nötig als nur eine Stunde am Sonntag oder unter der Woche. Im Alltag tauchen die wirklichen Fragen auf, gibt es unzählige Anlässe für geistliche Lektionen, müssen wichtige Entscheidungen getroffen werden. Deshalb hat Gott die Verantwortung der geistlichen Belehrung primär denjenigen gegeben, die mit den Kindern Tag für Tag zusammenleben – nämlich ihren Eltern.

»Du wirst keine allgemeine Reformation sehen, solange du dich nicht um eine Reformation in den Familien kümmerst. Es mag hier und da ein bisschen Religion geben, aber wenn sie eine Sache von Einzelpersonen bleibt, wird sie nicht gedeihen und für die

Zukunft kein Wachstum versprechen«, so Richard Baxter.[80] Es ist daher die große Verantwortung und das wunderbare Privileg gläubiger Eltern, ihre Kinder mit dem Wort Gottes vertraut zu machen. »Denn ich habe ihn erkannt, dass er seinen Kindern und seinem Haus nach ihm befehle, damit sie den Weg des HERRN bewahren ...« (1. Mose 18,19).

Wie kann es gelingen, durch all den Trubel der Familienzeit hindurch im eigenen Haus einen »Familienaltar« aufrechtzuerhalten? Der Missionar John Paton schreibt über sein Elternhaus, dass sein Vater mit größter Sorgfalt und Regelmäßigkeit die tägliche Familienandacht leitete und dass nichts, »weder Eile noch Arbeit, noch Handel, weder die Ankunft von Freunden oder Gästen oder Angst und Sorge, weder Freude noch Traurigkeit« ihn von dieser Gewohnheit abhalten konnte.[81] Ja, Ausdauer und Disziplin sind wichtig, denn es gibt immer gute Gründe, warum das gemeinsame Bibellesen gerade heute nicht in den Tagesablauf passt. Wer in unserer gehetzten Zeit nur dann seine Familienandacht hält, wenn es nichts anderes zu tun gibt, wird feststellen, dass sie so gut wie nie stattfindet.

John Paton erinnert sich außerdem, dass ihm und seinen Brüdern die Bibel »mit sehr viel geistiger Frische und Freudigkeit

80 Übersetzt aus: https://www.goodreads.com/quotes/7421281-you-are-likely-to-see-no-general-reformation-till-you (abgerufen am 16.06.2023).

81 Paton, John: *John Paton. Missionar unter Südseekannibalen*, Bielefeld: CLV, 2023, S. 14.

nahegebracht« wurde. Der Austausch über das Wort Gottes war niemals »trocken«, sondern der Glaube der Eltern »berührte als aufrichtiger Ausdruck der Persönlichkeit unsere Seelen«.[82]

Was für ein beeindruckendes Zeugnis! So etwas können nur Kinder sagen, deren Eltern die Bibel wirklich lieb haben. Sehen unsere Kinder uns oft in diesem Buch lesen? Verse unterstreichen, Kommentare wälzen, Konkordanzen benutzen? Man kann nicht weitergeben, was man selbst nicht besitzt. Aber wofür man leidenschaftlich brennt, dafür begeistern sich oft auch die Kinder. Fast automatisch. »Ich bin erstaunt, dass mein Sohn so fußballvernarrt ist. Ich kann mich gar nicht erinnern, mit ihm so viel über Fußball geredet zu haben. Er hat wohl einfach meine eigene Faszination für diesen Sport miterlebt und sie nachgeahmt«, erzählte ein Vater.

Wir können sicher sein: Wenn wir nicht selbst unsere Bibel lesen und schätzen, dann merken das unsere Kinder! Wir können ihnen nichts vormachen. Eine formale Familienandacht, die wir nur abhalten, »weil das halt so sein muss«, wird dieses persönliche Defizit niemals ausgleichen können. Aber wenn wir selbst Gottes Wort lieben und darin leben, dann ist die Familienandacht ein wirksames Instrument, um unsere Kinder mit der Bibel vertraut zu machen.

---

82 Paton, John: *John Paton. Missionar unter Südseekannibalen*, Bielefeld: CLV, 2023, S. 15.

Die meisten gläubigen Eltern werden bestätigen, dass die Familienandacht niemals ein Selbstläufer ist. Es gibt so vieles, was einen davon abhalten will: Termine, Müdigkeit, ein Telefonanruf, desinteressierte Kinder, schlechte Stimmung, das Gefühl der eigenen Unzulänglichkeit. Wie können wir trotz dieser Störfaktoren fruchtbare und lebendige Zeiten mit Gottes Wort haben? Vier Grundsätze haben sich bewährt: Macht eure Andachten regelmäßig, kurz, aktiv und einfach!

1. REGELMÄSSIG:

Der Fokus bei der Familienandacht liegt nicht so sehr auf der einzelnen Andacht – die für sich genommen auch einmal nicht besonders »gut« sein wird –, sondern auf der Regelmäßigkeit. Gesegnet sind Kinder, die es im Lauf ihrer Kindheit Hunderte, nein, Tausende Male erlebt haben, dass die Familie zusammenkam, Gottes Wort aufgeschlagen wurde, man sich darüber austauschte und gemeinsam betete! Die einzelne Andacht wird kaum in Erinnerung bleiben, aber der Gesamteindruck ist eine Prägung fürs Leben.

Wir sind nicht so diszipliniert wie Vater Paton, bei uns klappt das gemeinsame Bibellesen leider nicht jeden Tag. Aber wir achten darauf, dass die Familienandacht nie für einen längeren Zeitraum ausfällt. Es nutzt wenig, wenn Eltern übermotiviert nach einer Freizeit einige wenige Male eine ausgedehnte, intensive Andacht mit ihren Kindern machen – aber diese dann doch wieder über Wochen nur sehr unregelmäßig durchführen. Die Regelmäßigkeit ist entscheidend.

2. KURZ:

Das Leben ist voll, Termine gibt es genug und die Aufmerksamkeitsspanne der Kinder ist, gerade wenn sie noch klein sind, sehr begrenzt. Wie entspannend: Eine Familienandacht braucht nicht besonders lang zu sein! Lieber kurz und frisch als lang und langweilig! Man kann ruhig an einer spannenden Stelle mitten in der Geschichte mit den Worten aufhören: »So, und wie es weitergeht, das sehen wir morgen.« Es geht nicht darum, Abschnitte erschöpfend auszulegen, sondern das Entscheidende zu sagen. Es ist für die Kinder wichtiger, die zentrale Botschaft des Textes zu erfassen, als dass wir Eltern alles weitergeben, was wir zu dem jeweiligen Thema wissen. Die Familienandacht lohnt sich immer – selbst wenn sie nur ein paar Minuten dauert.

3. AKTIV:

Eine Familienandacht ist keine »One-Man-Show«. Sicher wird der Vater als Haupt der Familie die Andacht leiten – oder die Mutter, wenn der Vater nicht da ist. Aber je mehr die Kinder miteinbezogen werden, desto besser. Stellt Fragen, mutmaßt gemeinsam, wie die Geschichte weitergehen könnte, lasst die Kinder ihre Beobachtungen zum Text sagen. Zur Abwechslung können auch einmal alle ihre Bibeln mit zur Andacht bringen, sodass der Abschnitt reihum vorgelesen werden kann. Dass Grundschüler dadurch lernen, laut und ausdrucksstark vorzulesen, ist ein schöner Nebeneffekt.

Es schadet nichts, wenn Kinder einmal einer Predigt oder Wortbetrachtung zuhören, von der sie noch nicht alles verstehen. Aber die Familienandacht ist der Ort, wo die Belehrung zum intellektuellen und geistlichen Niveau der Kinder passen sollte. Teilt nach der Bibellese persönliche Gebetsanliegen und fangt früh damit an, als Familie gemeinsam laut zu beten. Wenn man erst im Teenageralter damit beginnt, schämen sich die Kinder oft in der ungewohnten Situation. Kurz: In die Familienandacht sollten die Kinder so viel wie möglich miteingebunden werden.

4. EINFACH:

Es geht nicht darum, nach dem Abendbrot mit übermüdeten Kindern die Offenbarung zu studieren oder Kindergartenkindern die kleinen Propheten nahezubringen. Lest einfache Texte und für Kinder spannende Geschichten, das erste Buch Mose, die Samuel-Bücher, Ruth, Nehemia, das Buch der Sprüche, immer wieder die Evangelien. Wer Abwechslung braucht, kann auch mal einen Kurs oder ein thematisches Buch für die Familienandacht nutzen. Weil unsere Kinder in der Schule immer wieder mit der Klima-Thematik konfrontiert werden, haben wir zum Beispiel kürzlich den Kurs »Gott, das Klima und ich« durchgearbeitet.[83] Aber denkt daran, dass es in erster Linie darum geht, einfach das Wort Gottes zu lesen und in das eigene Leben sprechen zu lassen. Das kann in jeder Familie geschehen – auch wenn der Vater kein Prediger und die Mutter keine Sonntagsschullehrerin ist.

Wenn Christus in einem Haus gegenwärtig ist, dann gibt es Segen. Dazu findet sich eine schöne Illustration im Alten Testament. Normalerweise stand die Bundeslade, das sichtbare Zeichen der Gegenwart Gottes, im Zelt der Zusammenkunft. Aber für drei Monate war sie in einem Privathaushalt untergebracht, nämlich im Haus Obed-Edoms. Was war die Folge?

»Und der HERR segnete Obed-Edom und sein ganzes Haus«, heißt es in 2. Samuel 6,11. Wir wissen nicht, woran man den göttlichen Segen auf der Familie Obed-Edoms innerhalb dieser kurzen Zeitspanne bemerken konnte, aber er war so deutlich, dass David beschloss, die Lade zu sich nach Jerusalem zu holen.

Gott segnet das Haus, in dem er wohnt. Wenn sich eine Familie regelmäßig zusammensetzt, um zu beten, den Herrn zu loben und

83 Mohn, Henrik: *Gott, das Klima und ich. Was die Zukunft bringt*, Burbach: rigatio Stiftung, 2022.

sein Wort zu lesen, dann kann das nicht ohne Auswirkung bleiben. »A family that prays together stays together«[84], sagt ein englisches Sprichwort. Mag sein, dass die Zeit am Familienaltar mehr Segen für unsere Ehe, unsere Kindererziehung und die vielen anderen Bereiche des Familienlebens bewirkt als alle unsere anderen Bemühungen zusammen!

DIE PERSÖNLICHE BIBELLESE

Unser Ziel als Eltern ist, dass unsere Kinder nicht nur passive Konsumenten, sondern aktive Schatzgräber werden. Schon früh dürfen wir ihnen zeigen, dass es einen himmlischen Vater gibt, der durch sein Wort zu jedem einzelnen seiner Kinder reden möchte. Bereits vor dem Schuleintritt können weise Eltern bei ihren Kindern die Vorfreude auf das persönliche Bibellesen wecken: »Wie schön, bald kommst du in die Schule! Dann wirst du lesen lernen – und dann kannst du selbst in deiner Bibel herausfinden, was Gott dir sagt!«

Wir Eltern haben es in der Hand, unseren kleinen Kindern die Bibel schmackhaft zu machen – es kostet nur ein wenig Mühe und

84 »Eine Familie, die zusammen betet, bleibt auch zusammen.«

Fantasie. Erzählt begeistert davon, wie wertvoll es für Euch ist, morgens in aller Ruhe eine persönliche Zeit mit Gott zu haben, und ermutigt Eure Kinder, dasselbe zu tun, sobald sie lesen können. Eine schöne Atmosphäre kann dabei sehr hilfreich sein. Unsere Kinder kommen sicher auch deshalb gerne in der Frühe mit ihren Bibeln ins Wohnzimmer, weil es dort Gemütlichkeit, Kerzenschein und besondere heiße Getränke gibt. Alles, was wir dazu beitragen können, damit unsere Kinder vor der Unruhe des Tages eine ruhige Zeit mit dem Herrn haben können, sollten wir tun.

Zeigt Euren Kindern außerdem, wie Ihr selbst die Bibel studiert. Welche Pläne, Methoden, Farben und Symbole Ihr verwendet. Es ist nicht schlimm, wenn kleine Kinder im Eifer des Gefechts ihre erste Bibel regelrecht verunstalten – Hauptsache, sie lernen, eigene Entdeckungen im Wort Gottes zu machen. Dazu kann eine kindgerechte Bibellesehilfe[85] eine gute Unterstützung sein. Aber leitet Eure Kinder auch darin an, wie sie ihre Bibel eigenständig und ohne weitere Hilfsmittel lesen können.

Es ist so schön zu beobachten, wie gnädig Gott durch sein Wort schon zu einem kleinen Kind spricht und es für seinen Tag ermutigt, selbst wenn es den Abschnitt noch gar nicht »richtig«

85 Unsere Kinder haben im Grundschulalter gute Erfahrungen gemacht mit der jährlich erscheinenden Bibellesehilfe *Die Spur. Bibellesehilfe für Kinder* vom Beröa-Verlag und zu Beginn der weiterführenden Schule mit *Tägliche Entdeckungen. Das ganz besondere Andachtsbuch* von KEB und CLV. Für ältere Kinder ist der *Lightkeeper* (CSV-Verlag) empfehlenswert.

verstanden hat. Für manche Kinder ist auch ein »Stille-Zeit-Tagebuch« hilfreich, in das sie für jeden Tag einen Gedanken, der ihnen wichtig geworden ist, eintragen können.

> **_»Ich gebe zu, Du kannst nicht machen, dass Dein Kind die Bibel liebt. Niemand als nur der Heilige Geist kann uns ein Herz geben, das sich am Wort Gottes erfreut. Aber Du kannst Dein Kind mit der Bibel vertraut machen. Und sei gewiss, dass Kinder mit diesem segensreichen Buch weder zu früh noch zu gut vertraut werden können.«_**
>
> John Charles Ryle[86]

Entscheidend ist auf jeden Fall, dass wir unsere Kinder in dieser Sache nicht allein lassen. Fragen wir beim Frühstück nach, was sie in der Bibel gelesen haben, und freuen wir uns mit ihnen über die kleinen Entdeckungen, die sie im Wort Gottes machen durften. Dafür ist ein ruhiger Ablauf am Morgen eine wichtige Voraussetzung. Deshalb ist die Gewohnheit hilfreich, schon abends den Frühstückstisch zu decken und die Schulranzen gepackt zu haben.

86 Ryle, John Charles: *Die Pflichten der Eltern. Grundregeln biblischer Erziehung*, Augustdorf: Betanien Verlag, 2017 (4. Auflage), S. 25.

Vermitteln wir unseren Kindern außerdem, dass es kein Beinbruch ist, wenn man mal verschlafen hat oder die »Stille Zeit« aus einem anderen Grund untergegangen ist. Wir suchen Gottes Angesicht nicht, um ein starres Ritual einzuhalten, sondern um eine Liebesbeziehung zu pflegen. Und die kann ein Kind schon genauso haben wie ein älterer Gläubiger.

BIBELVERSE AUSWENDIG LERNEN

Zum Schluss dieses Kapitels möchten wir noch eine Lanze für das Auswendiglernen von Bibelversen in der Familie brechen.

»Warum ist es so wichtig, Bibelverse auswendig zu können?«, fragen manche. »Reicht es nicht, wenn man in der Bibel die Stellen nachschlagen kann, die man sucht?« Doch der Psalmist spricht davon, dass er das Wort Gottes in seinem Herzen verwahrte (vgl. Psalm 119,11). Deshalb konnte er immer, sogar in der Nacht, darüber nachdenken (vgl. Psalm 119,148).

Auch unser Herr kannte das Wort auswendig. In seiner Versuchung antwortete er dem Satan jeweils mit: »Es steht geschrieben« (vgl. Matthäus 4,1-11). Und dann zitierte er verschiedene Verse des Alten Testaments – und das, ohne eine Schriftrolle zur Hand zu haben.

Wer kann wissen, in welchen entscheidenden Situationen unseres Lebens ein auswendig gelernter Vers einmal den Unterschied machen wird? Je älter man wird, desto schwerer fällt es leider, neue Verse abzuspeichern. Kinder hingegen lernen noch beneidenswert schnell. Was für ein Segen ist es, wenn Eltern und Kinder zusammen Verse auswendig lernen, sich gegenseitig abfragen und den Inhalt besprechen!

Es gibt gute Listen mit zentralen Bibelversen zu den verschiedensten Themen.[87] Man braucht nicht überdurchschnittlich intelligent oder engagiert zu sein, um viele Dutzend Verse gemeinsam als Familie auswendig zu lernen. Lasst Euch etwas einfallen, wie Ihr diese Gewohnheit spannend und fantasievoll in Euren Alltag integrieren könnt.

Manche Familien haben einen »Vers der Woche«, den sie im Haus aufhängen und zusammen einüben. Andere führen in den Sommerferien einen Wettbewerb mit kleinen Preisen durch, um ihre Kinder zum Lernen zu ermutigen. Und durch CDs mit vertonten Bibelversen können schon kleine Kinder Gottes Wort ganz einfach auswendig lernen.[88]

---

87 Eine gute Liste für Einsteiger findet sich unter https://dir.sermon-online.com/german/Others/Bibelverse_Zum_Auswendiglernen.pdf (abgerufen am 16.06.2023).

88 Eine Empfehlung sind die CDs von Corina Schweizer *Das merk ich mir! Kinder singen Bibelverse*, erschienen im Daniel-Verlag.

Was auch immer Ihr tut: Nutzt die kurze Zeit der Familienjahre, um Euren Kindern mit diesen Versen einen wertvollen Schatz mit in ihr Leben zu geben! Damit das Fundament ihres Glaubens nicht eine bestimmte Gemeindetradition, ein gutes Buch oder ein beeindruckender Prediger, sondern das unvergängliche Wort Gottes selbst ist.

VON EINEM VATER,

der seiner Tochter eine reich benutzte Bibel vermachen konnte:

Als wir einmal in der Bibelstunde unserer Gemeinde nebeneinandersitzen, liegt vor ihm seine aufgeschlagene Bibel. Manche Verse sind farbig markiert, andere unterstrichen. Auf den Seitenrändern hat er mit Bleistift Notizen gemacht. Ich überlege, was wohl aus diesem kostbaren Buch wird, wenn er nicht mehr lebt. Mir kommt eine Idee. Ich nehme ein Lesezeichen aus meiner Bibel und schreibe darauf: »Darf ich in deiner Bibel weiterlesen, wenn du im Himmel bist?« Ich schiebe ihm das Lesezeichen zu. Er nimmt es und liest. Dann steckt er es lächelnd weg.

Am nächsten Tag finde ich das Lesezeichen in meinem Briefkasten wieder. Vater ist offensichtlich zu uns gefahren und hat es hineingeworfen, ohne zu klingeln. Mit deutlichen Buchstaben steht über meiner Frage: »Erbschein!« Darunter das Datum und seine Unterschrift.[89]

Silke Stattaus, Jahrgang 1957, Referentin für Frühstückstreffen für Frauen

ZUM NACHDENKEN

- Wie sieht unser Umgang als Eltern mit dem Wort Gottes aus? Was sehen unsere Kinder jeden Tag?
- Welchen Stellenwert räumen wir der Familienandacht in unserem Tagesablauf ein? Was könnten wir tun, um sie wieder neu zu beleben?
- Wie geht es unseren Kindern in ihrer persönlichen »Stillen Zeit« und was können wir konkret tun, um sie darin zu unterstützen?

89 Filker, Claudia (Hrsg.): *Mein Vater. Töchter erzählen*, Neukirchen-Vluyn: Aussaat-Verlag, 2011, S. 134.

ZUM UMSETZEN

- »Familienandachten müssen vor allem *Do-Able* sein! Lieber jeden Tag fünf Minuten und das konsequent, als 30 Minuten und dann fällt die Andacht dauernd aus Termingründen aus.«
- »Als wir merkten, dass unsere Kinder beim Lesen des Kalenderblattes nicht mehr gut aufpassten, haben wir den Tipp eines Freundes umgesetzt, beim Vorlesen immer mal wieder einen lustigen Fehler einzubauen. Also statt *»Er hob seine Augen auf und sah« »Er hob seine Füße auf und sah«* vorzulesen. Die Kinder fanden das unglaublich komisch und haben immer gespannt wie die Flitzebögen zugehört, um den nächsten Fehler zu entdecken.«
- »Jedes der Kinder hat nach der Grundschulzeit bei guter Lesefähigkeit drei bis vier Wochen lang ›Stille Zeit‹ mit Papa eingeübt. Seine Art zu lesen, die Bibel anzuwenden und auszulegen, war für die Kinder sehr erstrebenswert. Er hat ihnen in dieser Zeit auch sein Markiersystem lieb gemacht. Sich eine wertige, eigene, in Leder gebundene Bibel aussuchen zu dürfen, machte ihnen dieses Buch außerdem kostbar.«
- »Wir haben unseren Kindern immer ein größeres Geschenk versprochen, wenn sie die Bibel das erste Mal komplett durchgelesen hatten. Das war eine große Motivation für sie.«
- »Der Allrounder über viele Jahre, mal nach dem Essen oder

meistens abends vor dem Zubettgehen, war die Kinderbibel von Anne de Vries[90] – sie hat auch uns Eltern immer wieder Freude gemacht.«

- »Unseren Teenagern empfehlen wir, ihre Bibel zusammen mit dem Kurzkommentar von Warren Wiersbe (CV-Verlag) zu lesen oder mit dem Kommentar von William MacDonald (CLV-Verlag).«[91]
- »Wir Eltern erzählen gerne, wenn uns selbst etwas in Gottes Wort begeistert hat. Predigten, die wir richtig gut finden, leiten wir unseren Teens weiter. Papa gräbt mit den Älteren und deren Freunden in Gottes Wort, verwendet dazu moderne Medien wie das iPad und gute Bibelprogramme und Webseiten.«
- »Wenn bestimmte erzieherische Herausforderungen in unserer Familie auftreten – zum Beispiel Stolz, Unbelehrbarkeit, Neid oder Trotz –, dann suchen wir manchmal Bibelverse zu diesem Thema heraus, sprechen darüber und lernen sie zusammen mit den Kindern auswendig.«
- »Jedes unserer Kinder und auch wir Eltern haben einen Karteikasten für die Bibelverse, die wir auswendig lernen. Wir Eltern

90 de Vries, Anne: *Das große Erzählbuch zur biblischen Geschichte,* Bielefeld: CLV, 2021 (5. Auflage).

91 Wiersbe, Warren: *Wiersbe Kurzkommentar zum Alten Testament,* Dillenburg: Christliche Verlagsgesellschaft, 2014; Wiersbe, Warren: *Wiersbe Kurzkommentar zum Neuen Testament,* Dillenburg: Christliche Verlagsgesellschaft, 2012; MacDonald, William: *Kommentar zum Alten Testament,* Bielefeld: CLV, 2021 (4. Auflage); MacDonald, William: *Kommentar zum Neuen Testament,* Bielefeld: CLV, 2021 (8. Auflage).

und die großen Kinder, die schon ein eigenes Handy haben, nutzen außerdem die Bibelvers-Lern-App *Remember Me.*«[92]

- »Dass wir Eltern auch Bibelverse lernen, obwohl es uns schwerfällt, ist unseren Kindern ein großer Ansporn, das auch zu tun.«

92 https://www.remem.me/de/

Familie und Musik

Kapitel 15

… ich werde ihn preisen mit meinem Lied.

Psalm 28,7

Es war ein langer und anstrengender Tag. Ärger auf der Arbeit, eine schlechte Note in der Schule, ein langwieriger Arzttermin am Nachmittag. Die Stimmung am Abendbrottisch ist angespannt. Doch nach dem Essen werden wie immer die Liederbücher ausgeteilt und sofort meldet eines der Kinder lautstark den ersten Liedwunsch an: »Lasst uns danken, statt zu klagen«! Dann das nächste: »Lobe den Herrn, meine Seele«!

Während alle singen – nicht besonders schön, dafür aber laut –, passiert etwas Eigentümliches: Die Belastungen des Tages treten in den Hintergrund, die Gesichter werden fröhlicher und die ganze Welt sieht plötzlich anders aus.

Die Psalmen fordern uns an vielen Stellen dazu auf, Gott zu singen und Musik zu seiner Ehre zu machen: »Singt Gott, spielt seinem Namen!« (Psalm 68,5; revidierte Elberfelder 1985/1991). »Singen will ich dem Herrn mein Leben lang ...« (Psalm 104,33). »Singt ihm, spielt ihm, redet von allen seinen Wundern!« (Psalm 105,2; revidierte Elberfelder 1985/1991).

Gott freut sich, wenn Gläubige zu seiner Ehre singen. Ein frisches Lied aus einem ehrlich dankbaren Herzen bedeutet ihm mehr als andere Opfer, die wir für ihn bringen. David schreibt: »Rühmen will ich den Namen Gottes im Lied und ihn erheben mit Lob. Und es wird dem HERRN wohlgefälliger sein als ein Rind, ein Stier mit Hörnern und gespaltenen Hufen« (Psalm 69,31-32).

Woran Gott Freude hat, das dient auch zu unserem Besten. Eine christliche Familie, in der oft zur Ehre Gottes gesungen wird, ist ganz besonders gesegnet. Warum?

Viele christliche Lieder beinhalten eine Fülle von geistlichen Wahrheiten, die unsere Kinder ganz nebenher verinnerlichen, wenn wir viel mit ihnen singen. Im Lauf der Zeit werden sie manches von dem, was wir ihnen mühsam beizubringen versuchen, wieder vergessen. Aber die Lieder ihrer Kindheit werden sie ihr Leben lang im Gedächtnis behalten. Wer weiß, in welchen Notsituationen ihnen genau diese Lieder einmal unwillkürlich in den Sinn kommen werden? Mit Liedern können wir unseren Kindern einen

Schatz fürs Leben mitgeben. Edith Schaeffer schreibt darüber: »Einem kleinen Kind sollte man vorsingen, noch ehe es alt genug ist, überhaupt die Worte zu verstehen. Aber nach und nach werden Verse wie ›Jesus liebt mich … Jesus kennt mich‹ vertraute, glückliche Worte sein verbunden mit Vaters und Mutters Gewissheit, dass es auch wahre Worte sind.«[93]

In jungen Jahren können Kinder mühelos viele Liedtexte auswendig lernen, deren volle Bedeutung sie erst Jahre später erfassen werden. Die bekannte Autorin Joni Eareckson Tada, die als junge Frau durch einen Unfall querschnittsgelähmt wurde, erinnert sich, was für eine wichtige Rolle Lieder früher in ihrer Familie spielten:

»Meine frühsten Erinnerungen an ein Berührtsein durch den Heiligen Geist sind mit Glaubensliedern verbunden. Sanfte, faszinierende alte Lieder, wie meine Tante Kitty sie sang, wenn sie und Onkel George uns am Freitagabend besuchten, um Vaters Geschäftsbücher durchzusehen. Oder wie diejenigen, die wir in unserer kleinen Kirche in Catonsville sangen. Oder jene, die wir sangen, als wir mit dem Lastwagen über die Chesapeake Bay Bridge an die Ostküste

93 Schaeffer, Edith: *Lebensraum Familie,* Wuppertal/Kassel: Oncken-Verlag – Genf/Zürich/Basel: Haus der Bibel, 1976, S. 115.

fuhren. All diese Lieder, deren Worte ich auswendig kannte, ohne sie zu verstehen.

›Und ich weiß, an wen ich glaube, und seiner Hand kann mich nichts entreißen, mein Erbteil wird er mir wahren auf den Tag, da er erscheint.‹

Ich liebte dieses im Kreis der Familie oft gesungene Glaubenslied, obwohl ich keine Ahnung hatte, was der Text bedeutete. Das kümmerte mich aber nicht. Fünfjährige können Wörter in einem Kämmerchen ihres Herzens speichern wie geheime Notizen, die dort für graue Regentage aufbewahrt werden.

Alles, worauf es mir jetzt ankam, war, dass diese Lieder mich in einer Melodie mit meinen Eltern und Schwestern vereinten. Sie hatten mit Gott, meinem Vater und meiner Familie zu tun, und so wurde in diesem Herzenskämmerchen die erste Saat des Glaubens gelegt.«[94]

Die erste Saat des Glaubens. Gut möglich, dass das oft ein Kinderlied ist. Ein Lied, das die großen Wahrheiten des Evangeliums in einfachen Worten beschreibt und das wir unseren Kleinen viele Hundert Male vorgesungen haben. Nutzen wir die Jahre der frühen Kindheit, um diesen wertvollen Samen reichlich auszusäen!

---

94 Gekürzt aus: Eareckson Tada, Joni: *Der Gott, den ich liebe*, Bielefeld: CLV, 2014, S. 10-11.

KOMM, SING MIT!

Der Segen des Singens in der Familie liegt nicht nur darin, dass unsere Kinder die wertvollen Texte verinnerlichen, sondern auch in der Freude, die wir dabei zusammen haben. Man kann schlecht Trübsal blasen und gleichzeitig singen! Schon oft haben wir den positiven Effekt eines fröhlich gesungenen Liedes auf die Atmosphäre bei Tisch bemerkt. Man geht freundlicher miteinander um und die Kinder streiten weniger schnell, wenn man gerade gemeinsam den Herrn gelobt hat.

Wenn die Kinder klein sind und noch nicht lesen können, ist es eine schöne Idee, mit ihnen Liederbücher mit Bildern zu basteln. Schnell werden sie die Lieder mit den Bildern in Verbindung bringen und sich dann gerne vor oder nach dem Essen ihre Lieblingslieder wünschen. Und mit ein paar Bewegungen macht alles noch mal so viel Freude!

Die Kinderbuchautorin Patricia St. John erinnert sich, dass ihre Familie abends immer eine fröhliche und ausgelassene Zeit beim gemeinsamen Singen genoss.

Sie erzählt: »Die Abende verbrachten wir am Klavier und sangen die alten geistlichen Lieder, die wir schon als kleine Kinder so gerne hatten, mit den hellen Bildern vom blauen Himmel, von Hirten und Lämmern; oder wir marschierten zur Melodie von *Vorwärts, Christi Streiter* oder ähnlichen kriegerischen Tönen mit Schlaginstrumenten um den Tisch.«[95] Das klingt doch wirklich nach einer guten Familienstimmung! Auch die Gemeinde profitiert von Familien, in denen das Lob Gottes gepflegt wird. Von Herzen kommender Gemeindegesang beginnt in der Familie und unsere Kinder werden die Lieder, die wir im Gottesdienst singen, umso mehr lieben, wenn sie sie auch von zu Hause kennen. Deswegen sollte zur Familienandacht nicht nur Bibellese und Gebet, sondern auch das Singen gehören.

Eine schöne Idee der Liedermacher Keith und Kristyn Getty ist es, in der Familie einen »Choral des Monats« einzuführen. Dieses Lied wird dann einen Monat lang immer wieder gesungen und die Eltern besprechen den Text mit den Kindern, sodass sie das Lied wirklich verstehen und verinnerlichen. Manche alte Choräle und Anbetungslieder sind ein über Jahrhunderte hinweg weitergegebenes Erbe der Christenheit und wir Eltern haben die wunderbare Möglichkeit, diesen Schatz der nächsten Generation lieb zu machen.

» *Verwirre deinen Gegner mit Lobliedern. Sind wir nicht deshalb oft nur geistliche Fruchtzwerge, weil das alltägliche Lob Gottes in unseren Herzen und Häusern verstummt ist?* «

Klaus Güntzschel[96]

95 St. John, Patricia: *Die Autobiografie. Das Leben der Autorin von »Spuren im Schnee«*, Basel: Brunnen, 2010, S. 27.

96 Güntzschel, Klaus: *Sternstunden der Bibel*, Bielefeld: CLV, 2022, S. 89.

»Wir sind aber leider gar nicht musikalisch!«, werden manche Eltern einwenden. Doch Singen in der Familie ist ein Segen, auch wenn der Gesang nicht mehrstimmig ist oder ein wenig schief klingt. Wir wollen ja nicht konzertreife Aufnahmen produzieren, sondern Gott preisen und unsere Seelen aus dem Alltag heraus zu ihm zu erheben. Wie wertvoll ist es, wenn unseren Kindern nicht die neuesten Hits aus dem Radio, sondern wertvolle geistliche Lieder durch den Kopf gehen! Dazu ist nur eines nötig: dass die Lieder nicht nur in den Liederbüchern stehen, sondern zu vielen Gelegenheiten immer wieder gesungen werden.

Wilhelm Busch beschreibt in einer seiner Kurzgeschichten eindrücklich, wie ein junger Student kurz vor Weihnachten nach Hause kam. Seine Familie hatte vorher ein großes Haus mit einem schönen Garten bewohnt. Aber der Vater war gestorben, die Inflation hatte die Ersparnisse aufgezehrt und nun lebte die Mutter in einer bescheidenen Wohnung in einem großen, grauen Mietshaus. Während der junge Mann auf das Haus zuging, wurde es ihm ganz schwer ums Herz, weil er an die fröhlichen Weihnachtsfeste von früher denken musste. Wie sollte jetzt alles werden? Ohne Vater, ohne Haus, ohne Geld und ohne Geschenke?

Doch als er in den Flur trat, hörte er, dass Musik aus der Wohnung klang. Die Mutter sang zusammen mit den Schwestern den alten Choral »Warum sollt' ich mich denn grämen? Hab ich doch

Christus noch«. Genauso wie früher. Da wusste der junge Mann, dass es trotz allem ein schönes Fest werden würde.[97]

»Man singt mit Freuden vom Sieg in den Hütten der Gerechten« (Psalm 118,15; Luther 1984). Fröhlicher Klang von Liedern ist schon immer ein Markenzeichen der Familien gewesen, die Gott kennen – egal wie schwer die Umstände auch waren.

Was sind Gelegenheiten, als Familie zu singen? Natürlich vor oder nach dem Essen, aber auch auf langen Autofahrten, beim Spazierengehen, im Rahmen der Familienandacht, einfach mal zwischendurch – und auf jeden Fall vor dem Einschlafen. Seit Jahrhunderten singen Eltern ihren Kindern am Bett zum Tagesabschluss noch ein Gute-Nacht-Lied vor. Schon Generationen von Kindern sind mit den Klassikern »Breit aus die Flügel beide«, »Weißt du, wie viel Sternlein stehen?« oder »Der Mond ist aufgegangen« eingeschlafen.

Schenken wir unseren Kindern abends beim Zubettgehen bewusst eine Zeit der liebevollen und individuellen Zuwendung, geben wir ihnen die Möglichkeit, über die Ereignisse des Tages zu sprechen und, wenn nötig, Schuld zu bekennen. Dazu ein kurzer Abschnitt aus der Kinderbibel, ein Gebet und dann ein oder zwei ruhige Gute-Nacht-Lieder. Tagsüber kann man je nach Situation

97 Die komplette Geschichte findet sich in: Busch, Wilhelm: *Man muss doch darüber sprechen*, Bielefeld: CLV, 2020 (5. Auflage), S. 11-13.

die unterschiedlichsten Lieder singen – laute und leise, lustige und tiefsinnige. Aber abends ist es für Kinder ein wohltuendes Ritual, immer dieselben Gute-Nacht-Lieder zu hören. Für immer werden sie diese mit der friedlichen Atmosphäre kurz vor dem Einschlafen verbinden. Und aller Wahrscheinlichkeit nach werden sie einmal genau diese Lieder auch mit Euren Enkelkindern singen.

Eine Mutter von sechs Kindern schreibt: »Gebet und Gute-Nacht-Lieder geben einem Kind nicht nur eine wunderbare Routine, sondern rüsten sie auch mit emotionaler und geistlicher Kraft für die ernsten Herausforderungen des Erwachsenenlebens aus. Ich erinnere mich daran, was eine meiner Töchter erzählte: Während sie zusammen mit ihrem Mann im fernen, geistlich dunklen Himalaja lebte und arbeitete, war es die Erinnerung an genau diese Lieder, die ihr in den schwersten Situationen immer wieder Licht, Ermutigung, Trost und Hoffnung brachte.«[98]

SINGT UND SPIELT DEM HERRN!

Musik ist eine wunderbare Gabe Gottes. Dass wir mit Instrumenten Musik machen und uns an ihr erfreuen können, ist eines der vielen

98 Übersetzt aus: Schaeffer Macaulay, Susan: *For the Family's Sake. The Value of Home in Everyone's Life*, Wheaton: Crossway, 1999, S. 137.

Merkmale, das uns Menschen von den Tieren unterscheidet. Zugegeben: Ein Instrument zu lernen, kostet Geld, Zeit und Durchhaltevermögen. Kein Kind hat immer Lust zum Üben oder ist so begabt, dass seine Musik von Anfang an schön klingen würde. Aber die Investition lohnt sich. In vielen Studien wurde der positive Effekt des Musizierens auf Intelligenz, psychische Stabilität, Stressbewältigung und Einfühlungsvermögen belegt. Ihr könnt Euren Kindern viel Gutes tun, wenn Ihr ihnen das Lernen eines Instruments ermöglicht, denn wenn man erst als Erwachsener damit anfängt, hat man es ungleich schwerer.

Außerdem ist es sehr gemeinschaftsfördernd, wenn eine Familie zusammen musizieren kann! Jeder trägt etwas zum Gesamten bei, auf seinem Niveau. Und jeder Gesang wird schöner und bunter, wenn er von Instrumenten begleitet wird. Die Familien, in denen dauerhaft musiziert wird, sind wahrscheinlich nicht die mit den begabtesten, musikalischsten Kindern. Sondern die, in denen es gelungen ist, Musik zu einem festen, fröhlichen Bestandteil des Alltags zu machen. Ein Pfarrerssohn schreibt über sein Elternhaus:

»Es ist nun endlich an der Zeit, dass ich des wichtigsten Erziehungsmittels gedenke, dessen sich meiner Eltern bedienten, der Musik! Im Musikzimmer übte Eva ein Klavierkonzert, im Jungenzimmer blies Thomas elegisch Mundharmonika, auf dem Boden übte Johannes auf dem Flügelhorn schwierige Triolen, und aus Vaters

Studierzimmer tönten die Klänge des Waldhorns. Es war wirklich kein Sanatorium für Nervenschwache! Die herrlichen Choralsätze Johann Sebastian Bachs waren unsere Leib- und Magenspeise.«[99]

Sicher, nicht jedes Kind muss auf Biegen und Brechen ein Instrument lernen. Aber wenn die Möglichkeit dazu vorhanden ist, wird es das Familienleben sehr bereichern. Musik macht ein Haus erst richtig lebendig. Sie erfreut nicht nur den, der spielt, sondern auch die Zuhörer. »Wenn ich abends noch die Küche aufräume und meinen inzwischen fast erwachsenen Sohn Klavier spielen höre, ist das ein herrlicher Genuss. So viel schöner als jede CD oder Radio. Ich freue mich für ihn, dass er dieses Ausdrucksmittel besitzt, und bin froh, dass wir alle ›Ich-habe-keine-Lust-mehr‹-Phasen durchgestanden haben«, berichtet eine Mutter.

Musik wird nicht nur Euer eigenes Familienleben verschönern, sondern Eure Kinder werden Gott damit einmal auf vielerlei Weise dienen können. Da sind drei Teenagermädchen, die mit ihren zwei Geigen und der Querflöte ein Frauenfrühstück bereichern. Da ist ein Jugendmitarbeiter, der abends beim Lagerfeuer seine Gitarre herausholt und ein paar Lieder anstimmt. Oder eine Schwester,

99 Gekürzt aus: Ryke, Christian: *Wie die Orgelpfeifen. Eine heitere Familiengeschichte*, Gießen: Brunnen, 2010 (4. Auflage), S. 68.

die jede Woche ins Altenheim geht, den Senioren dort Geschichten vorliest und mit ihnen am Klavier christliche Lieder spielt. Das alles wäre nicht möglich, wenn nicht die Eltern dieser Leute früher die Mühe auf sich genommen hätten, ihre Kinder ein Instrument lernen zu lassen. Die Klavierlehrerin unserer Kinder ist katholisch. Manchmal erzählt sie von ihrer Sorge, dass die Kirche in Zukunft einmal zu wenig Organisten haben könnte, weil nach ihrer Beobachtung immer weniger Kinder das Durchhaltevermögen haben, das zum Lernen eines Instrumentes nötig ist. »Ich fange mit so vielen Kindern den Unterricht an, aber die meisten hören beim ersten Durchhänger schon wieder auf.«

Wie schlimm wäre es, wenn es in unseren christlichen Freizeiten und Veranstaltungen irgendwann keine Klavierspieler, Gitarristen, Bläser, Streicher und guten Sänger mehr gäbe! Wie arm wären unsere Gemeinden, wenn wir irgendwann keine Geschwister mehr in unseren Reihen hätten, die gute Musik machen könnten! Jede Kinderstunde braucht jemanden, der Gitarre spielen kann, jeder Gemeindegesang benötigt ein paar gute Stimmen. Wenn Ihr als Eltern dafür sorgt, dass Eure Kinder musikalische Fertigkeiten entwickeln, Lieder begleiten und vielleicht sogar komponieren können, sind das Gaben, die sie immer im Reich Gottes werden einsetzen können. Nicht alles, was wir hier auf der Erde genießen, wird es auch im Himmel geben. Aber Musik wohl. Wir werden Christus in

Ewigkeit mit unseren Liedern preisen – ist es da nicht angemessen, wenn eine gläubige Familie schon auf der Erde damit anfängt?

VON EINER MUTTER,

die viel mit ihren Söhnen sang:

Der bekannte Prediger Charles Haddon Spurgeon hatte zwei Söhne, die Zwillinge Charles und Thomas. Wenn er sonntagabends predigte, blieb seine Frau Susannah bei den Kindern zu Hause. Sie hatte die Angewohnheit, an diesen Abenden die Jungs rechts und links von sich ans Klavier zu stellen und mit ihnen »die Lieder Zions« zu singen. Thomas erinnert sich:

Ich erzähle gerne, wie sie mit uns das Lied sang »There is a fountain filled with blood«[100]*, und wenn der Refrain kam, pflegte sie zu sagen: »Jungs, ich habe noch keinen Grund anzunehmen, dass ihr Christus wirklich als eurem Retter vertraut. Doch ich hoffe, dass ihr das eines Tages dank unserer Gebete tun werdet. Aber bis dahin dürft ihr nicht singen oder sagen: ›Ich glaube, dass Jesus für mich*

100 Deutscher Titel: »Ein heilger Born, gefüllt mit Blut«.

gestorben ist.‹ Denn eine Lüge zu singen, ist genauso schlimm, wie eine Lüge zu sagen.« Und dann sang sie den Refrain allein. Doch irgendwie habe ich schon damals immer gedacht, dass er eigentlich von uns allen gesungen werden sollte! Vielleicht half mir dieser kleine Gedanke, eine Sehnsucht danach zu bekommen, ihn mitsingen zu können.

Ich erinnere mich noch gut an den Morgen (nach meiner Bekehrung), als wir zum Frühstückstisch kamen, dass ich auf den Stuhl meiner Mutter kletterte, meine Arme um ihren Hals legte und ihr ins Ohr flüsterte: »O liebe Mama, ich glaube, jetzt liebe ich Jesus auch!« Gott sei Dank hat sie mich beim Wort genommen und geantwortet: »Das freut mich so zu hören. Ich bin sicher, dass du es tust.« Und ich konnte es kaum erwarten, am nächsten Sonntag den Refrain laut zusammen mit ihr zu singen.[101]

Charles Haddon Spurgeon (1834–1892) wird als »Predigerfürst« bezeichnet, weil er so viele Menschen mit seiner Botschaft erreichte. Seine Frau Susannah (»Susie«) unterstützte ihn vielfältig in seinem Dienst, beide Söhne wurden später Prediger wie ihr Vater. In ihrem Haus wurde gerne und viel gesungen.

101 Übersetzt und gekürzt aus: Fullerton, W.Y.: *Thomas Spurgeon. A Biography*, London: Hodder and Stoughton, 1919, S. 36 und 39, zitiert nach Rhodes, Ray: *Susie. The Life and Legacy of Susannah Spurgeon. Wife of Charles H. Spurgeon*, Chicago: Moody Publishers, 2018, S. 91-92.

ZUM WEITERDENKEN

- Was für eine Rolle spielt das Lob Gottes in unserem Familienalltag?
- Wie können wir unseren Kindern eine Liebe zu geistlichen Liedern vermitteln?
- Welches Lied könnte unser »Lied des Monats« werden?

ZUM UMSETZEN

- »Wir haben als Familie die Gewohnheit, beim Frühstück das Gemeindeliederbuch durchzusingen, jeden Tag eine Nummer weiter. Auf diese Weise hat man sofort ein Lied parat und die Kinder lernen die ganze Bandbreite der Lieder unserer Gemeinde kennen.«
- »Soweit möglich, lernen unsere Kinder ein Musikinstrument. Bei den Familienandachten singen wir gerne gemeinsam. Das ist eine gute Gelegenheit, dass die Kinder bei ausgewählten Liedern die Begleitung übernehmen und ihre musikalischen Fortschritte einbringen können.«

- »Nach einem gemütlichen Familienbrunch singen wir lange und gerne vierstimmig zusammen.«
- »Am Karfreitag dieses Jahres haben wir als Familie einige Choräle gesungen und dabei extra die Fenster zur Straße weit aufgemacht. Eine Woche später sagte uns ein Nachbar, dass er sich sehr über die Lieder gefreut hätte. Er hätte nicht gedacht, dass es noch Familien gibt, die solche Lieder singen.«
- »Wir machen öfters kleine Familienkonzerte – gerne mit Oma und Opa –, bei denen jedes Kind ein Stück vorspielen darf. Der anschließende Applaus und das Lob der Zuhörer sind eine starke Motivation, die nächste Übungsstrecke durchzuhalten.«
- »Da unsere Kinder alle musikalisch sind, ermutigen wir sie, ein Instrument zu lernen, und hoffen, dass sie es einmal zur Ehre Gottes einsetzen, zum Beispiel in der Gemeinde.«
- »Wir haben unsere Tochter ermutigt, sich selbst die Gitarrengriffe beizubringen, damit sie in der Kinderstunde die Lieder begleiten kann.«

FAMILIE UND URLAUB

Kapitel 16

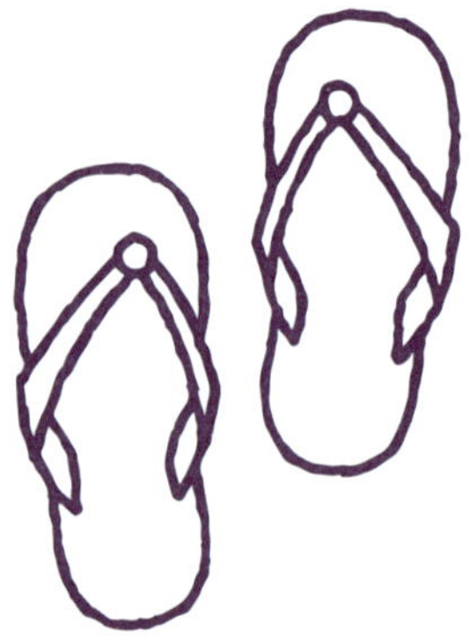

**Kommt ihr selbst her
an einen öden Ort für euch allein
und ruht ein wenig aus.**

Markus 6,31

Noch zwei Tage bis zum Urlaub. Im Flur stapeln sich schon Koffer und Kisten, trotzdem wird die Packliste immer länger. Gleichzeitig müssen noch so viele Dinge erledigt werden: Der Nachbar braucht den Schlüssel für den Briefkasten, das Sieb über der Regenrinne muss gereinigt werden, der Futterautomat fürs Aquarium will programmiert sein.

Derweil sitzt der Papa mit rauchendem Kopf am Handy und googelt, was die mautgünstigste und stauärmste Route ist. Aus dem Kinderzimmer tönt es lautstark: »Ich kann meinen Badeanzug nicht finden!«, und dann – ist das denn die Möglichkeit? – stellen wir fest, dass der Personalausweis der Ältesten kürzlich abgelaufen ist! Also noch schnell ein verzweifelter Anruf beim Bürgeramt. Und wo war noch mal die Luftmatratze, die wir letztes Jahr extra gekauft hatten? Alle Nerven sind angespannt und wir fragen uns wieder einmal: Lohnt sich der ganze Aufwand? Wäre es nicht bequemer, einfach nur zu Hause zu bleiben?

Ja, das wäre es sicherlich! Aber wir werden trotzdem in den Urlaub fahren und nehmen dafür den Packstress vorher und die Unordnung hinterher gerne in Kauf. Denn: Ein Ortswechsel tut der ganzen Familie gut. Neue Eindrücke zu bekommen, ungewöhnliche Dinge zu tun, andere Luft zu atmen. Mal aus den gewohnten Alltagsabläufen auszusteigen und das eigene Leben von außen zu sehen. Wir alle brauchen das von Zeit zu Zeit, denn niemand kann ununterbrochen im Einsatz sein. Jeder braucht Pausen, in denen er körperlich, seelisch und emotional zur Ruhe kommen kann. Wie dankbar können wir sein, dass wir – im Gegensatz zu vielen Generationen vor uns – in einer Zeit leben, in der es für die meisten Menschen möglich ist, Urlaub zu machen!

Warum ist diese gemeinsame Auszeit so wohltuend, nicht nur für uns als Einzelpersonen, sondern auch für die ganze Familie? Das Schlüsselwort heißt »Zeit«. Im Urlaub gibt es Zeit für lange Gespräche mit den Kindern, die im durchgetakteten Alltag kaum entstehen. Zeit für ausgedehnte Gesellschaftsspiele, ohne auf die Uhr schauen zu müssen. Zeit, Gottes geniale Schöpfung zu genießen.

Zeit, Schwachpunkte in unseren Beziehungen zu entdecken und an ihnen zu arbeiten. Zeit, um zu überlegen, was wir an den Abläufen zu Hause verändern möchten. Zeit für besondere Erlebnisse und gemeinsamen Genuss. Und vielleicht auch die Zeit, einmal kritische Themen anzusprechen. So trauten sich Bekannte von uns auf der langen Heimfahrt vom Urlaub, noch ganz erfüllt von den gemeinsam erlebten Tagen, ihre Teenagerkinder zu fragen, was sie alles an ihren Eltern störte. Ein offenes und intensives Gespräch folgte – im Alltag hätte es kaum den Raum dafür gegeben.

Wo und wie man seinen Urlaub verbringt, wird von Familie zu Familie unterschiedlich sein. Die Geschmäcker sind verschieden und was für den einen pure Erholung ist, kann für den anderen Höchststrafe bedeuten. Der eine ist Camper aus Leidenschaft, der andere wird allein bei dem Gedanken an eine Nacht im Zelt kein Auge zutun. Das Alter der Kinder und die Dicke des Geldbeutels spielen natürlich auch eine Rolle.

Aber wo auch immer wir ihn verbringen: Der gemeinsame Urlaub soll dem Ziel dienen, dass wir uns erholen, Schönes erleben und unsere Beziehungen untereinander stärken. Jede Familie erlebt Durststrecken und harte Phasen im Lauf eines Jahres. Doch was für eine Motivation, wenn unsere Kinder wissen: *Irgendwann kommt wieder diese Zeit, in der wir Papa und Mama nur für uns haben, in der es keine Anrufe, keine Termine, keine Firma, keine heimatlichen Gemeindeprobleme gibt. Die Zeit, wo wir einfach nur zusammen Spaß haben werden. Dafür lohnt es sich, jetzt tapfer zu sein und noch ein bisschen durchzuhalten!*

Allerdings ist es im Urlaub wie an Weihnachten – da fällt es manchen Familien erst richtig auf, dass sie eigentlich gar nicht viel mit sich anzufangen wissen. Wenn man im Alltag schon in verschiedenen Welten lebt, setzt sich das im Urlaub fort. Die Hotels und Ferienanlagen haben diesem Trend längst Rechnung getragen und bieten jedem sein passendes Angebot: einen Fitness-Raum für Papa, den Wellnessbereich für Mama, dazu Kinderbespaßung für jede Altersgruppe.

Doch der Sinn des Familienurlaubs ist nicht, dass jeder sein eigenes Programm genießt. Vielmehr sollte der Fokus darauf liegen, eine intensive gemeinsame Zeit zu erleben. Dann ist der gemeinsame Urlaub ein Ereignis, auf das man sich vorher zusammen freuen und von dem man hinterher noch lange gemeinsam zehren kann.

Wie gern Kinder mit ihren Eltern in den Urlaub fahren und ob sie als Teenager überhaupt noch Lust dazu haben, scheint ein guter Gradmesser für die Beziehung zwischen Eltern und Kindern zu sein. Eine Familie fuhr nie zusammen weg. Sicher hätten die Kinder, als sie noch kleiner waren, viel Spaß an ein paar Tagen Campingurlaub oder an einigen schönen Ausflügen mit ihren Eltern gehabt. Sie waren anspruchslos und schnell zu begeistern. Aber den Eltern war das alles zu aufwendig und es erschien ihnen nicht nötig zu sein. Im Teenageralter der Kinder merkten sie aber, dass sie unbedingt etwas tun mussten, um die Beziehung zu ihren Kindern zu stärken, weil diese sich von ihnen distanzierten und sich immer mehr an ihre ungläubigen Freunde hängten.

Sie taten etwas, was sie in all den Jahren noch nie gemacht hatten: Sie mieteten für eine Woche ein Ferienhaus an einem See. Aber es war zu spät: Die Kinder hatten keine Lust mehr, mit ihren Eltern wegzufahren, und blieben lieber allein zu Hause. Alles Betteln nutzte nichts. Die Eltern hatten ihre Chance vertan.

Meinen wir nicht, dass man mit Familienurlauben anfangen könnte, wenn die Kinder das besonders nötig haben. Beginnt damit, wenn sie klein sind, Eure Nähe schätzen und Ihr sie mit wenig begeistern könnt. Bei kleineren Kindern kann es eine Entlastung sein, zusammen mit den Großeltern oder einer befreundeten Familie wegzufahren.

Die Beobachtung lehrt: Wenn schöne Familienurlaube ein fester Teil der Kindheit sind und die Kinder viele schöne Erinnerungen damit verbinden, dann werden sie auch als Teenies und junge Erwachsene noch gerne mit ihren Eltern wegfahren.

NEUBELEBUNG

Als Christen wünschen wir uns, im Urlaub auch geistlich aufzutanken. Eine Zeit zu erleben, in der Gott jenseits der Alltagspflichten zu uns redet. Wie das gehen kann? Wir haben uns oft als Ehepaar für den Urlaub ein Bibelbuch ausgesucht, das dann jeder für sich in seiner »Stillen Zeit« gelesen hat. Im Laufe des Tages, vielleicht beim Wandern in der Natur oder beim Faulenzen am Strand, ergaben sich gute Gelegenheiten, darüber zu sprechen: »Was hast du heute Morgen entdeckt?« »Wie hast du das verstanden?« Diese Gespräche gaben dem Urlaub immer einen besonderen Tiefgang.

Auch für die Familienandacht ist es eine gute Idee, in der Urlaubszeit einmal etwas Besonderes zu behandeln. Vielleicht ein Thema aus der Natur? Berge in der Bibel, Wasser in der Bibel? Eine Familie mit kleinen Kindern hatte die Idee, während des Sommerurlaubs das Bibelbuch Daniel mit den Kindern durchzunehmen. Die Mutter bereitete schon zu Hause für jedes Kind eine Mappe vor. Darin waren einige kindgerechte Informationen zum Urlaubsland eingeheftet, es gab eine Flagge und eine Landkarte, und dann den Bibeltext aus einer Kinderbibel, Bilder zum Ausmalen, einen Lernvers und ein Rätsel.

Zur Familienandacht brachten die Kinder dann immer stolz ihre Mappe mit. Ganz sicher werden sie das Buch Daniel noch lange mit diesem Urlaub in Verbindung bringen!

Eine andere Idee ist, mit älteren Kindern im Urlaub einen Brief des Neuen Testaments ausführlich zu studieren und den Kindern jeweils für die nächste Andacht kleine Aufgaben zu geben: »Was erfahrt ihr über den Autor?« »Welche Probleme werden angesprochen?« »Welche Schlüsselworte findet ihr?« »Was lernen wir über Gott?« »Welche Aufforderungen gibt es?« Was Eure Kinder aus diesen besonderen Familien-Bibelstudienzeiten in schöner Umgebung mitnehmen, kann ein Schatz für ihr ganzes späteres Leben sein.

Wann immer es ohne zu viel Aufwand möglich ist, versucht doch, im Urlaub eine Gemeinde zu finden, die Ihr am Sonntag besuchen könnt. Was für ein eindrückliches Erlebnis, wenn Kinder sehen, dass es auch in England, in Frankreich, in Holland Christen gibt, die Jesus Christus lieben und ihn in ihrer Sprache anbeten! Zu sehen, dass es in einer Gemeinde im Ausland vielleicht andere Abläufe, andere Lieder, andere Gewohnheiten gibt, aber dass da doch ein Herr, ein Glaube, eine Taufe, ein Gott und Vater aller ist, der über allen ist und durch alle wirkt und in allen wohnt (vgl. Epheser 4,5-6)!

Es ist eine Sache, seinen Kindern in der Theorie zu erklären, dass die Christen auf der ganzen Welt einen Leib bilden und eine Familie sind. Aber es ist etwas ganz anderes, in der Praxis die Herzlichkeit und Gastfreundschaft von Christen, die uns völlig fremd sind, zu erleben. Lasst Euch diese wertvolle Erfahrung nicht entgehen! Zumal es in vielen Ländern, in denen wir Urlaub machen, nur wenige Christen gibt, die Gemeinden klein sind und die Geschwister sich sehr über Besuch und Ermutigung freuen.

Bedenkt auch, dass wir oft in Missionsländern Urlaub machen. Einige Traktate in der Landessprache einzupacken und diese zum Beispiel beim Einkaufen an Einheimische weiterzugeben, ist für uns kein großer Aufwand. Und doch wird dadurch guter Same ausgesät, der vielleicht einmal Frucht bringen wird. Nicht zuletzt zeigen wir damit unseren Kindern, dass wir jederzeit, im Urlaub wie zu Hause, »Mitarbeiter am Evangelium« sein wollen.

»Ein Familienurlaub ist uns nicht so wichtig. Es gibt christliche Freizeiten mit so tollen Angeboten für unsere Kinder, das können wir ihnen selbst gar nicht bieten«, sagte uns ein Familienvater. Sicher: Camps, Lager und Freizeiten mit Gleichaltrigen haben ihren Platz und sind eine großartige Sache. Oft treffen Kinder und Jugendliche dort wichtige Glaubensentscheidungen. Aber sie ersetzen nicht jene Tage im Jahr, an denen wir nur als Familie zusammen sind. Freizeitmitarbeiter können unseren Kindern prima Programme, gut vorbereitete Bibelarbeiten und jede Menge verrückter Aktionen bieten, aber eines nicht: Zeit mit den wichtigsten Menschen in ihrem Leben, nämlich mit ihren Eltern und Geschwistern.

2017 wurde in den USA eine interessante Studie durchgeführt. Es ging darum, herauszufinden, welche Faktoren wichtig sind, damit Kinder von gläubigen Eltern ebenfalls den Herrn finden. Dazu wurden Eltern von 3500 inzwischen erwachsenen Kindern befragt, was sie früher taten, um den Glauben an die nächste Generation weiterzugeben, und ob ihre Kinder heute noch mit Jesus leben. Vieles, was sich für die Weitergabe des Glaubens als wichtig herausstellte, ist naheliegend. Dazu gehört der regelmäßige Besuch einer bibeltreuen Gemeinde, das gemeinsame Lesen von Gottes Wort, das Engagement als Familie in einem christlichen Dienst, dass Eltern ihre Kinder um Vergebung bitten können, das Zeugnisgeben vor Ungläubigen und Ähnliches mehr. Aber dann – Überraschung! – findet sich in der Liste der ganzen »geistlichen« Aktivitäten auch ein äußerst banaler, »weltlicher« Punkt, nämlich ein gemeinsamer Jahresurlaub als Familie.[102]

Ob dies daran liegt, dass Eltern, denen gemeinsame Ferien mit ihren Kindern wichtig sind, auch sonst eine positive, opferbereite Einstellung zum Thema Familie haben? Auf jeden Fall ist es erstaunlich, dass diese kurzen Wochen, in denen die Kinder Zeit für Gespräche und besondere Erlebnisse mit ihren Eltern haben, für die Entwicklung ihres persönlichen Glaubens so wichtig sind!

102 https://lifewayresearch.com/2017/10/17/young-bible-readers-more-likely-to-be-faithful-adults-study-finds (abgerufen am 19.06.2023).

VON EINER FAMILIE,

die im Sommer unvergessliche Wanderungen unternahm:

»Euer Vater weiß, wessen ihr bedürft«, sagt Jesus in der Bergpredigt seinen Jüngern (vgl. Matthäus 6,32)*. Die Wahrheit dieses Wortes durften wir auch in unserem persönlichen Leben immer wieder erfahren. Während mein Mann 1921 in Warschau war, erhielt ich von einem Deutschböhmen einen Brief, in dem er uns sein Haus zum Kauf anbot, das er in Tatarow, einem Luftkurort in der Karpaten, gebaut hatte. Das Haus sei im Krieg sehr beschädigt worden, daher wolle er es uns billig überlassen.*

Es hatte eine wundervolle Lage, in nächster Nähe stiegen die Berge bis 1200 Meter Höhe an. Wir waren uns sofort einig, das Haus aus dem Rest meines großväterlichen Erbes zu kaufen. Im Sommer 1921 erlebten wir in ihm die erste schöne Ferienzeit, der viele folgten, eine schöner als die andere.

Die schönsten Erinnerungen knüpfen sich für uns alle an die Tagestouren, die wir im Sommer machten. Zwar wurde am Abend vorher mancherlei für die Rucksäcke vorbereitet, aber es lag ja al-

les am Wetter. Früh um drei Uhr studierte mein Mann die Wolkenbildung, rief mich, und nach kurzer Beratung wurden um halb vier die Kinder geweckt. Nach einem reichlichen Frühstück ging es dann bald nach vier Uhr mit Rucksäcken und Bergstöcken hinaus der Sonne entgegen. Die Morgenkühle wurde zum energischen Steigen genutzt, um acht Uhr folgte dann das zweite Frühstück im Schatten des Waldes; dort wurde auch die Morgenandacht gehalten. Und dann ging's weiter dem Ziel entgegen, das oft hochgesteckt und in der großen Hitze mühsam zu erklettern war. Es lag 1500 bis 1600 Meter hoch, unser Häuschen nicht ganz 700 Meter. Wie froh waren wir, wenn es erreicht war!

Oben wurde das Rucksackmittagessen gegessen, zu dem die Kinder Blaubeeren pflückten. Nach einer Mittagspause, in der mein Mann oft herrlich schlief, weil er vor den Touren vor Aufregung kaum geschlafen hatte, ging es dann auf anderen Wegen abwärts. Der Höhepunkt des Tages war die Rast zur Vesper, bei der auf einem Feuer aus Tannenreisig Kakao gekocht wurde. Auf dem Abstieg wusste mein Mann die Müdigkeit der Kinder und später der Enkel durch immer neue Geschichten zu vertreiben. Das jüngste der Kinder trug er dabei oft auf dem Arm.

Schließlich winkte dann das vertraute Licht aus unserem Häuschen und der reichlich gedeckte Abendbrottisch. Wie gut schlief es sich nach so einer Tagestour und wie viele Erinnerungen wurden noch am nächsten Tag wach! Tatarow war uns ein großes Gottesgeschenk und ein Zeichen seiner so treu für uns sorgenden Vatergüte.[103]

Theodor Zöckler (1867–1949) wird auch der »Bodelschwingh des Ostens« genannt und baute zusammen mit seiner Frau Lillie unter großen persönlichen Entbehrungen ein großes diakonisches Werk in Ostgalizien (in der heutigen West-Ukraine) auf. Erholung von der Arbeit und Zeit für seine sechs Kinder fand er vor allem in der Natur während der Urlaubszeit in den Karpaten.

ZUM WEITERDENKEN

- Was war bislang Euer schönster Familienurlaub? Warum?
- Wie könnt Ihr den nächsten Urlaub so gestalten, dass Eure Beziehungen innerhalb der Familie gestärkt und belebt werden?
- Welches biblische Thema könntet Ihr im nächsten Urlaub mit Euren Kindern besprechen?

103 Gekürzt aus: Zöckler, Lillie: *Gott hört Gebet. Das Leben und Wirken Theodor Zöcklers unter den Galiziendeutschen*, Dillenburg: Christliche Verlagsgesellschaft, 2022, S. 99-104.

ZUM UMSETZEN

- »Pflegt kleine Rituale. Ein solches Ritual ist für uns das Gebet vor dem Abfahren in die Ferien. Wir befehlen unserem Gott die Fahrt, unsere Gemeinschaft und die vor uns liegenden Tage an. Und dann fahren wir zur Bäckerei und kaufen ein Maisbrot für unterwegs.«[104]
- »Am Anfang eines Familienurlaubs haben wir es uns zur Gewohnheit gemacht, gemeinsam als Familie über zwei Fragen zu diskutieren: Was sind die drei, vier wichtigsten Regeln? Die erste und wichtigste ist jeweils, wie wir miteinander umgehen. Wer hat welche Ideen? So entwerfen wir unser Ferienprogramm.«[105]
- »In unserer Familie spielt der gemeinsame Urlaub eine große Rolle und wir versuchen, in dieser Zeit auf die unterschiedlichen Bedürfnisse aller Familienmitglieder einzugehen. Der eine möchte Ruhe, der andere Action – und wir versuchen, die Wünsche von allen in einem gewissen Rahmen zu erfüllen. Lieber sparen wir übers Jahr an gewissen Stellen, damit wir uns im Urlaub auch mal ein Eis, eine Pizza oder ein neues Sportgerät gönnen können.«

---

104 Strebel, Hanniel: *Kinderreich. Lernerlebnisse mit Kindern, Band 1*, Langerwehe: Folgen Verlag, 2014, S. 83.

105 Strebel, Hanniel: *Kinderreich. Lernerlebnisse mit Kindern, Band 1*, Langerwehe: Folgen Verlag, 2014, S. 79.

- »Unsere Eltern waren fast in jedem Sommer Mitarbeiter auf einer Freizeit, wir Kinder waren da sehr gerne mit dabei. Wir sind aber immer entweder eine Woche früher dorthin gefahren oder eine Woche länger geblieben, um genug Zeit für uns als Familie zu haben.«
- »Bei uns sind im Urlaub die Kinder fürs Spülen zuständig und das Essen wird so einfach wie möglich gestaltet, damit die Mama sich auch erholen kann.«
- »Noch heute kann ich mich an die biblischen Themen erinnern, die wir früher in unseren Familienandachten im Urlaub besprochen haben. Wahrscheinlich haben sie sich durch die außergewöhnliche Umgebung besonders tief eingeprägt.«
- »Im Winter machen wir manchmal einen Erinnerungsabend vom Sommerurlaub: Wir tauschen Erinnerungen aus, kochen etwas Typisches, das es im Urlaubsland gegeben hat, schauen uns die Bilder an und wiederholen das geistliche Thema des Urlaubs.«
- »Eine wichtige Rolle für einen guten Familienurlaub spielt bei uns, dass wir die meiste Zeit die Handys ausgeschaltet lassen. So kommen weder Terminfragen noch neue Nachrichten oder Entwicklungen von außen dazwischen und wir können uns ganz auf unsere Familie und ungestörte Gespräche konzentrieren. Schon oft sind durch diese Offline-Phasen viele gute, neue Ideen für unseren Familienalltag entstanden.«

- »Oft war es für unsere Kinder schöner, wenn wir mit einer anderen Familie zusammen weg waren; dann fand jedes Kind ein Gegenüber und auch wir Eltern hatten mehr Erholung. Aktivurlaub (Skifahren) war omni-beglückend, aber nur ganz selten möglich. Niemals Vergnügungsparks oder Rummel. Stattdessen Reizminimierung in der Natur und ausgedehnte Strandtage.«
- »Der Urlaub ist wichtig, aber die Erwartungen an ihn dürfen auch nicht zu hoch sein. Einen in jeder Hinsicht perfekten, super erholsamen Urlaub mit kleinen Kindern gibt es schlichtweg nicht.«
- »Die gemeinsamen Urlaube sind Höhepunkte unseres Familienlebens. Unsere Kinder haben die Gewohnheit entwickelt, dass jeder – meist im Rahmen eines festlichen Essens – einen kleinen, vorbereiteten Programmpunkt präsentiert. Außerdem machen wir uns über uns als Familie Gedanken und ziehen Bilanz über die vergangenen Monate.«

FAMILIE UND MEDIEN

Kapitel 17

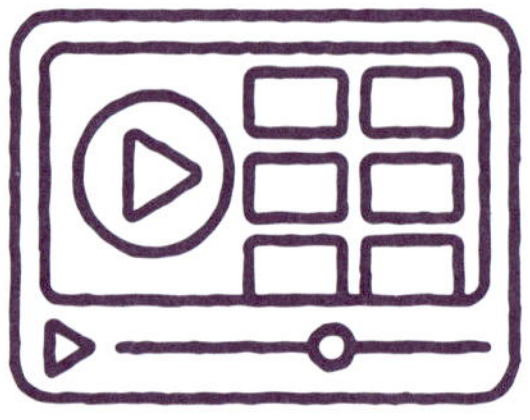

**Wende meine Augen ab,
dass sie Eitles nicht sehen!
Belebe mich in deinen Wegen!**

Psalm 119,37

Was ist momentan die größte Herausforderung für Euer Familienleben? Wir haben keine Studie zu dieser Frage durchgeführt, aber das Thema »Umgang mit den Neuen Medien« scheint doch ziemlich weit oben zu rangieren. Zumindest bei Eltern mit Schulkindern. Vermutlich hat nichts unser gesellschaftliches Leben und den Alltag in unseren Familien so sehr beeinflusst wie die Entwicklung auf diesem Gebiet. Stephans Mutter erzählt manchmal wehmütig von ihrer Kindheit aus der Zeit vor dem Fernsehen. Da wurde in vielen Familien abends gespielt oder vorgelesen, im Sommer saß man draußen vor dem Haus auf der extra zu diesem Zweck aufgestellten Bank, um mit den Nachbarn ein Schwätzchen zu halten. Das hörte schlagartig auf, als es in jedem Haushalt einen Fernseher gab. Von da an hockten alle nur noch drinnen und hatten nichts Besseres zu tun, als auf einen flackernden Bildschirm zu starren – wobei man sich wenigstens noch auf einen gemeinsamen Film einigen musste! Heute ist es längst nicht mehr der Fernseher, der das Familienleben bestimmt. Es gibt in jedem Haus mehrere digitale Endgeräte, die endlose Stunden individueller Unterhaltung versprechen. Familiengespräche und gemeinsame Aktionen verkümmern, weil jeder den Blick nach unten hält und in seiner privaten digitalen Bubble unterwegs ist.

Christen, die sich des negativen Einflusses des Fernsehers auf das Glaubens- und Familienleben bewusst waren, besaßen oft gar keinen oder konnten mit einigen Regeln den Konsum von Filmen leicht steuern. Dann kam das Internet, aber es war noch eine vergleichsweise geringe Herausforderung, mit einem festen Computer im Arbeitszimmer besonnen umzugehen und die Aktivitäten der Kinder darauf zu überwachen. Das wurde schwieriger, als Laptops, iPads und Smartphones dazukamen. Doch spätestens mit dem flächendeckenden Distanzunterricht während der Corona-Pandemie war das Thema in allen Familien angekommen, denn schon im Grundschulalter brauchte plötzlich jedes Kind einen eigenen Internetzugang, um überhaupt am Unterricht teilnehmen zu können. Nach den Lockdowns wurde die Digitalisierung der Schule – die natürlich auch viele Vorteile mit sich bringt – beibehalten und weiterentwickelt: Es gehört seitdem zum Alltag, dass Schüler Hausaufgaben hochladen, Erklärvideos anschauen, im Internet zu Themen recherchieren oder sich mit ihren Freunden online für Referate treffen. Dass sie dazu ein digitales Endgerät zur Verfügung haben, wird vorausgesetzt. Ein eigenes Smartphone ist heute für Kinder Standard: Von den unter 5-Jährigen besitzen es schon erstaunliche 8 %, von den 13-Jährigen 95 % und von den 16-Jährigen 99,7 %.[106]

DIE DUNKLE SEITE DES FLIMMERNDEN GLÜCKS

Die massiven Probleme, die ständiges Surfen im Internet für Heranwachsende mit sich bringt, sind durch viele Studien belegt.[107] In erster Linie ist das eine deutliche Verschlechterung der Konzentrationsfähigkeit durch die Gewöhnung an kurze Aufmerksam-

106 Maas, Rüdiger: *Generation lebensunfähig. Wie unsere Kinder um ihre Zukunft gebracht werden*, München: Yes Publishing, 2021, S. 176.

107 Eine interessante Zusammenstellung von Studien zu diesem Thema findet sich auf https://vfa-ev.de/risiken-folgen (abgerufen am 19.06.2023), außerdem in einer vom Bundesgesundheitsministerium breit angelegten Untersuchung aus dem Jahr 2016 (www.bundesgesundheitsministerium.de/fileadmin/Dateien/5_Publikationen/Praevention/Berichte/Abschlussbericht_BLIKK_Medien.pdf, abgerufen am 19.06.2023), ebenfalls in den Büchern des Gehirnforschers Prof. Dr. Dr. Manfred Spitzer, zum Beispiel *Wie wir uns und unsere Kinder um den Verstand bringen* (München: Droemer, 2012) und auch bei Maas, Rüdiger: *Generation lebensunfähig. Wie unsere Kinder um ihre Zukunft gebracht werden*, München: Yes Publishing, 2021.

keitsspannen. Man braucht kein Psychologe zu sein, um zu erkennen, dass sich Teenager, die sich stundenlang von 20-sekündigen Spaßvideos berieseln lassen, damit schwertun, für längere Zeit konzentriert einem Lehrer oder Prediger zuzuhören!

Dazu kommt ein Rückgang der Empathiefähigkeit. Wer viele Stunden am Tag schreckliches Leid, tiefes Glück und atemberaubende Spannung bei anderen beobachtet, ohne selbst mit den betroffenen Personen zu interagieren (sie zu trösten oder ihnen zu helfen), und sich nur wenige Minuten oder Sekunden später schon die nächsten extremen Szenen reinzieht, wird unweigerlich emotional abstumpfen.

Ein weiterer Punkt ist, dass viele Kinder heute keine klassische Langeweile mehr kennen. Denn wenn einmal nichts läuft, ist sofort das Smartphone mit einem riesigen Angebot an belangloser und oberflächlicher Unterhaltung griffbereit. Laut einer Untersuchung des Bundesgesundheitsministeriums können sich 60 % der 9- bis 10-Jährigen nicht einmal mehr für 30 Minuten ohne digitale Medien beschäftigen.[108]

Aber Phasen des Leerlaufs sind wichtig, damit man überhaupt kreativ werden und neue Ideen entwickeln kann. Antriebsarme (und vermehrt übergewichtige) Kinder, die gewohnt sind, immer nur Konsumenten zu sein, bringen nicht die Energie und Leiden-

108 https://vfa-ev.de/risiken-folgen (abgerufen am 06.07.2023).

schaft auf, die nötig sind, um etwas Spannendes auf die Beine zu stellen. Und sie sind, obwohl sie ständig unterhalten werden, ständig gelangweilt und brauchen immer aufregendere Reize, um echte Begeisterung zu empfinden.

Im Zusammenhang mit massiver Smartphone-Nutzung ist auch vermehrte Hyperaktivität belegt, die Gefahr von dauerhaftem Stress und der ständigen Angst, etwas zu verpassen. Man spricht von FOMO, der »Fear of missing out«. Das alles kann zur sozialen Vereinsamung führen, denn zwischenmenschliche Begegnungen in der Realität sind doch etwas anderes als Freunde im Netz – ganz besonders für Kinder, die ja erst lernen, wie man Beziehungen aufbaut und pflegt.

Alarmierend ist auch die deutlich verstärkte Neigung zu Depressionen bei Heranwachsenden. Auch die Gefahren von Cybermobbing und Netzkriminalität sollten nicht unterschätzt werden. Zudem ist das Suchtpotenzial groß. Nicht umsonst bezeichnete Daniela Ludwig, die damalige Drogenbeauftrage der Bundesregierung, Internet- und Medienabhängigkeit als »die Droge der Zukunft«.[109]

Wenn wir uns diese Befunde vor Augen führen, wird klar, dass wir schon auf einer rein menschlichen Ebene das Beste für unsere Kinder tun, wenn wir ihnen beibringen, bei diesem Thema gegen

109 https://www.bzga.de/aktuelles/2020-12-15-neue-bzga-studiendaten-zur-computerspiel-und-internetnutzung/ (abgerufen am 19.06.2023).

den Strom zu schwimmen und nur zu bestimmten Zeiten und für definierte Ziele online zu sein.

Wir Christen sind allerdings besonders besorgt wegen der geistlichen Gefahren, denen unsere Kinder im digitalen Zeitalter ausgesetzt sind. Dies ist eine sehr intensive und vor allem auch unbiblische Prägung. Gerade in der sensiblen Phase der Kindheit, in der das persönliche Weltbild geformt und das individuelle Koordinatensystem eingerichtet wird, darf es uns nicht egal sein, mit welchen Bildern und Botschaften unsere Heranwachsenden gefüttert werden.

Ein Leben lang erinnern wir uns intensiv an das, was wir in jungen Jahren sehen und erleben. Wie gefährlich, wenn unsere Kinder in dieser Zeit von Influencern und einer Medienwelt geprägt werden, die genau das Gegenteil von dem vermittelt, was Gott wichtig ist!

»Du bist toll!« »Stelle dich selbst dar!« »Lebe deine Wünsche und Lüste aus!« »Je schriller, verrückter und perverser, desto besser!«

Wie anders als diese Mantras klingt doch das, was Gottes Wort uns sagt: »Liebe deinen Nächsten!« »Verleugne dich selbst!« »Vertraue auf den Herrn!«

Wir können nicht hoffen, dass unsere Kinder Gottes leise Stimme hören lernen, wenn wir gleichzeitig bedenkenlos zulassen, dass sie viele Stunden des Tages den lauten Rufen und grellen Bildern des Zeitgeists ausgesetzt sind – eines Zeitgeists, der sie unbemerkt lehrt, Oberflächlichkeit, böse Lust und Selbstdarstellung zu lieben. Und dann ist da noch das Thema Pornografie. 30 % des gesamten Internet-Verkehrs hat mit Pornografie zu tun. Es ist unvorstellbar, was für ein gewaltiger Strom von Schmutz, Gewalt und Erotik ständig durch das World Wide Web fließt und immer mehr Menschen mit sich fortreißt!

Auf einer Informationsseite zu diesem Thema findet sich als einer von zehn Fakten die erschütternde Aussage, dass »der Großteil der Studien bezüglich Pornosucht daran scheitert, dass es keine Probanden gibt, die keine Pornografie konsumieren«.[110] Auch christliche Seelsorger haben den Eindruck, dass es nur noch eine Minderheit von gläubigen jungen Männern gibt, die in diesem Bereich noch nie Probleme hatten. Aber es ist ein Unterschied, ob man schon mit zwölf Jahren die erste Bekanntschaft mit pornografischen Inhalten macht, erst Jahre später – oder gar nicht. Eine frühe Gewöhnung oder Abhängigkeit machen es viel schwerer, bis zur Ehe und in der Ehe in Reinheit zu leben. Hier sind eindeutig wir Eltern gefragt, die wir in diesem Alter die Verantwortung für unsere Kinder haben.

110 https://www.porno-sucht.com/10-fakten-uber-internetpornografie-die-sie-noch-nicht-wusten/ (abgerufen am 19.06.2023).

Beim Thema »Handy, Computerspiele und Internet« geht es allerdings nicht nur um mit den Inhalten verbundene Sünde, es geht auch um die Sünde der Zeitverschwendung. Die Kinder- und Jugendjahre sind einmalig, unglaublich kostbar und vergehen schnell. Wie tragisch, wenn wir zulassen, dass unsere Kinder diese wertvolle Zeit für Dinge opfern, die zwar nicht prinzipiell schlimm sind, sie aber weder menschlich noch geistlich irgendwie weiterbringen!

C.S. Lewis nennt Zeitverschwendung die »satanische Strategie des Nichts«. Er schreibt: »Ich realisiere jetzt, dass ich die meiste Zeit meines Lebens damit vergeudet habe, weder das zu tun, was ich tun sollte, noch das, was ich gerne getan hätte. Diese Strategie des Nichts ist sehr stark. Stark genug, um die besten Jahre eines Menschen zu stehlen – nicht in süßen Sünden, sondern in trostlosem Geflimmer des Verstandes über ich weiß nicht was und ich weiß nicht warum.«[111]

Wie traurig ist es, junge Leute zu beobachten, die die aktivste und spannendste Phase ihres Lebens im Wesentlichen damit zubringen, dumme, hässliche Bilder auf ihrem Smartphone zu betrachten! Und wie tragisch, wenn selbst Jugendliche aus gläubigen Elternhäusern nichts Besseres mit ihrer Zeit anzufangen wissen!

111 Übersetzt aus: Lewis, C.S.: *The Screwtape Letters*, San Francisco: Harper One, 2001, S. 60.

Es ist ein interessantes Phänomen, dass Eltern heute, Christen wie Nichtchristen, im Allgemeinen dazu neigen, ihre Kinder in der analogen Welt sehr zu umsorgen und teilweise überzubehüten. Kinder kommen in die Schule und sind vorher noch nie von einem Klettergerüst gefallen, haben noch keinen Streit selbst geklärt und wurden überallhin kutschiert. 14-Jährigen mutet man nicht zu, allein einen Arzttermin auszumachen oder sich einen Teil ihres Taschengelds selbst zu verdienen. Viele Kinder sind für ihr Alter sehr unselbstständig, weil ihre Eltern alle Probleme für sie lösen und ihnen keine negativen Erfahrungen zumuten. Andererseits werden dieselben Kinder in der digitalen Welt von ihren Eltern oft allein gelassen und sind dort Gefahren ausgesetzt, denen sie in der Realität nie begegnen würden.

Auch für manche Christen gilt diese Beobachtung. Man schickt sein Kind auf eine christliche Schule, lässt es nur gute Bücher lesen und überlegt genau, mit welchen Freunden es sich treffen darf – aber gleichzeitig kümmert man sich nicht um all den Schmutz, die Gottlosigkeit und die dummen Banalitäten, die es mit dem kleinen Gerät in seiner Hosentasche jederzeit erreichen kann. Oder man ist so naiv zu denken, dass man schon mitbekommen würde, wenn der Nachwuchs online Blödsinn macht. Doch Kinder, die auf bewusste Distanz zu ihrem Elternhaus gehen, sind sehr geschickt darin, Wege zu finden, die elterliche Überwachung zu umgehen und ein Parallelleben zu führen. Die Altersgenossen machen es vor:

30 % der 13-Jährigen haben in den sozialen Netzwerken wie Instagram einen zweiten Account, den die Eltern nicht kennen.[112] Wenn ein Kind unbedingt will, dann wird es einen Weg finden, sich das im Internet anzusehen, was es möchte. Ganz bestimmt.

Was können wir angesichts all dessen tun, um unsere Familie zu schützen? Wie können wir gegen den digitalen Strom schwimmen? Wie viele andere christliche Eltern wurden wir von der Plötzlichkeit, mit der das Thema »Medien und Internet« auf uns zukam, kalt erwischt. Durch den Distanzunterricht während der Corona-Pandemie war es plötzlich da – ohne dass wir uns darauf hätten vorbereiten können. Doch wir haben nachgebessert. Zwar haben wir immer wieder mit diesem Thema zu kämpfen, weil es sich nicht ein für alle Mal abhaken lässt, doch folgende sechs Punkte sind uns wichtig:

1. VORBILD:

Wie in allen anderen Lebensbereichen auch ist unser Vorbild entscheidender als alle Regeln und Ermahnungen. Wer selbst dauernd am Handy ist, wird seinen Kindern nicht glaubwürdig vermit-

112 Maas, Rüdiger: *Generation lebensunfähig. Wie unsere Kinder um ihre Zukunft gebracht werden,* München: Yes Publishing, 2021, S. 177.

teln können, dass man auch ohne auskommen kann. Viele Eltern schenken ihren Kindern kaum noch ungeteilte Aufmerksamkeit, weil immer ein Auge nach dem Smartphone schielt. Wir merken, dass dieses Thema für unsere eigene Disziplin eine große Herausforderung ist. Immer wieder müssen wir uns gegenseitig daran erinnern, handyfreie Zeiten zu haben, nicht bei jeder Minute Leerlauf schnell nachzuschauen, ob etwas Neues im Posteingang ist, sondern uns eher einem Kind zuzuwenden.

Unser Vorbild ist auch in Bezug auf den Konsum von Filmen entscheidend. Dass wir als Ehepaar oder mit der ganzen Familie einen Film anschauen, kommt zwar auch vor, ist aber eine Ausnahme. Wenn, dann machen wir mit Chips und Süßigkeiten ein besonderes Event daraus, denn wir wollen nicht, dass unsere Kinder Filme für ein normales Abendprogramm halten.

Computerspiele und Serien gibt es grundsätzlich nicht in unserem Haus, weder für die Kinder noch für uns. Nicht weil wir meinen, dass man das als Christ prinzipiell nicht dürfte, sondern weil wir nicht die Kontrolle über unsere Zeit verlieren wollen. »Alles ist mir erlaubt – aber nicht alles ist nützlich! Alles ist mir erlaubt – aber ich will mich von nichts beherrschen lassen!« (1. Korinther 6,12; Schlachter 2000).

2. ENGAGEMENT:

Wenn es um digitale Medien geht, dürfen wir unseren Kindern nicht das Feld überlassen. Es gibt christliche Eltern, die mit »all dem bösen technischen Kram« nichts zu tun haben wollen. Manche Erwachsenen mögen diese Entscheidung für sich treffen können, aber unsere Kinder sind gezwungen, sich in Schule und Ausbildung in der digitalen Welt zu bewegen. Sie werden sich uns überlegen fühlen, wenn sie uns die Bedienung einfachster Apps erklären müssen, die sie selbstverständlich jeden Tag nutzen. Eine Umkehr der Rollen findet statt. Wie können Eltern ihre Kinder in der digitalen Welt noch anleiten, beraten und beschützen, wenn sie sich aus allem draußen halten?

Cringe wurde zum Jugendwort des Jahres 2021 gewählt. Es bedeutet, dass man sich schämt für das Verhalten eines anderen, der sich dessen aber nicht bewusst ist. Manche Jugendliche finden ihre Eltern, die mit dem technischen Fortschritt nicht Schritt halten, einfach nur total *cringe*, peinlich und altmodisch! Sicher, wir werden nicht jeden Influencer kennen, der gerade bei den Schulfreunden unserer Kinder angesagt ist. Und es ist auch okay, wenn sie von einem bestimmten Programm mehr Ahnung haben als wir. Aber grundsätzlich sollen sie merken, dass wir in diesem Bereich nicht von gestern, sondern kompetente Ansprechpartner sind. Dazu gehört, dass wir zeitgemäße Geräte haben, mit ihnen umgehen können und wenigstens ungefähr wissen, was unsere Kinder für die Schule online machen müssen. Es kann nicht gut sein, wenn wir uns aus der digitalen Welt verabschieden und unsere Kinder dort allein lassen!

Außerdem wollen wir unseren Kindern vermitteln, dass Internet, Smartphone und Computer nützliche Werkzeuge sind, mit denen in unserem Leben und auch im Reich Gottes viel Gutes ermöglicht wird, denken wir nur an Online-Gebetstreffen, Bibelstudien-Tools, Evangelisation in den sozialen Medien, gute Podcasts, ansprechendes Design von Flyern und vieles mehr. Gerade für junge Leute gibt es hier ein großes Arbeitsfeld. Voraussetzung ist allerdings, dass man die entsprechenden Fertigkeiten hat. »Medienkompetenz« wird zwar überall großgeschrieben, ist aber doch bei vielen Kindern und Jugendlichen nur im geringen Maß vorhanden.

Es ist unsere Aufgabe als Eltern, darauf zu achten, dass unsere Kinder die Fähigkeiten erwerben, die in der heutigen Zeit wichtig sind. Sie sollen je nach Alter die gängigen Programme beherrschen, Apps installieren, scannen, drucken, recherchieren, eine Verbindung von A nach B herausfinden, Tickets kaufen, eine gute Präsentation erstellen können usw.

Internet und Computer werden aus unserer Welt nicht mehr verschwinden und wir tun unseren Kindern keinen Gefallen, wenn wir sie nicht fit im Umgang damit machen. Gut, wenn sie alles Nötige von uns und nicht von ihren Schulkameraden lernen!

3. GEBET:

Wir sind durch die Weiterentwicklung auf dem Gebiet der Digitalisierung Gefahren und Herausforderungen ausgesetzt, die gläubige Familien selbst vor zehn Jahren so noch nicht kannten. Viele Eltern haben resigniert und versuchen gar nicht mehr, in diesem Bereich Regeln für ihre Kinder aufzustellen. »Das ist heute halt so, da kann man nichts machen.« Aber Gott ist treu und wird uns nicht Versuchungen ohne Ausgang schicken (1. Korinther 10,13). Er ist stark genug auch für dieses Problem. Dass wir persönlich mit den Neuen Medien, der ständigen Flut an Informationen und den unendlichen Möglichkeiten zur Unterhaltung weise umgehen und unsere Kinder vor Sünde und falscher Prägung bewahrt bleiben, sollte unser tägliches Gebet sein.

4. BEGRENZUNG:

Computer und Smartphones sind fantastische Werkzeuge, mit denen man Dinge erledigen kann, die sonst viel mehr Zeit in Anspruch nehmen würden. Wir haben auch andere gute Werkzeuge im Haus, zum Beispiel eine Kreissäge, verschiedene Bohrer oder einen Stemmhammer. Je nach Alter dürfen diese Geräte auch von unseren Kindern verwendet werden – aufgrund ihrer Gefährlichkeit aber nur unter Aufsicht. Mit unseren digitalen Endgeräten handhaben wir das genauso. Jede Familie muss hier eigene Regeln finden, unsere sehen so aus:

- Wir haben einen Computerarbeitsplatz in der Küche, an dem die Kinder die Schulaufgaben erledigen, für die sie online recherchieren oder etwas tippen müssen. Das Wissen, dass ihnen dabei jederzeit jemand über die Schulter schauen kann, ist ein großer Schutz. Eine weitere Möglichkeit ist das iPad im Wohnzimmer. Je älter die Kinder werden, desto eher dürfen sie für eine längere Schularbeit an einem Gerät in ihrem Zimmer arbeiten. Über eine Überwachungs-App können die Aktivitäten auf diesen Geräten von uns überwacht werden.
- Alle Geräte in unserem Haus sind passwortgeschützt. Es ist zwar umständlich, viele Male am Tag die PINs einzugeben, aber es bewahrt die Kinder vor Heimlichkeiten und der Versuchung, aus reiner Langeweile ins Internet zu gehen.
- Obwohl der Druck in diese Richtung seit Jahren groß ist, haben unsere jüngeren Kinder keine eigenen Smartphones, nur Tastenhandys, um uns im Notfall kontaktieren zu können.

Wir sind sehr froh, in dieser Sache keine Kompromisse eingegangen zu sein. Statistisch benutzt ein Kind, das sein erstes Smartphone bekommt, dieses sechs Stunden täglich. Ein Jugendlicher entsperrt sein Handy durchschnittlich 100-mal am Tag. Selbst wenn unsere

Kinder ihr Smartphone nur halb so oft wie ihre Altersgenossen nutzen würden, wäre das immer noch deutlich zu viel!

Kaum einer von uns Erwachsenen wird sagen, dass er immer weise mit seinem Handy umgeht. Wie oft müssen wir uns wieder neu disziplinieren, nicht zu viel Zeit damit zu verbringen! Und wir meinen, dass unsere Kinder, die noch viel anfälliger für Ablenkungen sind als wir, damit gut umgehen können! Erwarten wir da nicht eindeutig zu viel von ihnen? Die Erfahrung anderer Eltern, deren 10- oder 13-jährige Kinder stundenlang an ihren Geräten sitzen und sich völlig aus dem Familienleben ausgeklinkt haben, bestärken uns in dieser Haltung.

»Aber ohne Handy geht es heute nicht mehr!«, hört man immer öfter. Es stimmt, oft muss man kreative Wege finden. Als die Teilnahme an einem Klassenchat unumgänglich war, haben wir die dazugehörige App auf einem Gerät installiert, das sich fest bei uns im Haus befand. Hier konnte unser Kind die Nachrichten lesen, ohne ein eigenes Handy zu besitzen. Wir waren immer wieder schockiert über die schiere Anzahl von Nachrichten, die in dem Chat gepostet wurden. Nicht auszudenken, wenn unser Kind für jedes »Hä?« und jeden Emoji eines Schulkameraden sein Handy aus der Hosentasche gezogen hätte!

Unsere jüngeren Kinder geben für wichtige WhatsApp-Nachrichten Mamas Handynummer weiter, auch wenn sie dann immer wieder erstaunt angesehen werden, weil sie noch kein eigenes

Smartphone haben. Es fällt ihnen nicht immer leicht, in diesem Punkt die Außenseiter der Klasse zu sein. Doch irgendwann hört auch die Verwunderung der Schulfreunde über diese merkwürdige Familie auf.

Natürlich: Manchmal kommen unsere Kinder als Einzige zu früh zur Schule, weil nur im Klassenchat geteilt wurde, dass die erste Stunde ausfällt. Aber das ist ja kein Beinbruch. Dafür können sie viele Stunden echtes, ungestörtes Leben genießen. Stunden, in denen sie das Hier und Jetzt erleben, ohne dass immer das Handy die Situation dominiert.

Denkt daran: Wenn man seinem Kind zu früh einen eigenen Zugang zur digitalen Welt ermöglicht, wird man das nur schwer wieder rückgängig machen können.

Irgendwann kommt allerdings der Zeitpunkt, wo es sinnvoll ist, seinen Kindern ein eigenes Smartphone zu besorgen. Denn wenn sie erst nach dem Auszug aus dem Elternhaus damit anfangen und dann völlig ins kalte Wasser geworfen werden, kann das auch böse Folgen haben. Jugendliche brauchen die Gelegenheit, sich in einem geschützten Rahmen in digitaler Selbstdisziplin üben zu können.

Unsere älteren Kinder haben daher mit 15 bzw. 16 Jahren ihr erstes internetfähiges Smartphone innerhalb der Familie weitervererbt bekommen. Zunächst ohne mobile Daten und mit einer Schutz-App versehen, über die wir ihre Aktivitäten auf den Geräten überwachen und zeitlich eingrenzen können.[113] So ein Programm empfinden wir als eine gute Möglichkeit, begrenzte Freiräume zu geben, die dann mit zunehmendem Alter größer werden können.

Während wir an diesem Kapitel arbeiten, hat die Schule unserer Töchter beschlossen, ab der Klasse 8 verpflichtend iPads für alle einzuführen. Das bedeutet, dass unsere Kinder in Zukunft viel früher ein eigenes Gerät haben werden, als wir das eigentlich nötig gefunden hätten. Umso wichtiger ist uns, dass wir sehen können, was sie damit machen und wie viel Zeit sie mit welchen Aktivitäten verbringen.

»Ich würde vor Scham im Boden versinken, wenn meine Mutter sehen würde, dass ich nach schmutzigen Wörtern google«, sagte ein Teenager. Wir kennen Väter, die mit ihren erwachsenen Söhnen noch immer Rechenschaftsprogramme benutzen, sodass jeder den Browserverlauf des anderen sehen kann.[114] Ein großes Vertrauen und ein großer Schutz – für beide Seiten!

---

113 Nach der Nutzung von einigen Programmen, mit denen wir nicht gut klargekommen sind, sind wir bei dem Kinderschutz-Programm »FamiSafe« gelandet. Es ist eine kostenpflichtige App, die man auf dem Elternhandy und den Geräten der Kinder installiert. Die Eltern können dann die Bildschirmzeit ihres Kindes festlegen, Apps löschen, Internetseiten sperren, den Browserverlauf sehen und vieles mehr. Wir fanden die App ausreichend für unsere Bedürfnisse und vor allem einfach und selbsterklärend in der Anwendung. Allerdings funktioniert die Überwachung von iPads damit nur eingeschränkt.

114 Viele Christen nutzen dafür das Programm »Covenant Eyes«.

Trotzdem gilt: Die letzte Rettung wird nie in einer App liegen. Jedes Passwort kann geknackt, jedes Schutzprogramm umgangen werden. Eine Überwachungs-App ersetzt nicht das Reden über dieses Thema.

5. GESPRÄCH:

Wichtig ist, dass wir mit unseren Kindern in einem offenen und ehrlichen Gespräch bleiben über alles, was mit Internet, Smartphone, Social Media etc. zu tun hat. Dies wird nur möglich sein, wenn wir auch sonst eine gute Beziehung zu ihnen haben. Diskussionen und Gespräche über *wann, wie lange, was, warum* ... kosten Kraft, sind aber unbedingt notwendig.

Es ist kaum anzunehmen, dass es Jungs gibt, die durch die ganzen Teenagerjahre hindurch der Versuchung widerstehen konnten, nicht doch nach einem erotischen Schlagwort zu googeln oder auf einen zweifelhaften Link zu klicken. Oft zeigen sich die Jugendlichen auch auf dem Schulhof gegenseitig anstößige Bilder und Filme. Es verlangt dann viel Selbstbeherrschung von gläubigen Teenagern, sich bewusst abzuwenden. Es ist daher essenziell, dass unsere Beziehung zu unseren Kindern so eng ist, dass sie sich trauen, auch mit ihrem Versagen zu uns zu kommen. Heimliche Sünde ist doppelt schlimm, besonders in diesem Bereich. Immer wieder sollten wir das persönliche Gespräch mit unseren Kindern suchen und darüber reden, warum Reinheit für ein Leben im Glauben so wichtig ist. Wir dürfen dabei auch nicht die Mädchen aus dem Blick verlieren, weil auch sie statistisch gesehen inzwischen immer häufiger mit Selbstbefriedigung, unreinen Gedanken und Pornografie zu kämpfen haben.

Eigentlich haben wir uns vorgenommen, regelmäßig mit unseren älteren Kindern, die mittlerweile ein eigenes Smartphone haben, über ihren Umgang damit zu sprechen. Doch immer wieder gehen die Tage ins Land, ohne dass wir das getan haben, und schon manches Mal haben uns unsere Teens enttäuscht daran erinnert: »Jetzt habt ihr schon wieder länger nicht mehr mit uns über dieses Thema gesprochen, obwohl ihr das gesagt habt!«

Denken wir daran: Teenager leben im Jetzt und werden *jeden Tag* in der Schule mit dieser Thematik konfrontiert. Ihre Freunde haben sich schon mehr Schmutz und Gewalt angesehen, als wir uns das überhaupt vorstellen können. Wir sollten daher nicht meinen, dass mit einem Gespräch pro halbem Jahr die Sache getan wäre. Die Kontinuität ist entscheidend.

6. ALTERNATIVEN:

Um die Lust nach digitalen Angeboten möglichst kleinzuhalten, sollte es unser Ziel sein, unseren Kindern eine spannende und erfüllte Kindheit zu bieten und sie so viel wie möglich in der realen

Welt erleben zu lassen. Es nützt nichts, immer nur zu verbieten, ohne auch andere Möglichkeiten aufzuzeigen. Wir wollen daher das Interesse unserer Kinder an so vielen gesunden Aktivitäten wie möglich fördern: Sport, Musik, Gartenarbeit, Tiere, schnitzen, handarbeiten, zeichnen, schwimmen, lesen, Rad fahren, Vögel beobachten, Blumen binden ... es gibt so viele Tätigkeiten, an denen man Freude haben und bei denen man Entspannung und Unterhaltung finden kann!

Helfen wir unseren Kindern dabei, Gefallen an nützlichen Dingen zu entwickeln, und fördern wir ihre Kompetenzen darin. Dies wird hilfreicher als viele Regeln und Verbote sein. Aber es fordert uns Eltern auch heraus. Denn es ist natürlich viel bequemer, seine Kinder mit einem Film oder Computerspiel ruhigzustellen, als etwas mit ihnen zu unternehmen, was Lärm, Dreck und Unordnung mit sich bringt.

Zeigen wir unseren Kindern aber vor allem, dass ein Leben für den Herrn so erfüllend ist, dass unsere Zeit für stundenlange Serien, belanglose Chats und dumme Computerspiele einfach viel zu schade ist.

»Ein reiner und unbefleckter Gottesdienst vor Gott und dem Vater ist dieser: Waisen und Witwen in ihrer Drangsal zu besuchen, sich selbst von der Welt unbefleckt zu erhalten«, heißt es in Jakobus 1,27. In diesem Vers finden wir eine interessante Verknüpfung von zwei Dingen, die auf den ersten Blick scheinbar wenig miteinander zu tun haben: der Einsatz für Menschen in Not und sich von der Welt unbefleckt zu erhalten. Doch wir werden merken, dass wenn unsere Zeit mit dem Kümmern um andere ausgefüllt ist, wir weniger leicht von einem heiligen Leben abgehalten werden. Sorgen wir deshalb dafür, dass unsere Heranwachsenden in geistliche Aufgaben miteinbezogen werden.

»Da sind diese Jungs in der Nachbarschaft, um die sich keiner kümmert. Könnte es nicht eine Aufgabe für dich sein, einmal in der Woche mit ihnen Fußball zu spielen und ihnen danach einen geistlichen Input weiterzugeben?«

»Wie wäre es, wenn du öfters mit den kleinen Kindern von Familie X auf den Spielplatz gehen würdest, damit die Mutter sich mal ausruhen kann?«

Zeigen wir unseren Teenagern, wie viele Nöte es in der realen Welt gibt und dass es ihre Aufgabe ist, hier zu helfen und so ihr Leben für den Herrn einzusetzen. Dann wird es ihnen auch leichter fallen, die Oberflächlichkeit, Belanglosigkeit und Sündhaftigkeit vieler Angebote der Medienwelt zu durchschauen.

ZUM WEITERDENKEN

- Verlangen wir von unseren Kindern einen Lebensstil, den wir selbst nicht praktizieren? Wie ist unser Vorbild in diesem Bereich?
- Wie sehr lassen wir unser Familienleben von Medien prägen und beeinflussen?
- Welche gesunden Alternativen können wir unseren Kindern bieten?

ZUM UMSETZEN

- »In Bezug auf Internet und Co. gilt bei uns: So viel wie nötig, so wenig wie möglich!«
- »Wir haben ein gemeinsames Familien-Smartphone. Dieses nutzen die Kinder, um WhatsApp-Nachrichten von Lehrern und Mitschülern zu empfangen, und sie können es mitnehmen, wenn sie länger unterwegs sind.«

- »Unser Sohn hat sein erstes Handy mit 15 Jahren bekommen, Internet hat unser Sohn nur für WhatsApp, anderes – wie zum Beispiel YouTube-Videos anschauen oder im Internet shoppen – darf er nur an unseren Geräten in unserem Beisein.«
- »Ich bereue, zu naiv an das Thema ›elektronische Geräte‹ herangegangen zu sein. Ein Herunterschrauben der Ansprüche und ein engeres Setzen der Grenzen sind im Nachhinein kaum mehr möglich.«
- »Als unsere Kinder noch kleiner waren, haben sie manchmal nachmittags bei Schulkameraden gespielt. Wir haben deren Eltern immer vorher gefragt, wie die Kinder ihre Zeit verbringen werden, und gesagt, dass wir nicht möchten, dass sie Fernsehen schauen, weil sie das von zu Hause nicht gewöhnt sind. Eigentlich wurde auf diese Bitte immer sehr verständnisvoll reagiert (›Ja klar, mir ist es eigentlich auch lieber, wenn die Kinder draußen spielen …‹), und so hatten unsere Kinder nicht die schwierige Aufgabe, ›Nein‹ sagen zu müssen, wenn der Vorschlag von ihren Freunden kam, einen Film anzuschauen.«
- »Generell dürfen unsere minderjährigen Kinder nicht unbeaufsichtigt ins Internet, wobei die Aufsicht im Lauf der Jahre abnimmt. Wir sprechen sehr offen über die Gefahren des Internets und der sozialen Medien, thematisieren Pornografie, Cybermobbing, Zeitverschwendung und andere Kernthemen. Manche Medien erlauben wir ab einem gewissen Alter, zum

Beispiel Instagram ab ca. 16 Jahren, sind aber selbst auf dieser Plattform, um ein Auge auf die Aktivitäten unserer Kinder haben zu können.«

- »Wir sagen unseren Kindern, dass Handy, Computer etc. Privilegien sind, die sie jederzeit verlieren können, wenn sie unangemessen damit umgehen. In manchen Fällen haben wir auch schon mal das Internet für das betreffende Kind komplett abgeschaltet. Außerdem wollen wir, dass unsere Kinder die richtigen Prioritäten setzen und einen gesunden Lebensstil führen. Bewegung und Schlaf dürfen nicht unter der Mediennutzung leiden.«
- »*offline … weil dein Leben einmalig ist!*[115] ist eine gute Broschüre zum Thema Neue Medien für Teenager. Wir Eltern haben außerdem sehr von Tony Reinkes Buch *Wie dein Smartphone dich verändert*[116] profitiert.«
- »Wichtig ist uns, dass wir unsere Kinder beim Umgang mit den Neuen Medien früh begleiten und nicht immer alles verbieten. Handy und Internet sind mittlerweile fester Bestandteil dieser Welt, davor können wir uns als Christen nicht verschließen.«

115 Volk, Axel: *offline … weil dein Leben einmalig ist!*, Lychen: Daniel Verlag, 2019.

116 Reinke, Tony: *Wie dein Smartphone dich verändert. 12 Dinge, die Christen alarmieren sollten*, Augustdorf: Betanien Verlag, 2019.

ZUM SCHLUSS – DRANBLEIBEN LOHNT SICH!

**Denn gut ist der HERR;
seine Güte währt ewig,
und seine Treue
von Geschlecht zu Geschlecht.**

Psalm 100,5

Vor einiger Zeit besuchten wir eine Gemäldeausstellung in unserer Stadt. Besonders das Bild eines sächsischen Malers aus dem 19. Jahrhundert, das eine abendliche Familienszene zeigt, erregte unsere Aufmerksamkeit. Zwei Kinder tragen begleitet vom Hausmädchen ein Lied vor – man kann förmlich hören, dass ihr Gesang nicht besonders eindrucksvoll klingt. Trotzdem strahlt die Mutter voller Stolz übers ganze Gesicht, ihr Mund formt den Text des Liedes nach. Die alte Oma sitzt neben ihr, scheint aber wegen ihrer Taubheit nicht allzu viel verstehen zu können. Die Männer interessiert die Darbietung der Kinder offensichtlich wenig, der Vater schaut in eine ganz andere Richtung. Aus einem umgeworfenen Krug unterm Tisch läuft der Wein aus, ein Hund schaut sich mit großen Augen die ganze »Idylle« an. »Gestörte Harmonie« heißt die Überschrift der Beschreibung zum Bild. Willkommen im realen Familienleben, das der Maler hier mit spitzer Feder und scharfem Humor dargestellt hat!

Ja, Familie kann manchmal sehr nervenaufreibend, anstrengend und – wenn man einen Sinn dafür hat – auch unglaublich komisch sein. Nirgendwo sonst erleben wir so stark die Differenz zwischen Anspruch und Wirklichkeit, nirgendwo anders kommen unsere Eigenheiten so deutlich zum Tragen. In keiner anderen Gruppe von Menschen kennt man sich so wie zu Hause. Während wir uns in der Öffentlichkeit, auf der Arbeit und in der Gemeinde von unserer »Schokoladenseite« zeigen, ist Familie der Ort, wo deutlich wird, wie wir wirklich sind – ungeschminkt und ungefiltert. »Wer ist eigentlich für diesen Wahnsinn hier verantwortlich?«, fragen wir uns als Ehepaar manchmal seufzend, wenn bei uns zu Hause alles drunter und drüber läuft und wir gar nicht mehr wissen, an welcher Front wir zuerst kämpfen sollen.

Leider ist die Realität nicht so wie die Werbung, in der die strahlende Mutter am edel gedeckten Tisch ihren gut aussehenden

Mann anlächelt, während die zwei Musterkinder brav ihren Salat essen. Solche Momente gibt es zwar – und wenn sie passieren, machen wir wahrscheinlich sofort ein Bild davon und stellen es in unseren WhatsApp-Status! Aber diese Highlights können nicht darüber hinwegtäuschen, dass große Teile unseres Alltags einfach anders sind – nämlich unperfekt! Irgendetwas brennt immer an, läuft gerade nicht rund, müsste schon längst gemacht worden sein. Momente des vollkommenen Glücks sind die Ausnahme, nicht die Regel. Wer dauernd nach Perfektion strebt, muss ständig enttäuscht werden. Denn die perfekte Familie gibt es nicht und hat es nie gegeben. Erinnern wir uns: Das erste Kind wurde *nach* dem Sündenfall und *außerhalb* des Paradieses geboren. Harte Arbeit, Sorgen um die Zukunft, Rivalität unter Geschwistern, Schwierigkeiten in der Ehe, Sünde, Krankheit – all das hat von Anfang an zu Familie dazugehört. Und trotzdem: Gott gab uns Familien, damit hier Menschen heranwachsen, aneinander wachsen und zu ihm hinwachsen können. Die Mühe lohnt sich! Nirgendwo sonst wird unsere Beziehungsfähigkeit und Christusähnlichkeit so trainiert wie in der Familie!

Eine goldene Hochzeit wird gefeiert. Nur im engsten Familienkreis, trotzdem ist eine große Gruppe Menschen zusammengekommen. Alle haben sich länger nicht gesehen, die Kinder rennen aufgeregt umher, ein Baby wird gestillt, die Erwachsenen unterhalten sich angeregt. Ein aufmerksamer Beobachter wird feststellen, dass sich viele der Anwesenden erstaunlich ähnlich sehen. Bilder von früher werden gezeigt, Erinnerungen werden geteilt und lustige Anekdoten erzählt. Alle haben sich für diesen besonderen Tag hübsch angezogen, in der Mitte das stolz lächelnde Jubelpaar.

Was man hier sieht und feiert, lässt sich für kein Geld der Welt kaufen. Man kann es nicht über Nacht bekommen, denn es ist über viele Jahre gewachsen. Und es hat einmal angefangen mit zwei Menschen, die sich an einem Tag ihres Lebens das Ja-Wort gegeben haben, Kinder bekommen haben und einander treu geblieben sind. Menschen, die durch das Auf und Ab der Jahre Familie gelebt haben. Unvollkommen, fehlerhaft, aber beständig. In guten und in bösen Tagen. Hat sie das etwas gekostet? Eine ganze Menge. Eine Familie zu haben, bedeutet immer Arbeit, Selbstverleugnung, Tränen und Verzicht. Hat es sich gelohnt? Auf jeden Fall.

Ja, es gibt sie, die vielen kleinen Herausforderungen des Familienalltags: Kopfschmerzen, eine defekte Heizung, Schlafmangel, ein missratenes Essen, Missverständnisse zwischen Eheleuten, Charakterschwächen, finanzielle Probleme. Und auch große Nöte wie eine schwere Krankheit, Arbeitslosigkeit, ein Kind auf Abwegen oder gar der Tod eines Familienmitglieds.

Aber es gibt auch die vielen schönen Momente: das selige Lachen eines Kindes, frische Blumen auf dem Tisch, eine herzliche Umarmung, ein gemeinsames Abendessen. Die vertraute Umgebung, fröhliche Feste, ein Kind, das sich für den Herrn entscheidet, eine Taufe, eine Hochzeit. Wie viel Freude und Glück schenkt Gott uns in unserer Familie und durch sie! Was ist es für ein Geschenk, nicht allein in der Welt zu sein, sondern Menschen zu haben, mit denen man fest verbunden ist! Menschen, für die man »sein letztes Hemd geben« würde – und sie für einen! Wie viele geistliche Wahrheiten – sei es die Liebe des Vaters zum Sohn, die Beziehung zwischen Christus und seiner Gemeinde oder die Verbindung zwischen geistlichen Brüdern und Schwestern – verstehen wir nur, weil der Schöpfer uns Ehe und Familie gegeben hat! Was für ein Geschenk haben wir von ihm bekommen! Es lohnt sich, weiterzumachen, dranzubleiben und nicht aufzugeben. Wer mit Tränen sät, darf auf eine Ernte mit Jubel hoffen (vgl. Psalm 126,5).

Wir versagen und stehen wieder auf. Wir lachen und haben uns lieb. Wir vergeben einander. Wir ertragen uns und freuen uns aneinander. Wir sind füreinander da. Gott sei Dank – wir gehören zu einer Familie!

clv

Paul David Tripp

PAPA SEIN, MAMA SEIN

Eltern sind Botschafter Gottes

Hardcover, 256 Seiten
ISBN 978-3-86699-651-9

Streitschlichter, Wäschefalter, Taxifahrer – inmitten des manchmal zermürbenden Alltags kommen sich viele Eltern verloren vor. Unter dem Druck, alles »richtig« zu machen und »gute« Kinder großzuziehen, verlieren sie schnell das eigentliche Ziel der Erziehung aus den Augen und sehnen sich stattdessen nach praktischen Tipps und einem Patentrezept.

Dieses Buch hingegen möchte ein Gesamtbild der Erziehung nach Gottes Plan aufzeigen. Anhand von 14 Grundsätzen macht der Autor deutlich, dass Erziehung nicht einfach mithilfe eines Regelkatalogs oder irgendeiner ausgefallenen Methode funktioniert. Nein, Eltern benötigen die Gnade Gottes, um in ihrem Denken geprägt und geformt zu werden – bevor sie wiederum ihre Kinder prägen und formen können.

Befreit von der Last, aus eigener Kraft ihre Kinder verändern zu müssen, haben Eltern nun eine großartige Perspektive: Sie dürfen freudig und zielorientiert ihre Erziehungsaufgabe ausüben und Werkzeuge Gottes im Leben ihrer Kinder sein.

dLV

Elisabeth Weise

ABENTEUER BABYJAHRE

Eine kleine Starthilfe für frischgebackene Mütter

Hardcover, 224 Seiten
ISBN 978-3-86699-358-7

Es ist ein faszinierender Moment, das erste Mal Mutter zu werden und plötzlich vollständig für ein kleines menschliches Wesen verantwortlich zu sein. Doch ein neugeborenes Baby bringt neben Glück auch neue Herausforderungen mit sich: Was braucht ein Säugling, um sich gesund entwickeln zu können? Wie kann man seinen Tag als junge Mutter sinnvoll strukturieren? Gibt es Möglichkeiten, nicht ständig am Ende der eigenen Kräfte zu sein?

Schnell wächst das zarte Neugeborene zu einem aufgeweckten Krabbelkind heran, das die Wohnung auf allen vieren unsicher macht und immer deutlicher eine eigene Persönlichkeit erkennen lässt. Jeder kommende Entwicklungsschritt bringt neue Freuden, aber auch neue Fragen mit sich.

Dieses Buch möchte mit vielen praxis-erprobten Ratschlägen frischgebackenen Müttern helfen, ihre neue Rolle fröhlich und verantwortungsbewusst auszufüllen. Ausgehend vom biblischen Menschen- und Familienbild, werden hilfreiche Grundsätze vorgestellt, den Alltag mit Kindern in den ersten beiden Lebensjahren gewinnbringend zu gestalten.

Auch als **Hörbuch** erhältlich (auf CD, als Download oder bei Spotify usw...)

Emily Jensen / Laura Wifler

RISE UP, MOM!

Wie das Evangelium Dein Muttersein mit Hoffnung füllt

Hardcover, 256 Seiten
ISBN 978-3-86699-684-7

Muttersein ist schwer. In einem Moment klopfen wir uns innerlich selbst auf die Schulter, im nächsten halten wir uns für die schlechteste Mama auf dem Planeten. Vergleiche mit anderen Müttern verunsichern uns. Die Gesellschaft will uns vorschreiben, wie eine perfekte Mutter zu sein hat. Dabei verwirrt sie uns mit gemischten Meinungen darüber, wer wir sind und was für Entscheidungen wir treffen sollten. Der Druck, alles richtig zu machen, steigt.

Aber wer wüsste besser über unsere Aufgaben, Ängste, Herausforderungen und Zweifel Bescheid als unser Schöpfer und der Erfinder des Mutterseins?

Gottes Wort gibt uns Hoffnung! Dieses Buch möchte Dir dabei helfen, das Evangelium auf die alltäglichen Aspekte des Mutterseins anzuwenden, damit Du Deinen »Sonntagsglauben« mit dem Montagmorgen-Chaos in Einklang bringen kannst.